NEUTRAL-MORESNET

Kerkrade

AACHEN

DEUTSCHLAND

Vaals

Vierländereck

NEUTRAL-MORESNET

Kelmis

Eupen

0   2,5   5 km

Philip Dröge
NIEMANDS LAND

Philip Dröge

NIEMANDS LAND

Die unglaubliche Geschichte von MORESNET,
einem Ort, den es eigentlich gar nicht geben durfte

Aus dem Niederländischen von
Christiane Burkhardt

PIPER
München Berlin Zürich

Mehr über unsere Autoren und Bücher:
www.piper.de

Die Übersetzung dieses Buches wurde von der niederländischen Stiftung
für Literatur gefördert.

Nederlands
letterenfonds
dutch foundation
for literature

MIX
Papier aus verantwor-
tungsvollen Quellen
FSC® C014496

ISBN 978-3-492-05831-5
© 2016 Philip Dröge en Uitgeverij Unieboek | Het Spectrum bv,
The Netherlands
© der deutschsprachigen Ausgabe:
Piper Verlag GmbH, München/Berlin 2017
Gesetzt aus der Adobe Garamond
Satz: Kösel Media GmbH, Krugzell
Karte: Marlise Kunkel, München
Litho: Lorenz & Zeller, Inning am Ammersee
Druck und Bindung: GGP Media GmbH, Pößneck
Printed in Germany

» Wir haben das Glück, eigentlich gar nicht regiert zu werden. Ich hoffe im Interesse der Bürger, dass dieser Zustand erhalten bleibt.«

Hubert Schmetz, Bürgermeister/Staatsoberhaupt
von Neutral-Moresnet, um 1890

Inhalt

Vorbemerkung

Nichts in diesem Buch ist frei erfunden. Alle beschriebenen Ereignisse und Personen beruhen auf Briefen, Augenzeugenberichten, (Auto-)Biografien, Archivmaterial, Zeitungsartikeln und anderen Quellen. Aus Gründen der besseren Lesbarkeit habe ich einige Episoden leicht dramatisiert. Welche genau das sind, lässt sich im Quellennachweis nachlesen.

Da Moresnet im Schnittpunkt verschiedener Sprachen liegt, gibt es für Personennamen je nach Quelle unterschiedliche Schreibweisen. Ein und dieselbe Person kann daher sowohl Charles, Karel als auch Karl heißen. Ich habe mich an der Schreibung orientiert, auf die ich in den Quellen am häufigsten gestoßen bin. Was die Ortsnamen in Moresnet und Umgebung betrifft, folge ich der im 20. Jahrhundert gültigen Orthografie vor der großen »Französisierung« Walloniens und Ostbelgiens. Henri-Chapelle heißt daher Hendrikkapelle. Bei internationalen Ortsnamen habe ich die moderne Schreibweise verwendet.

Geldbeträge gebe ich in der Währung an, die meine Quellen nennen. Beim »Franc« geht es, wenn nicht anders angegeben, um den französischen Franc. Das ist insofern unproblematisch, als belgische und französische Francs seit der Gründung der Lateinischen Münzunion im Jahr 1865 genau gleich viel wert waren. Die Kaufkraft bestimmter Währungen beruht auf der Datenbank *Global Prices and Incomes* der

University of California, Davis, sowie auf dem Kaufkraftrechner des Internationalen Instituts für Sozialgeschichte in
Amsterdam (siehe Quellenverzeichnis).

Philip Dröge
Amsterdam im Januar 2016

1
Baden gehen mit Napoleon

Eines der Bäder im Schloss Fontainebleau,
Herbst 1810

Ein kleiner, leicht untersetzter Mann mit glattem Haar betritt das Zimmer und geht auf eine seltsame Metallwanne in dessen Mitte zu. Ihm folgt mit Trippelschritten fast unsichtbar sein Leibdiener, der gerade noch rechtzeitig den von seinem Herrn abgelegten Wollmantel in Empfang nehmen kann.

Mit einem Bein überwindet Napoleon Bonaparte den hohen Wannenrand. Dann zieht der Feldherr das andere nach und lässt sich beglückt ins dampfende Wasser sinken. Er hat auch allen Grund, zufrieden zu sein, denn niemand auf dem europäischen Kontinent hat eine so prächtige Wanne wie er. Nicht einmal der russische Zar.

Eine gute Stunde verbringt Napoleon im Wasser, und das ist alles andere als Zeitverschwendung: Während er in der Wanne planscht, bespricht er sich mit seinem Sekretär, Baron Fain. Die beiden gehen Unterlagen durch, der Kaiser der Franzosen diktiert ein paar Briefe, und dann wird geschaut, ob etwas Interessantes in der Zeitung steht.

Das Tolle an dieser Wanne ist, dass das Wasser währenddessen nicht kalt wird. An ihrer Rückseite befindet sich ein kleiner Metallzylinder mit glühenden Holzkohlen, der über zwei Rohre mit der Wanne verbunden ist. Mithilfe eines ausgeklügelten Systems wird in diesen Rohren Wasser angesaugt, erwärmt und genau in der richtigen Temperatur wieder in die Wanne entlassen.

Napoleon, der bekanntermaßen äußerst verfroren ist, kann sich keinen besseren Start in den Tag vorstellen als ein Bad in dieser Wanne. Selbst wenn er zu einem Feldzug aufbricht, muss die Wanne mit, egal, welch große Entfernungen überwunden werden müssen. Zum Glück ist das Ding relativ leicht und zerlegbar. Unvorstellbar, dass er einmal ohne auskommen konnte!

Wenn es jemandem gelungen ist, einem, der längst alles hat, das perfekte Geschenk zu machen, dann Jean-Jacques Daniel Dony. Der Mann aus Lüttich ist Erfinder und hat die Wanne, die er Napoleon verehrt hat, selbst erfunden und konstruiert. Dony ist seiner Zeit weit voraus – vor allem der thermische Siphon, der das Wasser automatisch erwärmt und im Kreis pumpt, ist einfach genial. Erst dreißig Jahre später wird sich ein britischer Forscher ein vergleichbares System patentieren lassen.

Doch Dony, ein Freund Napoleons, ist noch viel mehr als nur ein handwerklich begabter Erfinder. Er ist Metallurg und Chemiker, darüber hinaus Laienpriester – wenn auch nur in seiner Freizeit. Und er versucht sich als Geschäftsmann. Die Badewanne ist daher nicht nur einfach ein Geschenk, sondern auch ein Werbepräsent.

Der französische Kaiser und Dony kennen sich schon eine ganze Weile, die Geschäftsbeziehungen zwischen Erfinder und Diktator reichen bis ins Jahr 1805 zurück. Damals bittet Dony Napoleon um die Erteilung einer Konzession, auf 800 Hektar des Departements Ourthe mitten im französischen Kaiserreich nach Metallen schürfen zu dürfen. Vor allem auf den dünn besiedelten Landstrich zwischen Lüttich und Aachen hat er es abgesehen.

Napoleon berät sich mit seinem Bergwerksdienst. Was will Dony in diesem Gebiet? Die Ingenieure verfassen einen detaillierten Bericht über die dort vorhandenen Bodenschätze: Nördlich des Dorfs Kelmis, in der Gemeinde Moresnet, inmitten des Territoriums, für das Dony eine Konzession beantragt hat, befindet sich in geringer Tiefe eine große Ader Zinkspat, aus dem sich Zinkpulver herstellen lässt. Es gibt dort eine kleine Mine, in der das gelbbraune Mineral von einer Handvoll Arbeiter abgebaut wird. In dem Bericht steht auch, dass die Mine bereits seit dem 15. Jahrhundert in Betrieb ist.

Um den Zinkspat geht es Dony vermutlich. Aber warum? Dieser Rohstoff ist äußerst schwer zu bearbeiten und die Absatzmöglichkeiten sind gering, weshalb Privatbetriebe normalerweise kein Interesse daran haben. Die Mine gehört einem französischen Staatsbetrieb, der den Abbau überwacht. Der Hügel hinter der Mine heißt auf Deutsch Altenberg (im Regionaldialekt Aeuwe Bäersch), sodass die Franzosen ihren Zinkbetrieb Vieille Montagne genannt haben.

Das Beste, was man damals mit Zinkspat anfangen kann, ist, ihn in einen mit Steinkohle beheizten Ofen zu geben. Darin bersten die das Erz enthaltenden Steine aufgrund der Hitze. Die so entstandenen Brocken zermahlt man anschließend zu einem weißen, stark zinkoxidhaltigen Pulver. Vermengt man dieses Pulver mit flüssigem Kupfer, entsteht eine harte Legierung: Messing. Dieses Prozedere kannten bereits die alten Griechen. Doch Messing ist zu teuer, um groß Verwendung zu finden, in erster Linie werden daraus Maschinenteile hergestellt. Fabriken produzieren es daher ausschließlich in winzigen Mengen – Zinkspat ist ein echtes Nischenprodukt. In den Öfen geht außerdem viel Zink verloren. Wegen der großen Hitze, die man braucht, um die Steine bersten zu lassen, wird ein Teil des Zinks sofort gasförmig und verschwindet durch den Schlot. Auch deshalb rechnet sich dieses Vorgehen in größerem Maßstab nicht.

Warum ist Dony bereit, die nicht gerade geringe Pachtsumme von 40 500 Francs im Jahr zu zahlen, nur um die Zinkvorkommen in und um Kelmis ausbeuten zu dürfen? Für diese Summe bekommt man in Paris ein schönes Haus – und das jedes Jahr aufs Neue!

Der Laienpriester aus Lüttich ist kein Spinner. Er hat in seinem Labor eine neue Methode zur Zinkgewinnung entwickelt, den sogenannten Reduktionsofen. Eine geniale Konstruktion, die aus einem geschlossenen Ofen besteht, in dem so gut wie kein Sauerstoff vorhanden ist. Das Zinkspat enthaltende Gestein wird darin zwischen mehreren Lagen glühender Steinkohle erhitzt. So stark, dass fast sämtliches im Stein enthaltene Zink gasförmig wird und mit der Wärme nach oben steigt.

Nur dass das Gas nicht durch den Schlot entweicht. Dony verwendet ein System, das an eine Schnapsdestille erinnert: Über ein Rohr steigen die Zinkgase nach oben, wo sie fernab der Wärmequelle abkühlen. Dabei wird das Gas flüssig und von mehreren schräg montierten Platten aufgefangen. Von dort tropft es in eine Wanne, wo es schließlich erstarrt. Das Resultat ist ein hochgradig reiner Klumpen Zink.

In einer Zeit, in der die Metallurgie noch in den Kinderschuhen steckt, ist diese Erfindung geradezu revolutionär. Im Grunde müsste Dony in einem Atemzug mit den Genies seiner Zeit wie Voltaire, Watt und Faraday genannt werden. Seiner Erfindung ist es zu verdanken, dass Zink erstmals in großen Mengen hergestellt werden kann – ein unglaublich praktisches Material, da es relativ leicht und stabil ist und sich problemlos zu Platten auswalzen lässt. Diese Platten können wiederum mithilfe einer Presse, einer Matrize und etwas Wärme in fast jede nur erdenkliche Form gebracht werden.

Ganz zu schweigen vom vielleicht größten Vorteil von Zink, nämlich dass es nicht rostet. Man kann es daher an allen Orten benutzen, wo es mit Wasser in Berührung kommt: Es eignet sich zum Decken von Dächern genauso wie zum Auskleiden von Becken oder Leitungen. Taucht man Eisen in flüssiges Zink, versieht man es mit einer Rostschutzschicht – eine Erfindung des Italieners Luigi Galvani aus dem Jahr 1772.

Auch Badewannen lassen sich natürlich aus Zink herstellen. Um zu zeigen, wie großartig seine Erfindung ist, baut Dony mit Zink aus der Kelmisser Mine die wunderbare mobile Wanne und schenkt sie 1809[1] Napoleon zum Dank für die Konzession, die er seit nunmehr vier Jahren besitzt. Das auf kleinen Füßen stehende Ding ist auffallend kurz und hoch. Wie seine Zeitgenossen badet Napoleon vorzugsweise im Sitzen. Außen wurde die Wanne mit Farbe marmoriert, sodass man nur von innen sieht, dass sie aus Metall ist. Seitlich ist sie mit einem Lorbeerkranz verziert, in dessen Mitte ein großes N prangt. Ein Jahr später schickt Dony dem Kaiser auch noch eine Zinkbüste, die natürlich Napoleon darstellt.

Der französische Herrscher ist von der für damalige Verhältnisse modernen Wanne schwer beeindruckt. Er erkennt, dass der Erfinder aus Lüttich die Mine viel besser ausbeuten kann als ein Staatsbetrieb. 1810 erteilt seine Regierung Dony auch noch ein Patent für die neuartige Zinkgewinnungsmethode. Das macht sich dieser sofort zunutze und stampft in

Lüttich eine Fabrik aus dem Boden, in der das Schürfmaterial aus der Mine weiterverarbeitet wird.

Mit der Konzession und dem Patent für seinen neuartigen Ofen hält Dony sämtliche Voraussetzungen für sagenhaften Reichtum in seinen Händen. Er ist in einer Situation, von der jeder Unternehmer träumt: Er besitzt ein tatsächliches Monopol. Seine Mine ist die einzige, in der Zink in großem Stil abgebaut wird, und zwar genau in der richtigen chemischen Zusammensetzung. Nur unweit der preußischen Stadt Kattowitz (dem heutigen Katowice in Polen) und auf Sardinien gibt es ähnliche Zinkspatadern, aber die Minen sind kleiner und, was viel wichtiger ist: Donys revolutionärer Ofen ist dort gänzlich unbekannt.

Es gibt allerdings zwei Probleme. Das eine Problem ist, dass Dony zwar ein großartiger Erfinder ist, aber ein schlechter Verkäufer. Er ist der Typ brillantes Genie ohne viel Sozialkompetenz. Von dem einzigen Porträt, das uns überliefert ist, schaut uns ein sympathischer Herr mit großen Augen an. Kein knallharter Geschäftsmann, sondern vermutlich eher jemand, der fast zu gut ist für diese Welt. Und das bleibt nicht ohne Folgen. Donys kleine Fabrik produziert dank seiner Erfindung zwar bald beachtliche Mengen Zink, allerdings wird er sie nicht los. Als Monopolist mit einem tollen Produkt hat er viel erreicht, doch es fehlt an Partnern mit dem nötigen Geschäftssinn.

Das andere, noch schwerer wiegende Problem ist Geldmangel. Der Mann aus Lüttich muss enorme Summen investieren, wenn Mine und Fabrik rentabel arbeiten sollen. Die Firma ist gezwungen drastisch zu wachsen, um die richtige Größe zu erreichen. Es müssen mehrere Öfen her, eine zuverlässige Logistik und Becken, um das Gestein vor dem Brennen zu waschen, denn Lehm führt zu einer Verunreinigung des Endprodukts.

Obwohl Dony inzwischen vermögend ist, weil er von seinen Eltern einiges geerbt hat, übersteigt das seine finanziellen Möglichkeiten bei Weitem. Im Grunde braucht er Millionen, um ein richtiges Unternehmen aufzubauen.

Dony steckt sein ganzes eigenes Geld in die Mine sowie das Kapital einiger Kleinanleger. 1810 lässt er südlich von Kelmis ein Becken anlegen, welches das Wasser zum Waschen der Steine liefern soll. Insgesamt investiert er mehr als eine Million Francs in Gebäude und Infrastruktur. Diese sehr hohen Ausgaben, gepaart mit seinem schlechten Geschäftssinn, führen zu immer höheren Schulden. Liquiditätsprobleme bringen Dony zunehmend in Schwierigkeiten. Von steigenden Umsätzen kann schon lange nicht mehr die Rede sein – eine unhaltbare Situation.

Doch Rettung scheint nahe, und zwar in Gestalt von Hector Chaulet. Der äußerst findige Buchhalter ist bereit, 300 000 Francs als Darlehen in die Firma zu stecken, verlangt aber im Gegenzug eine Führungsposition. Mit seinem betriebswirtschaftlichen Know-how will er das Unternehmen Dony et Compagnie wieder schwarze Zahlen schreiben lassen: eine scheinbare Win-win-Situation für beide Männer.

Doch leider verbessert sich die Gewinn- und Verlustsituation unter Chaulets Leitung erst einmal nicht. Was man ihm allerdings kaum vorwerfen kann. Das liegt eher an den dramatischen Ereignissen in Europa sowie an dem kleinen Franzosen, mit dem das Zinkabenteuer begonnen hat.

Napoleon hat während der vergangenen zwanzig Jahre halb Europa erobert. Seine militärischen Taktiken und Strategien sind weltberühmt. Aber im Winter 1812/1813 übernimmt er sich, als er versucht, auch Russland in die Knie zu zwingen.

Mitsamt der Badewanne – ein Detail, das wir seinem Sekretär verdanken – kehrt er geschlagen, jedoch noch nicht vernichtet von seinem schrecklichen Feldzug gen Osten zurück. Seine Armee ist nach einem besonders harten, entbehrungsreichen Winter schwer dezimiert, kann sich aber in den folgenden Monaten ihrer Gegner erwehren. Erst im Oktober 1813 kommt es bei Leipzig schließlich zur Entscheidung: Gemeinsam schlagen die alliierten Russen, Preußen, Österreicher und Schweden die französische Armee in der größten Schlacht aller Zeiten vor dem Ersten Weltkrieg.

Das Kriegsgeschehen wirkt sich schon seit geraumer Zeit negativ auf den Rohstoffhandel aus; alle knausern mit Geld und warten ab, welche Seite letztlich gewinnt. Einige Hundert Kilometer westlich der Schlachtfelder bekommen das auch Dony und Chaulet zu spüren. Als sich abzeichnet, dass Napoleon Europa nicht mehr im Griff hat, bricht der Zinkmarkt zusammen. Die beiden Männer bleiben auf gigantischen Zinkvorräten sitzen. Mehr als achtzig Prozent ihrer Produktion müssen eingelagert werden – eine Katastrophe für die ohnehin nicht gerade florierende Firma Dony et Compagnie. Die Insolvenz ist unvermeidlich, trotz der 300 000 von Chaulet.

In diesem Moment tritt Meneer Mosselman auf den Plan. Ein Mann, der sich sogar in offiziellen Dokumenten als »Kaufmann« bezeichnet.

François-Dominique Mosselman Kaufmann zu nennen ist in etwa so, wie zu behaupten, Bill Gates wäre Informatiker. Das ist zwar nicht ganz falsch, verkennt seine wahre Bedeutung allerdings bei Weitem. In Europa sind höchstens Könige und Kaiser (vielleicht noch die Familie Rothschild) reicher als der Flame.

Sein Vermögen ist größtenteils ererbt. Schon seine Vorfahren gehörten zu den wohlhabendsten und angesehensten Bürgern Brüssels. Außerdem ist François-Dominique mit einer Frau aus dem schwerreichen Geschlecht der Tacqué aus Laken verheiratet. Als Einzelkind wird sie das gesamte Familienvermögen erben. Die Mosselmans residieren in einem riesigen Haus in Brüssel, das, wie wir aus Angaben zur Fenstersteuer wissen, stolze siebenundsechzig Fenster zählt. Außerdem besitzt das Paar noch jede Menge Landhäuser, Güter, Stadtpaläste und Zweitwohnungen im Dreiländereck Antwerpen-Lüttich-Paris.

Aber Mosselman ist nicht von Beruf Sohn – niemand, der das Geld seiner Vorfahren in hohem Bogen zum Fenster hinauswirft. Fleisch und Textilien bilden den Grundstock des Vermögens der Mosselmans. François-Dominique und sein Bruder Corneille übernehmen das Geschäft vom Vater. Innerhalb von zwanzig Jahren vervielfachen sie das Familienvermögen und klettern auf der gesellschaftlichen Leiter bis nach ganz oben.

Die Gebrüder Mosselman sind zweifellos äußerst geschäftstüchtig. Sie handeln nicht nur mit Stoffen und Steaks, sondern auch mit Getreide. Krieg ist für sie keine Bedrohung, sondern eine Chance auf schnelle Umsätze. So verdienen sie ab 1810 beispielsweise viel Geld mit Briten und Preußen, weil sie deren Armeen mit Kleidung, Brot und Fleisch beliefern. Auch deshalb können diese gut genährt gegen Napoleon zu Felde ziehen. Verwunderlich ist das schon, denn kurz zuvor haben die Brüder noch die französischen Truppen beliefert.

Die größte Schlacht schlägt Mosselman allerdings allein. 1808 kauft er die beinahe pleitegegangene Bank von Jacques Récamier. Der Franzose hat einen entscheidenden Fehler gemacht, nämlich den, sich politisch zu sehr einzumischen. Gemeinsam mit seiner Frau veranstaltet er intellektuelle Salons, bei denen seine Gäste öffentlich an Napoleons Regierungsstil zweifeln. Aus Rache ruiniert der französische Kaiser das Paar. Mosselman schlägt genau im richtigen Moment zu und übernimmt die wertvolle Bank für den Spottpreis von 410 000 Francs, die heute eine Kaufkraft von etwa anderthalb Millionen hätten. Seitdem heißt sie Banque Mosselman.

So einen Opportunismus kann man nicht lernen, den hat man einfach im Blut. François-Dominique Mosselman ist der geborene Geschäftsmann, er kann gar nicht anders. Wenn es sein muss, greift er auch auf Beziehungen, ja sogar leichte Erpressungsmethoden zurück, um ins Geschäft zu kommen.

So bleibt es nicht aus, dass Mosselmans scharfer Blick auf die dahinsiechende Firma Dony et Compagnie fällt. Wann das genau geschieht, lässt sich nicht mehr nachvollziehen. Aber mit seinem guten Riecher für lukrative Investitionen merkt der Brüsseler irgendwann zwischen 1810 und 1813, dass das unbekannte Kaff Kelmis die Chance seines Lebens ist. Während der bemitleidenswerte Dony finanziell immer mehr in die Klemme gerät, wartet der raffinierte Mosselman nur noch auf den richtigen Moment, um zuzuschlagen.

Der ist schließlich am 25. April 1813 gekommen, als Napoleon mit Riesenproblemen aus Russland zurückkehrt und der Zinkmarkt völlig am Boden liegt. An diesem Tag stehen Dony und Mosselman vor dem Notar Dujardin in Lüttich. Für 550 000 Francs (der Preis für einen Wohnblock in Paris) kauft Mosselman fünfundsiebzig Prozent der Anteile von

Dony et Compagnie, also des Unternehmens, das die Konzession und das Patent besitzt. Damit erwirbt er für einen Spottpreis die Kontrollmehrheit in einem Betrieb mit enormem Potenzial.

Chaulet bleibt für die Finanzen zuständig, während Dony von da an in der eigenen Firma kaum mehr etwas zu sagen hat. Als Techniker bleibt er ihr allerdings erhalten und wird seinen Ofen in den folgenden Jahren noch erheblich verbessern, sodass immer mehr Zink aus dem Gestein geholt werden kann. Doch zunächst muss er die desolaten Finanzen, mit denen er auch privat zu kämpfen hat, in den Griff bekommen – was ihn übrigens nicht davon abhält, sich für die Arbeiter einzusetzen, die sich in seiner Mine in Moresnet abrackern. Im besonders harten Winter 1816 wird er ihnen aus eigener Tasche eine Suppenküche finanzieren.

Mosselman will gleich nach dem Kauf in großem Stil in die Mine investieren, doch erst einmal muss auch er Schulden aus der Zeit Donys abbezahlen.

Im Frühjahr 1815 flieht Napoleon von Elba und reist nach Paris. Schon während des Marsches schließen sich ihm immer mehr Truppen an, und in der französischen Hauptstadt angekommen, stellt er erstaunlich mühelos ein Heer zusammen, groß genug, um die Gebiete zurückzuerobern, die er vor Jahren verloren hat.

Diese Nachricht verändert alles. Jeder rechnet damit, dass Napoleon nach Norden, in Richtung Brüssel, Mosselmans Heimatstadt, marschieren wird. Sollte es dem französischen Feldherrn gelingen, Belgien und die Niederlande zu erobern, wird das einen Keil zwischen seine direkten Feinde, die Briten und Preußen, treiben. In diesem Fall hätte er innerhalb kürzester Zeit ein strategisches Übergewicht, sodass er ohne nennenswerten Widerstand weiter nach Europa hineinmarschieren könnte.

Was folgt, wird als »Herrschaft der Hundert Tage« in die Geschichte eingehen. Schon bald ist Napoleon fast so mächtig wie früher und zieht mit seinen Truppen tatsächlich nach Norden, in Richtung Niederlande.

Kurz vor Brüssel, unweit von Waterloo, stehen die Armeen seiner Feinde, hauptsächlich Briten und Niederländer unter dem Kommando des Prinzen von Oranien. Sie scheinen schwächer zu sein, aber ihr Anführer Wellington überlistet Napoleon, indem er den Eindruck erweckt, weniger Soldaten zu haben, als es tatsächlich der Fall ist. Das verleitet Napoleon zu einem unvernünftigen Frontalangriff auf die britischen Stellungen. Wellington hat das Glück, dass die preußischen Truppen gerade noch rechtzeitig aufschließen. Gemeinsam schaffen sie es, sogar die gefürchtete Kaiserliche Garde zu besiegen.

Napoleon ergreift die Flucht und ergibt sich kurz darauf. Nach einigen Monaten verbannen ihn die Briten auf die Atlantikinsel St. Helena. Die Zinkbadewanne muss er zu seinem großen Bedauern im Schloss Fontainebleau zurücklassen. Auf der Insel lässt er sich vom örtlichen Schmied einen exakten Nachbau anfertigen, dem aber leider der Ofen fehlt. Die ursprüngliche Wanne landet bei seinem Sekretär Fain und steht heute nach einigen Besitzerwechseln in einem wenig besuchten Museum in Lüttich. Vor allem Schulkinder auf Klassenfahrt bestaunen das in ihren Augen alberne Ding.

Für Mosselman stellt sich die wichtige Frage, was diese Ereignisse für seine Beteiligungen an der Zinkindustrie bedeuten. Er hat inzwischen viel Geld in die Firma gesteckt, selbst für seine Verhältnisse, und muss noch mehr investieren. Mindestens sechs neue Öfen sind im Bau, ebenso Hallen, in denen Arbeiter im Schichtdienst das frisch geförderte Gestein sortieren und waschen können.

Ob seine Investitionen jemals Gewinn abwerfen werden, ist höchst zweifelhaft. Mosselman ist machtlos. Das Schicksal der Mine liegt in den Händen der europäischen Herrscher, die Napoleon gerade zum zweiten Mal geschlagen haben. Sie sind in der österreichischen Hauptstadt Wien zusammengekommen, um die Gebiete aufzuteilen, die Napoleon zum Französischen Kaiserreich zusammengeschmiedet hatte. Am Verhandlungstisch ziehen die Sieger neue Grenzen.

Mit Bangen verfolgt Mosselman den Wiener Kongress, bei dem am Reißbrett Länder entstehen oder von der Landkarte getilgt werden. Im Grunde gibt es genau zwei Möglichkeiten: Die Mine in Kelmis wird entweder Preußen zugeschlagen oder den Niederlanden. Beide Länder sind scharf auf die Region zwischen Aachen und Lüttich und kämpfen in Wien um den genauen Grenzverlauf.

Wenn es nach Mosselman geht, dürfen gern die Niederlande zum Zug kommen. Das Land hat einen neuen Fürsten, der als Kaufmann-König berühmt wird. Wilhelm I. ist Großunternehmern wohlgesinnt und gerade dabei, dem britischen Magnaten John Cockerill eine Konzession zum Bau einer großen Stahlfabrik in Lüttich zu erteilen. Außerdem will er die Niederlande wieder zu einer Seefahrernation machen. Das ist ein Mann ganz nach Mosselmans Geschmack.

Oder aber Preußen trägt den Sieg davon. Für Mosselman wäre das der reinste Albtraum. Preußen besitzt bereits eine Zinkspatmine in Kattowitz, das Land hat also großes Interesse daran, Kelmis stillzulegen, um sich selbst keine Konkurrenz zu machen. Vielleicht werden sich die Preußen sogar die

Technik des Reduktionsofens für ihre bereits bestehende Mine abschauen. Sie haben schon vor einer Weile angekündigt, dass sie die Konzession Napoleons an Dony et Compagnie gerichtlich anfechten werden – ein unmissverständlicher Schuss vor den Bug: Sie werden tun, was sie können, um den Mann aus Brüssel zu ruinieren.

Mosselman bleibt nichts anderes übrig, als abzuwarten. Es ist, als hätte er jede Menge Geld beim Roulette auf Rot oder Schwarz gesetzt. Die Ungewissheit, wohin die Kugel fallen wird, ist schier unerträglich. Selbst als alle Unterhändler in Wien die Kongressakte unterschrieben haben, weiß Mosselman immer noch nicht, welchem Land seine Mine zugesprochen wurde. Je nachdem, wie man den vagen Vertragstext auslegt, befindet sie sich gerade noch innerhalb oder knapp außerhalb der Niederlande. Wie ist das nur möglich? Zum ersten Mal seit Langem weiß der Brüsseler Geschäftsmann weder ein noch aus.

Was er zu diesem Zeitpunkt noch nicht ahnen kann, ist, wie verwirrend der Text auch für die Könige der beiden Länder ist. Und wie weit sie bereit sind zu gehen, damit die Kugel auf die Farbe ihrer Wahl fällt. Der Zinkspat in Moresnet und Umgebung wird sogar in die Geschichte eingehen: als Beispiel dafür, welch verrückte Folgen Habgier haben kann.

Die Kugel fällt nämlich auf Grün.

2
Grenzen vom Reißbrett

Wien im September 1814

Freiherr Hans Christoph von Gagern reibt sich zufrieden die Hände. Es ist ein hochherrschaftliches Haus, das er soeben betreten hat. Man kann es ohne Übertreibung als Stadtpalast bezeichnen. Die Fassade ist genau so, wie sie sein soll: vornehm. Außerdem ist sie nach der neuesten Mode im Empirestil gehalten. Im Erdgeschoss befinden sich geräumige Stallungen, sodass die Gäste mit der Kutsche direkt hineinfahren können.

Und dann erst die Aussicht! Schaut man schräg aus dem Fenster, kann man einen Teil des Palasts sehen, in dem der österreichische Kaiser wohnt – keine hundert Meter entfernt!

Von Gagern ist ein kleiner Mann mit hoher Stirn, dünnen Lippen und einer kerzengeraden Nase. Auf Porträts macht er einen ziemlich selbstbewussten Eindruck. Im Moment hat er auch allen Grund, stolz auf sich zu sein: Dieses Haus, das er ohne Vorbesichtigung angemietet hat, ist eine hervorragende Wahl. Kein Wunder, schließlich hat hier einst eine Prinzessin gewohnt! Bei der Lage in unmittelbarer Nähe zur Hofburg, in der die Habsburger Kaiser seit Generationen residieren, konnte man natürlich schon davon ausgehen, dass dieses Domizil alles andere als bescheiden ist. Trotzdem übertrifft die Untere Bräunerstraße 1196 seine kühnsten Erwartungen.

Von Gagern schreitet über das knarzende Parkett zu den beiden Arbeitszimmern, in denen sein Sekretär und er in den nächsten Monaten viel Zeit verbringen werden. Sie werden dort Briefe und Berichte verfassen, von denen einige so geheim sind, dass von Gagern sie codiert verschicken muss. Beide Zimmer machen einen ordentlichen Eindruck. Auch die Schlafgemächer sieht er sich genau an sowie die Unterkünfte für die Bediensteten.

Alles wunderbar, wenngleich nicht das Wichtigste.

Rasch geht von Gagern zum Vorratsschrank. Zu seiner großen Erleichterung ist dieser großzügig mit Getränken bestückt. Die Kisten mit Weinen und Likören, die er in Paris und Amsterdam bestellt hat, sind also rechtzeitig eingetroffen und eingelagert worden. Sogar die Rheinweine aus dem eigenen Keller haben die weite Reise nach Wien angetreten. Sie werden demnächst in Strömen fließen, denn er erwartet zahlreiche Besucher, für die das Beste gerade gut genug ist.

Anschließend betritt er, was in Briefen als »Empfangsraum« beschrieben wird – eine mehr als bescheidene Bezeichnung für einen besonders stilvollen Salon. Man kann dort Diners für zig Personen veranstalten, vielleicht sogar Ballabende. Hier muss es passieren, so viel ist von Gagern sofort klar: In diesen vier Wänden wird er seinen Plan in die Tat umsetzen. Wenn er seine Karten gut ausspielt, wird er in die Geschichtsbücher eingehen.

Ein solch ehrgeiziges Vorhaben hat natürlich seinen Preis: die Wohnung, die Alkoholvorräte – billig ist das alles nicht. In einer Woche wird auch noch ein berühmter Koch aus Paris anreisen. Andererseits: Eine der reichsten Familien Europas wird für die Rechnungen aufkommen, davon geht von Gagern zumindest aus. Vorläufig streckt er die Ausgaben vor, denn erst einmal muss er Ergebnisse vorzeigen. Sein Auftrag ist simpel, nämlich das neue Vereinigte Königreich der Niederlande so groß und mächtig wie möglich zu machen.

Hans Christoph Ernst von Gagern wurde von einem Mann nach Wien geschickt, der ein Jahr zuvor als erster König der Niederlande den Thron bestiegen hat. Der frischgebackene Regent gab sich den symbolischen Namen Wilhelm I. und führte damit eine neue Zählweise für eine neue Dynastie ein.

Damit gelang dem Haus Oranien ein noch nie da gewesenes Comeback auf der politischen Bühne Europas: Wenige Jahre zuvor war Wilhelm I. ein ziemlich unbekannter Prinz, der nur über ein paar kleine Gebiete im heutigen Deutschland herrschte. Sein Vater, Wilhelm V. von Oranien, einst wie der Großvater Statthalter der Republik der Sieben Vereinigten Niederlande, war nach der Eroberung der Niederlande durch Napoleon nach England geflohen, wo er auch starb. Er selbst schien dadurch zu einer Existenz als bloße historische Randfigur verurteilt zu sein.

Aber eben nur scheinbar, denn Napoleon war nicht so unbesiegbar wie gedacht. Nach seiner Verbannung nach St. Helena galt es die Gebiete, die er in den zwei Jahrzehnten davor zum großen Französischen Kaiserreich geeint hatte, wieder aufzudröseln und unter den Siegermächten aufzuteilen. Und die neuen Ideale »Freiheit, Gleichheit, Brüderlichkeit« gleich im Keim zu ersticken.

Der alte europäische Adel wollte wieder mehr Macht und verlorene Gebiete zurückerobern. Pläne, bei denen das Geschlecht Oranien-Nassau eine wichtige Rolle spielte. Die traditionelle Machtbasis der Oranier in den Niederlanden sollte verstärkt werden: Sie sollten keine Statthalter mehr sein wie bis zur Herrschaft der Franzosen, sondern richtige Könige. Nicht nur von ein paar Provinzen, sondern von einem ganzen

Reich, das groß genug ist, um der nächsten französischen Invasion standzuhalten und als Puffer zu dienen.

Die Niederlande müssen wachsen – so legen es die europäischen Mächte bereits im Sommer 1814 in einem vorläufigen Vertrag fest, den sie mit dem besiegten Paris schließen. Die Vereinigten Provinzen sollen mit Belgien verschmelzen, aber auch mit anderen Gebieten, auf die sich die europäischen Herrscher noch einigen müssen. Im Herbst desselben Jahres beginnt der große Kongress in Wien, der beeindruckendsten Stadt Europas. Dort werden die Großmächte die neuen Grenzen festlegen.

Wilhelm I. kann nicht persönlich anwesend sein. Er ist gerade erst aus der Verbannung in die Niederlande zurückgekehrt und muss ein infolge des Krieges und der Besatzung fast bankrottes Land regieren. Er schickt von Gagern, einen hauptberuflichen Diplomaten, den er aus seiner Zeit in Deutschland kennt und der ihn schon öfter bei offiziellen Anlässen vertreten hat. Der Freiherr ist einer der besten Unterhändler Europas, ein geschickter Kerl mit guten Beziehungen.

Und die sind auch bitter nötig, da der Gesandte der Niederlande an den wichtigsten Gesprächen nicht teilnehmen darf. Die großen Länder wollen nämlich unter sich ausmachen, wie groß die Niederlande werden dürfen. Der Einfluss von Wilhelm I. und seinem Gesandten ist also ziemlich begrenzt. Doch von Gagern hat eine andere Möglichkeit: Lobbyarbeit. Und genau darin ist er unschlagbar.

Als der Freiherr im September 1814 in Wien eintrifft, ist in der Hauptstadt des Kaisertums Österreich so viel los wie nie zuvor. Der gesamte europäische Adel kommt zu diesem Kongress. Kutschen reisen an und wieder ab. Dienstboten hasten über den Markt, um Einkäufe für das Diner zu tätigen. Dirnen machen Überstunden, um den herbeigeeilten Grafen, Freiherrn und Prinzen die Zeit zu versüßen.

In seinem neuen Haus kann von Gagern dieses Schauspiel aus der ersten Reihe bewundern. Wien ist streng gegliedert, eine »orchestrierte Stadt«, wie der österreichische Schriftsteller Stefan Zweig ein Jahrhundert später schreiben soll: Hier bestimmen Rang und Stand, wo man wohnt. Je höher die Position in der Hackordnung des Hochadels, desto näher bei der Hofburg wohnt man. Dann kommen der niedere Adel und das Großbürgertum, außerhalb der Stadtmauern schließlich wohnen die Arbeiter, Schneider und Dienstmädchen.

Im Sommer war der Freiherr noch in Den Haag, um Anweisungen von Wilhelm I. entgegenzunehmen. Die Wünsche des Königs sind eindeutig: Von Gagern soll sich dafür einsetzen, dass die Niederlande so groß wie möglich werden. Dass ihm Belgien zugeschlagen wurde, ist ja gut und schön, aber am liebsten hätte Wilhelm I. auch noch ein paar deutschsprachige Gebiete. Wenn das klappt, wird er zu einem wichtigen Machthaber in diesem Teil Europas.

Der König der Niederlande hat seinen begehrlichen Blick vor allem auf ein Gebiet geworfen, das er in seinen Anweisungen »die linke Rheinseite« nennt und das von Nijmegen bis zum zweihundert Kilometer südöstlich gelegenen Koblenz reicht. Er sieht es schon genau vor sich: Das sollen die niederländischen Provinzen Roer (Ruhr), Keulen (Köln) und Aken (Aachen) werden. Die Mosel bildet bei diesem Plan eine natürliche Südgrenze, was den schönen Effekt hätte, dass die Niederlande dann ein Weinland wären.

Diese Grenzerweiterung nach Osten ist ein ehrgeiziges, aber nicht unmögliches Unterfangen. Von Gagern weiß, dass seine Chancen gar nicht mal so schlecht stehen. Ganz einfach deswegen, weil die europäischen Großmächte eine Heidenangst voreinander haben.

Anfang des 19. Jahrhunderts herrscht die Meinung vor, dass zwischen den wichtigsten Staaten stets ein politisches und militärisches Kräftegleichgewicht herrschen sollte. Sobald ein Land zu groß oder zu mächtig wird, fühlen sich die anderen bedroht, und ehe man sichs versieht, bricht wieder Krieg aus.

Eine der Großmächte am Verhandlungstisch ist Preußen. Das Königreich würde seine Grenzen ebenfalls gern nach Osten erweitern – auf Kosten Polens –, was das politische Gleichgewicht auf dem Kontinent beeinträchtigen würde. Ein besonders großes niederländisches Reich an der Westgrenze Preußens, das auch deutschsprachige Gebiete umfasst, könnte einen Ausgleich bilden und dafür sorgen, dass Preußen nicht zu mächtig wird.

Natürlich ist vonseiten Gagerns einiges an Diplomatie nötig, um eine großzügige Gebietserweiterung der Niederlande zu erreichen. Alle Großmächte müssen hinter dieser Lösung stehen, denn schon ein Land allein kann sie verhindern. Wie will der Freiherr erreichen, dass alle an einem Strang ziehen?

Mit Alkohol, lautet seine Antwort. In erster Linie mit viel Alkohol.

Im Winter 1814/1815 ist Wien ein einziger Ball. Die Herren, die gekommen sind, um über die Zukunft Europas zu verhandeln, amüsieren sich prächtig. Weil sie brieflich Rücksprachen mit Staatsoberhäuptern und Beratern in fernen Hauptstädten halten müssen, gibt es lange Wartezeiten. Die Post braucht in der Regel mehrere Tage bis Wochen – Zeit genug für jede Menge Zerstreuungen. Die Bälle sind gut besucht.

»Der Kongress tanzt, aber er bewegt sich nicht«, formuliert es ein Diplomat in österreichischen Diensten. Das passt ganz ausgezeichnet zu von Gagerns Strategie. Er mag von den maßgeblichen Verhandlungen ausgeschlossen sein, aber dafür bleiben ihm die nicht so offiziellen Anlässe, um Einfluss zu nehmen.

Zu seiner Lobbying-Strategie gehört unter anderem das Geben von Bällen. Eine hervorragende Gelegenheit für die Unterhändler, einander in gelöster Atmosphäre zu treffen: ein bisschen plaudern, ein bisschen lachen, ein bisschen tanzen. Der Alkohol lockert die Zunge, beim Tanzen kann man reizende Damen kennenlernen, was wiederum die Stimmung beflügelt. Die größte Herausforderung für von Gagern besteht darin, den anspruchsvollen Adel zu überraschen. Seine Feste müssen unvergleichlich sein.

Wie der Ball, den der Diplomat am 14. Januar 1815 veranstaltet.

Nervös gibt von Gagern seinen Bediensteten letzte Anweisungen. Den Gästen darf es an nichts fehlen. Sind die Gläser leer, muss sofort nachgeschenkt werden, und auf den Tellern müssen stets köstliche Häppchen liegen. Zum Glück ist der Pariser Koch eingetroffen, der die raffiniertesten Speisen zubereitet. Ihm geht die Köchin des Freiherrn zur Hand, seine »Küchenfee«. Noch viele Jahre später erinnert sich der Sohn von Gagerns gern daran, dass sie »die besten Dampfnudeln in ganz Europa« zubereiten konnte.

Auf Anweisung von Gagerns fahren zig Kutschen in die Stadt, um seine Gäste abzuholen – und sie am Ende des Abends wieder nach Hause zu bringen. Niemand soll absagen müssen. Unzählige bedeutende Adelsnamen stehen auf der Gästeliste. Von Gagern hat Himmel und Hölle in Bewegung gesetzt, um in ganz Wien bekannt zu machen, dass alle möglichen attraktiven und ledigen Prinzessinnen, Herzoginnen und Gräfinnen kommen werden. So muss er sich keine Sorgen machen, dass adlige Herren ausbleiben.

Seine Strategie funktioniert. Sogar der russische Zar und der König von Preußen sind zugegen: eine große Ehre. Tanzlustige drehen sich auf dem Parkett, Männer, die sich bei den Verhandlungen feindlich gegenüberstehen, stoßen miteinander an. Alles deutet darauf hin, dass es von Gagern gelungen ist, den Fortbestand mehrerer Dynastien zu sichern. Einige junge Prinzen und Prinzessinnen scheinen aufrichtiges Interesse aneinander zu haben und machen vorsichtige Annäherungsversuche. Die Königshäuser Europas können ihm dankbar sein. Wie sich später herausstellt, wird dieser eine Ball sieben königliche Hochzeiten stiften, wie von Gagern stolz in seinen Memoiren schreibt.

Fragt sich nur, wie zufrieden das niederländische Königshaus mit seinem Mann in Wien ist. Denn trotz des vielen Tanzens und Flirtens stecken die Verhandlungen nach wie vor in einer Sackgasse. Vor allem die Osterweiterung Preußens stößt bei einigen Unterhändlern auf heftigen Widerstand. Sie rechnen mit Problemen in Osteuropa, sollten diese Pläne Wirklichkeit werden. Doch wenn Preußen nichts dazugewinnt, können auch die Niederlande keine Zuwächse am Rhein verzeichnen.

Ein Schreckensszenario, das sich bereits wenige Wochen nach dem Ball abzeichnet. Österreich und Großbritannien sind aus unterschiedlichen Gründen gegen eine Erweiterung der Niederlande bis nach Koblenz. Der britische Unterhändler Lord Castlereagh kritzelt die Westgrenze Preußens auf einen Zettel, sie liegt ungefähr in der Mitte zwischen Aachen und Lüttich. Davon ausgehend werden die Verhandlungen fortgesetzt.

Schweren Herzens schlägt von Gagern seinem Auftraggeber vor, die Taktik zu ändern und für eine bescheidenere Gebietserweiterung zu plädieren. Wilhelm I. befolgt seinen Rat. Um wenigstens ein bisschen mehr Land zu erhalten, beauftragt er von Gagern, sich auf einen anderen Fluss zu konzentrieren: Nicht der Rhein, sondern die Maas bildet jetzt den Ausgangspunkt der Verhandlungen.

Preußen sieht in der Maas eine wunderbare natürliche Grenze zu den südlichen Niederlanden: östlich des Flusses Preußen, westlich davon die Niederlande. Aber nach den neuen Anweisungen, die er von seinem König erhält, soll von Gagern mit aller Macht darauf drängen, dass die Niederlande noch ein hübsches Stück Land östlich der Maas dazubekommen.

Ab dem Fluss soll die Grenze mindestens »eine Stunde zu Pferd« oder »einen Kanonenschuss« nach Osten liegen. Gut, aber was heißt das genau? In seinem Arbeitszimmer beugt sich von Gagern über die Europakarte. Die Wünsche des Königs laufen auf einen zwei bis acht Kilometer breiten Streifen hinaus, so seine Einschätzung.

Der Freiherr weiß, was er zu tun hat. Aber schon wieder ein Ball? Er wirft einen Blick auf die schwindenden Getränkevorräte. Diplomatie in Wien ist ein teurer Spaß.

Doch dann passiert etwas Unerwartetes. Ausgerechnet jetzt, wo sich alle so großartig amüsieren.

Am 22. März 1815 trifft sich der gesamte Hochadel Wiens zu einer Theateraufführung im funkelnden Redoutensaal der Hofburg. Sogar der österreichische Kaiser ist da, was die Veranstaltung natürlich gehörig aufwertet.

Der Abend hat gerade erst begonnen, als es zu einer aufsehenerregenden Szene kommt. Nicht auf der Bühne, sondern in der Kaiserloge: Gleich drei Botschafter melden sich dort, einer nach dem anderen. Sie sind von verschiedenen Beratern des Kaisers geschickt worden, überbringen aber alle dieselbe Nachricht: Napoleon ist von Elba geflohen und auf dem Weg nach Paris, wo er versuchen will, eine Armee zusammenzustellen, um die verlorenen Gebiete zurückerobern zu können.

Die Delegierten in Wien verhandeln in der Woche darauf trotzdem weiter, und mit Napoleon im Nacken gelingt es ihnen, die notwendigen Entscheidungen zu beschleunigen. Hastig vervollständigen sie ihre Karte von Europa. Doch die Grenzen werden mit einem dermaßen dicken Stift eingezeichnet, dass ganze Dörfer unter den Linien verschwinden. Preußen darf sich – dem gewünschten Kräftegleichgewicht zum Trotz – nach Osten und Westen ausdehnen, schließlich soll sich das Land gegen Napoleon zur Wehr setzen können. Aus demselben Grund bekommt Österreich italienische Gebiete dazu und Russland einen Teil Polens. Hauptsache, die nachrückenden Franzosen können aufgehalten werden.

Im Sommer 1815 zieht von Gagern die Tür zu seinem prächtigen Wiener Wohnsitz ein letztes Mal hinter sich zu – mit Sicherheit schweren Herzens. Er hat hier im Schatten der Hofburg schließlich eine schöne Zeit verbracht. Es wurde eine Übereinkunft erzielt, und sein Auftrag ist beendet. Mehr noch: Da Napoleon kurz zuvor bei Waterloo, unweit von Brüssel, geschlagen wurde, hatte der Freiherr Erfolg mit seinen Bemühungen. Bei einem Sieg Napoleons hätte Europa nun politisch und militärisch völlig anders ausgesehen, und man hätte in Wien ein Jahr umsonst verhandelt.

Jetzt ist es Zeit, die lange Reise nach Hause, unweit von Frankfurt, anzutreten. Er ist stolz auf das, was er erreicht hat.

Die Niederlande dürfen tatsächlich ein Stück des östlichen Maasufers annektieren. In Artikel 66 (von insgesamt 121) der Schlussakte des Wiener Kongresses steht, wie die Niederlande von nun an aussehen werden: Das Land bekommt eine gemeinsame Grenze mit Preußen, die »mindestens 3014 Meter östlich der Maas« verläuft, den Niederlanden allerdings tatsächlich deutlich mehr Kilometer Maasufer zuschlägt. Orte wie Venlo und Tegelen werden so niederländisch statt preußisch.

Zwar verliert Wilhelm I. dafür seine früheren Besitztümer in Deutschland an einen anderen Zweig des Hauses Oranien-Nassau, wird aber dank von Gagerns Bemühungen im Gegenzug mit dem Großherzogtum Luxemburg entschädigt, das sich perfekt an seine neuen belgischen Gebiete anschließt.

Wilhelm I. hat also allen Grund, von Gagern dankbar zu sein und ihn reichlich zu entlohnen. Stattdessen will der knausrige König seinen braven Diener zuerst nur mit einer Schnupftabakdose abspeisen. Vielleicht schreibt von Gagern selbst einen bösen Brief, vielleicht flüstert auch einer der Staatsmänner aus Wien dem niederländischen König ein, dass so ein mickriges Geschenk beleidigend ist. Fest steht nur, dass Wilhelm I. seinen Diplomaten bald darauf mit 4000 Gulden, einem niederländischen Pass sowie einem Ehrenposten entlohnt. Damit sind die ihm in Wien entstandenen Kosten großzügig abgegolten.

An dieser Stelle enden die meisten Berichte über die Entstehung der Niederlande. Allerdings zu Unrecht, denn die Landesgrenzen stehen noch lange nicht fest. Ein halbes Jahr nach von Gagerns Abreise aus Wien, am 9. Januar 1816, meldet sich

Oberst de Man in Aachen. Er ist in die preußische Stadt gekommen, um zu verhandeln, wo die niederländisch-preußische Grenze nun genau verlaufen soll.

Hat das von Gagern denn nicht schon in Wien geklärt? Ja und nein. In Wien haben sich die Parteien nur auf grobe Linien einigen können. In der Schlussakte nimmt der Grenzverlauf der Niederlande nicht einmal zwei Seiten ein. Spontan wurden ein paar Karten skizziert. Aber das ist bei Weitem nicht ausreichend, zumal ein wichtiger Teil der Grenze neu ist und genauestens festgelegt werden muss.

Deshalb werden die Gespräche über den Grenzverlauf zwischen den Niederlanden und Preußen fortgeführt. Nicht mehr im pulsierenden, mondänen Wien, sondern im deutlich beschaulicheren Aachen. Von Gagern mit seinem ausgeprägten Hang zu Wein ist dort nicht gefragt: Für eine exakte Grenzziehung benötigt man eine ruhige, nicht von Alkohol geführte Hand. Daher hat der König jemand anderen entsandt, jemanden, der außerdem um jeden Millimeter feilscht. Einen echten Erbsenzähler.

Als erfahrener Militärkommandant, Ingenieur und Leiter des topografischen Büros der Niederlande ist Maximiliaan Jacob de Man genau der Richtige für diese Aufgabe. Sein preußischer Widerpart ist der Jurist und königliche Berater Karl von Bernuth. Auch nicht gerade jemand, der dafür bekannt ist, ein Auge zuzudrücken.

Wie schon von Gagern bekommt de Man seine Anweisungen direkt von Wilhelm I. Der Wiener Kongress war für den Herrscher der Niederlande letztlich doch eine Enttäuschung, denn er hatte sich viel mehr erhofft. Diesmal will er sich seine Pläne nicht verwässern lassen: De Man muss in Aachen Gebiete dazugewinnen, »deren Besitz für den Handel und die Fabriken des Reiches von besonderer Wichtigkeit sein können«, so der König. Im Gegenzug ist er bereit, weniger wichtige Gebiete aufzugeben.

Denn Nationalstolz hin oder her: Hauptsache, es klingelt in der Kasse!

De Man und von Bernuth gehen die Sache methodisch an. Sie nehmen sich den Wiener Vertragstext vor und überlegen Schritt für Schritt, wie der Grenzverlauf zu interpretieren ist.

Beim ersten Treffen geht es um die Grenze bei Sittard. Die Herren schauen, welche Gebiete ursprünglich zu dieser Gemeinde gehört haben, und legen östlich davon die vorläufige Grenze fest. Ein Schreiber protokolliert die Verhandlungen auf Französisch, die Sprache der Diplomatie.

Beide haben eigene Kartografen dabei, die ihrerseits Grenzen mit Bleistift und Wasserfarben in papierne oder pergamentene Teilkarten einzeichnen. Auch de Man fertigt hin und wieder eine kleine Karte an. Er besitzt unter anderem die Gabe, freihändig wunderbare Zeichnungen anfertigen zu können. Einige davon befinden sich heute im Museum Bojimans Van Beuningen in Rotterdam.

Sobald sich beide Parteien einig sind, kommt das nächste Stück Grenze an die Reihe. Auch die Landvermesser sind stets zu zweit unterwegs, es ist immer ein Preuße und ein Niederländer vor Ort, um sicherzustellen, dass Wirklichkeit und Landkarte übereinstimmen. Hat alles seine Richtigkeit, zeichnen sie die endgültige Grenze auf einer Übersichtskarte ein.

Stoßen sie dort, wo die Grenze verlaufen soll, auf ein Haus oder ein anderes Hindernis, erstatten sie den Delegierten in Aachen Bericht. Dann beginnen komplexe Tauschgeschäfte. So kommt es, dass die Niederlande südlich von Sittard den Weiler Windraak erhalten, weil eine niederländische Straße sonst mehrere Meter über preußisches Gebiet geführt hätte. Manchmal dürfen auch die Preußen ihrem Königreich noch ein kleines Stück hinzufügen, sodass das Dorf Swalmen wieder ein paar Weiden an seinen östlichen Nachbarn verliert.

Dieses Vorgehen erfordert höchste Sorgfalt, weshalb die Männer nur langsam Fortschritte machen: Immer wieder beugen sie sich über die Karte und tauschen Land oder sogar einzelne Bauernhöfe miteinander. Niemand interessiert sich dafür, was die Bewohner dieses Landstrichs selbst wollen. Die sind von nun an entweder Niederländer oder Preußen, ohne jedes Mitspracherecht. Auf Sittard folgen Grenzabschnitte bei Sankt Vith in den Ardennen und bei Roermond. Die Delegationen werden sich rasch einig, in Paris und Wien wurde schließlich gute Vorarbeit geleistet.

Bis zum 11. Februar 1816. An diesem Tag soll es um den Grenzverlauf südlich des kleinen Orts Vaals gehen, nur wenige Kilometer lang, sodass die Herren das eigentlich schnell geklärt haben sollten – nicht zuletzt, weil dieser Abschnitt in Wien bereits genau festgelegt wurde.

Aber als die Delegierten den Text der Schlussakte zur Hand nehmen, dürften sie verwirrt die Stirn gerunzelt haben. Was sie da sehen, ist das totale Chaos. Zum Beispiel gelten die preußischen Kantone Cronenburg und Schleiden im Text als Grenzkantone, obwohl sie überhaupt nicht an der Grenze liegen. Außerdem haben die Verfasser der Kongressakte in diesem Artikel einst französische Kantone und Departements miteinander verwechselt, und irgendwo steht »Norden«, wo eigentlich »Westen« stehen müsste.

Diese Fehler lassen sich noch korrigieren. Viel schlimmer ist, dass zwei Artikel des Vertrags einander widersprechen. In Artikel 25 ist festgelegt, wo die preußische West-, und in

Artikel 66, wo die niederländische Ostgrenze liegen soll. Die natürlich denselben Verlauf haben müssen. Auf besagtem Grenzabschnitt südlich des Vaalserbergs passt jedoch nichts zusammen.

Ein Fehler, den der Kongresssekretär übersehen hat – ein in ganz Europa berüchtigter Leichtfuß und Frauenheld. Dumm nur, dass es auch dem niederländischen Gesandten von Gagern und seinem preußischen Widerpart Wilhelm von Humboldt nicht aufgefallen ist. Sonst hätten sie doch sicherlich Alarm geschlagen? Liegt es an der Eile, mit der der Vertragstext letztlich aufgesetzt wurde? Oder an dem vielen Alkohol? Wie dem auch sei, das Ganze ist eine sträfliche Schlamperei!

De Man beugt sich über die Karte. An der breitesten Stelle beträgt der Abstand zwischen den beiden Grenzlinien ganze zwei Kilometer. Von Bernuth und er schauen sich an: Was nun? Das ist eine heikle Sache, die sie nicht so schnell klären können. Die Unterhändler greifen zu einem bewährten diplomatischen Kniff: Sie beschließen, später darauf zurückzukommen und das Problem erst einmal ihren Regierungen vorzulegen.

Zwei Wochen später steht der heikle Punkt erneut auf der Tagesordnung. Keiner der beiden Staaten will auf das Gebiet verzichten, und so lautet die klare Anweisung an den jeweiligen Grenzzieher, nicht einen Meter preiszugeben. Doch warum? Worin liegt das Problem? De Man und von Bernuth haben in dem Monat, den die Verhandlungen bereits andauern, große Fortschritte gemacht. Warum muss ihnen ausgerechnet dieses winzige Gebiet die Bilanz verhageln?

Um diese Frage zu beantworten, muss man nur einen Blick auf die französische Stabskarte werfen, die die Herren benutzen (Napoleon hatte ausgezeichnete Kartografen): Genau in dem Gebiet, bei dem sie um jeden Quadratmeter streiten sollen, sprich, in der Gemeinde Moresnet, liegt eine Mine, in der Zinkspat gefördert wird. Daraus kann man Messing und Zink herstellen, zwei Metalle, die immer wichtiger werden. De Man erinnert sich an den Wortlaut seines Auftrags: Er soll Gebiete dazugewinnen, »deren Besitz für den Handel und die Fabriken des Reiches von besonderer Wichtigkeit sein können«. Das hat der König also gemeint!

Von Bernuth wird zu demselben Schluss gelangt sein. Die Niederlande dürfen der Mine in Kattowitz auf keinen Fall Konkurrenz machen. Die Geografen erkennen die Gefahr einer Pattsituation. Um die gute Verhandlungsatmosphäre nicht aufs Spiel zu setzen, machen sie zunächst mit weniger umstrittenen Grenzabschnitten weiter. Erst am 12. April kommt das fragliche Gebiet erneut zur Sprache. Sowie am 17., 18. und 30. April, gefolgt vom 14., 16. und 18. Mai. »Ohne Ergebnis«, schreibt der Protokollant stets wieder in sein Journal. Das Geschacher wird immer unangenehmer für die Unterhändler. Aber stets werden sie angewiesen, nicht nachzugeben.

Dienstag, der 21. Mai, ist ein denkwürdiger Tag. Bisher gab es stolze fünfzig Treffen zum neuen Grenzverlauf zwischen den Niederlanden und Preußen. Eine gute Gelegenheit, die Mine von Moresnet erneut auf die Tagesordnung zu bringen. Beide Delegationen legen einen Bericht über ihre Vorstellungen von diesem Grenzabschnitt vor. Der niederländische Kartograf Hendrix und sein preußischer Kollege haben das Gebiet zwischen den gewünschten Grenzen zum besseren Überblick auf einer separaten Teilkarte eingezeichnet.

Die Herren beugen sich über das braune Pergament mit

dem für sie so schwer lösbaren Problem. Der Zankapfel hat die Form eines lang gezogenen Dreiecks, dessen nordöstlichster Punkt direkt bei Vaals liegt. Außer der Zinkspatmine und einigen wenigen Häusern findet sich auf dem etwas mehr als 300 Hektar großen Areal hauptsächlich Wald. Beim nächsten Treffen wollen sie das Problem endgültig vom Tisch haben, so der Protokollant. Aber leider klappt es auch da nicht.

Am 31. Mai, nach mittlerweile sechzig Treffen, ist von einem letzten Einigungsversuch die Rede. Alle anderen Grenzabschnitte stehen so gut wie fest, nur der um die Zinkmine nicht. Wieder müssen die Delegierten konstatieren, dass eine Einigung gescheitert ist. Beide Seiten versichern sich der zwischen ihnen herrschenden Harmonie. Aber der Fall Moresnet ist so kompliziert, dass sie zu keiner Lösung kommen.

Am 26. Juni 1816 stoßen de Man und von Bernuth miteinander an. Endlich fließt auch in Aachen der Alkohol, wenngleich nur spärlich: Auf dem Tisch vor ihnen liegt eine längliche Karte, auf der die gesamte niederländisch-preußische Grenze genau eingezeichnet ist – von Mook bei Nijmegen bis Schengen, einem luxemburgischen Dorf am Dreiländereck Niederlande-Frankreich-Preußen. Beide Regierungen unterzeichnen an diesem Tag das Aachener Grenztraktat, in dem sie ihre gemeinsame Grenze endgültig festlegen.

Doch die Feierlichkeiten haben einen entscheidenden Makel: De Man und von Bernuth haben alles geklärt – bis auf Moresnet. In dieser Gemeinde befinden sich zwei gerade Grenzlinien auf der Karte. Über die Köpfe der Delegierten hinweg haben die Regierungen in Den Haag und Berlin eine ebenso bizarre wie außergewöhnliche Regelung für das umstrittene Gebiet gefunden: Die endgültige Grenze wird erst

41

zu einem späteren Zeitpunkt gezogen. Zu diesem Zweck werden beide Länder einen diplomatischen Ausschuss ins Leben rufen. Wie dieser Ausschuss zu einem besseren Ergebnis als de Man und von Bernuth kommen soll, weiß keiner.

Bis der Grenzverlauf abschließend geklärt ist, werden die beiden Länder das Gebiet gemeinsam verwalten und sich die Einkünfte aus der dortigen Mine teilen. Sämtliche Entscheidungen können nur einstimmig getroffen werden. Es wird vereinbart, keine Soldaten in diese Grenzregion zu entsenden. Das Gebiet wird also neutral.

Mit dieser Vereinbarung schaffen Preußen und die Niederlande ein Stück Niemandsland, was einem Geografen wie de Man durchaus bewusst sein dürfte. Nicht einmal ordentliche Grenzen hat er ziehen dürfen, die um Häuser herumführen. Stattdessen verlaufen schnurgerade Linien quer durch Hügel, Bäche, ja sogar Wohnzimmer! Das Areal dazwischen, das »strittige Gebiet von Moresnet«, wie dieses einzigartige Stück Europa genannt wird, gehört beiden Staaten und gleichzeitig keinem von beiden.

Mit der Unterzeichnung des Aachener Traktats sind de Man und von Bernuth einander immer noch nicht los. Nach der Sommerpause wollen sie sich im September erneut treffen und sich über ihre Erfahrungen mit der neuen Grenze austauschen. Dann können etwaige Probleme durch ein paar letzte Korrekturen gelöst werden.

Dieses nachgeschobene Treffen stellt sich als unverzichtbar heraus. Nicht zuletzt, weil nördlich von Vaals eine preußische Straße meterweit über niederländischen Boden führt. Die Niederlande haben dort gleich einen Zöllner abgestellt, der für das Einführen von Waren Gebühren verlangt. Das möchte Preußen natürlich gern ändern. Außerdem herrscht Uneinigkeit über den genauen Grenzverlauf bei Susteren, nördlich von Sittard. Das erneute Abschreiten der Grenze durch Landvermesser gibt auch wieder Anlass zu Diskussionen.

De Man und sein preußischer Kollege verhandeln, tauschen, messen und zeichnen noch über ein ganzes Jahr, bis der Grenzverlauf metergenau feststeht. Die paar Probleme bei Vaals und Susteren sind jedoch nichts im Vergleich zu dem Chaos um Moresnet. Der Sonderausschuss, der den dortigen Grenzabschnitt endgültig regeln soll, ist nach wie vor nicht ins Leben gerufen worden – und wird es auch nie werden.

Am 4. Mai 1817, fast ein Jahr nachdem die Niederlande und Preußen ihre gemeinsame Grenze endgültig festgelegt haben, steht das neutrale Territorium erneut auf der Tagesordnung der beiden Delegationen. Nicht, um das leidige Problem zu lösen – das ist schließlich Aufgabe des Sonderausschusses –, sondern um das konkrete Abstecken der Grenzlinien ordentlich zu regeln. *Endgültig,* wenn man so will.

De Man hat eine gute Idee: Wäre es nicht das Vernünftigste, sich das Ganze persönlich vor Ort anzuschauen?

Gemeinsam mit von Bernuth und anderen Delegierten besteigt er in Aachen eine Kutsche. Sie fahren durchs Jakobstor, das schon wenige Jahre später verschwinden wird – genau wie die übrigen Aachener Stadtmauern. Dann nehmen sie die Aachen-Lütticher-Landstraße, die sich durch eine hügelige, waldreiche Gegend windet. Nach einigen Kilometern wird sie kerzengerade. Dieses Stück wurde 1750 angelegt, damit Postkutschen in einem Tag von Aachen nach Lüttich und wieder zurück fahren können.

De Man ist froh, dass Landvermesser Hendrix dabei ist. Der hat bereits hier gearbeitet und kann ihm sagen, wo genau sie sich befinden. Das »strittige Gebiet Moresnet« ist so klein, dass man auf der befestigten, schnurgeraden Straße im Nu daran vorbeigefahren ist. Dort, wo der Berg rechts von der Straße ein Stück zurückweicht, beginnt das umstrittene Territorium, so der Landvermesser.

Die Kutschen halten an, und die Delegierten steigen aus. Man könnte meinen, jemand hätte ein Stück aus dem »Alten Berg« herausgebrochen. Und genau das ist der Fall: Auf der Suche nach zinkhaltigem Gestein wird dieser Berg schon seit Jahrhunderten abgetragen. Der römische Schriftsteller Plinius der Ältere stellte bereits zu Beginn unserer Zeitrechnung fest, dass am Fuß des »Alten Bergs« kostbares Erz im Boden liegt. Napoleon hat den Betrieb der Mine sogar vertraglich geregelt, wie de Man inzwischen weiß.

Die Herren gehen zur Mine und starren in eine acht Meter tiefe Grube. Darin sind zig Arbeiter damit beschäftigt, das Gestein abzubauen. Am Rand der Grube stehen einzelne Hütten, aus deren Schornsteinen Rauch aufsteigt. Der Aufseher erzählt, dass seine Arbeiter darin Zinkspat verbrennen, um Stein und Erz voneinander zu trennen. Das sei eine neue Methode, mit der man noch reineres Erz gewinnen könne.

Zu beiden Seiten der Straße stehen ein paar armselige Holzkaten, in denen hauptsächlich Minenarbeiter wohnen. Kelmis nennt sich dieser Weiler; der Name Moresnet gehört zu einem etwas größeren Dorf, das – als wäre nicht alles schon verwirrend genug – außerhalb des neutralen Territoriums liegt, aber der gesamten Region ihren Namen gibt. Genau 256 Menschen wohnen hier, wie die letzte Volkszählung ergab. Welche Nationalität haben sie eigentlich? Die Grenzzieher haben nicht die leiseste Ahnung.

Ihr Bericht gibt keinerlei Auskunft darüber, was sie in diesem Gebiet genau tun. Aber vermutlich werden sie sich eine Weile dort umschauen und feststellen, dass der Fluss Göhl durch das neue Gebiet führt und die Einwohner mit Wasser versorgt. Und dass es nördlich der Mine keine Häuser mehr gibt, weil dort dichter Wald liegt.

Die Männer besteigen erneut ihre Kutschen, um nach Aachen zurückzufahren. Was ihnen dabei wohl durch den Kopf geht? Stolz können sie auf die Lösung, die für Kelmis und Umgebung gefunden wurde, wahrhaftig nicht sein. Aber das kann man ihnen schlecht anlasten, schließlich wurde es von höherer Stelle so beschlossen. Ihr Auftrag ist erledigt. Jetzt müssen sie die dicken Grenzlinien auf der Karte nur noch durch feine Federstriche ersetzen. Anschließend können beide Länder Grenzpfosten um das neutrale Territorium herum einschlagen. Die wurden von den Unterhändlern entworfen und sind auf der niederländischen Seite von Moresnet orange-weiß und auf der preußischen Seite schwarz-weiß.

In Kelmis bleibt zunächst alles so wie vorher, als sich noch keine hohen Herren aus Wien und Aachen mit dem Dorf beschäftigt haben. Und trotzdem hat sich etwas grundlegend geändert: Wegen der absurdesten Grenze in ganz Europa wird das Leben der Einwohner nie mehr so sein, wie es einmal war.

3
Ein Land wider Willen

Auf der Lütticher Landstraße (Neutral-Moresnet)
im Frühjahr 1824

Wie immer ist einiges los auf der Hauptstraße von Kelmis – Hauptstadt eines Konstrukts, das sich seit Neuestem Neutral-Moresnet nennt. Kutschen fahren vorbei, Hausierer schreien sich die Kehle heiser, und Kinder spielen auf dem Bürgersteig. René Pelsser lässt sich von dem Trubel nicht ablenken, denn er hat etwas Dringendes zu erledigen. Rasch überquert er die Hauptstraße und damit eine wichtige internationale Grenze.

Nicht, dass er etwas davon merken würde: René muss weder einen Schlagbaum noch eine Absperrung passieren. Kein Zöllner bittet ihn um seine Papiere. Er muss einfach nur den gegenüberliegenden Bürgersteig erreichen. Der befestigte Gehweg und die Gebäude auf der Nordseite gehören nämlich zu Neutral-Moresnet, während Gehweg und Häuser auf der Südseite preußisch sind. Zu diesem Zeitpunkt ist das der unkomplizierteste Grenzübergang in ganz Europa.

Bei der ersten großen Querstraße auf preußischem Boden biegt der junge Mann ab. Keine hundert Meter weiter bleibt er vor einem hochherrschaftlichen Gebäude stehen und klopft an. Arnold Timothée Albert François Joseph de Lasaulx nimmt ihn herzlich in Empfang. Wie sein langer Name bereits vermuten lässt, ist er ein wichtiger Mann. Und vermutlich der einzige Bürgermeister in Europa, dessen Regierungsgewalt sich auf zwei Seiten einer Landesgrenze erstreckt.

Dabei ist seine merkwürdige Doppelfunktion gar nicht mal so unvernünftig. In Moresnet und Umgebung ist nämlich alles ein bisschen anders als anderswo. Und das nur wegen der seltsamen Lösung, die man 1816 für dieses Gebiet gefunden hat. Das fängt schon damit an, dass es seitdem gleich drei Orte innerhalb weniger Quadratkilometer gibt, die alle Moresnet heißen: das Dorf Moresnet in den südlichen Niederlanden, das ansonsten nichts mit den anderen beiden »Moresnets« zu tun hat, der Region jedoch ihren Namen gegeben hat. Das Gebiet Neutral-Moresnet mit dem Dorf Kelmis. Und, um die Verwirrung komplett zu machen, die Häuser am südlichen Ende von Kelmis, jenseits der Grenze, namens Preußisch-Moresnet.

Kein Wunder, dass sich viele darüber beschweren, dass Moresnet kaum zu finden ist, oder im falschen Dorf landen.

Um ein wenig Ordnung in dieses Durcheinander zu bringen, haben Preußen und die Niederlande de Lasaulx 1817 gebeten, sowohl Bürgermeister von Preußisch-Moresnet als auch von Neutral-Moresnet samt Kelmis zu werden – zwei Orte, die nur durch die Aachen-Lütticher-Landstraße getrennt sind. De Lasaulx war schon unter den Franzosen Bürgermeister dieses Landstrichs. Seine Ernennung sorgt in einer ohnehin chaotischen Zeit wenigstens für ein bisschen Kontinuität. Das Dorf Moresnet in den südlichen Niederlanden bekommt dagegen einen eigenen Bürgermeister.

De Lasaulx bittet René in seine Amtsstube. Er kann sich denken, weshalb der junge Mann gekommen ist, denn er kennt hier wirklich alle: Jede Geburt, jede Eheschließung und jeder

Sterbefall wird von de Lasaulx persönlich in zwei getrennten Melderegistern vermerkt: in einem für das neutrale Territorium und in einem für die preußische Seite der Grenze.

Der junge Tagelöhner ist zwanzig Jahre alt und seit einiger Zeit verlobt. Er hat seinen Sonntagsstaat angelegt, um vom Bürgermeister die Erlaubnis zu erbitten, seine Traumfrau, das Dienstmädchen Marie Ahn, heiraten zu dürfen. Eine Hochzeit ist einer der wenigen Höhepunkte im Leben der Menschen hier, die größtenteils bettelarm sind und in erbärmlichen Hütten leben.

Die Wiege des Bürgermeisters hingegen stand in keiner Kate. Er kam im prächtigen Schloss Alensberg zur Welt, ein paar Kilometer nördlich von Kelmis. Aber wie sich der von ihm erhaltenen Korrespondenz entnehmen lässt, fühlt sich de Lasaulx trotz des großen Standesunterschieds für »seine Leute« auf beiden Seiten der Grenze verantwortlich. Daher fällt ihm die Antwort, die er René geben muss, wirklich nicht leicht.

Noch vor wenigen Jahren hätte ihm die geplante Eheschließung keinerlei Probleme bereitet. Aber wir schreiben das Jahr 1824, und jetzt ist alles anders. So leid es dem Bürgermeister tut – er muss René die Zustimmung vorerst verweigern. Und zwar wegen der Straße, die René soeben überquert hat. Sein Zuhause steht auf der Nordseite, auf dem neutralen Territorium von Moresnet.

Der Bürgermeister versucht, ihm den Sachverhalt zu erklären. René wurde 1804 geboren, nur wenige Kilometer von Moresnet entfernt. In Hendrikkapelle, einem Weiler, der zum Zeitpunkt seiner Geburt zu Napoleons riesigem Reich gehörte. Seit dem Wiener Kongress ist dieses Dorf jedoch Teil des Königreichs der Niederlande.

1810 sind René und seine Eltern umgezogen, von Hendrik-kapelle ins von de Lasaulx regierte Kelmis, wo die Familie nach wie vor lebt. Die beiden Dörfer trennen nicht einmal sieben Kilometer, aber dafür ganze Welten. Denn Kelmis befindet sich seit 1816 im »Ungeteilten Gebiet von Moresnet«, also in der neutralen Zone zwischen den Niederlanden und Preußen.

Im Alltag merken die Einwohner davon nur wenig. René hat beispielsweise gerade problemlos eine Grenze überquert. Genauso mühelos hätte er in die wenige Kilometer entfernten Niederlande »einreisen« können. Aber das ändert sich, sobald es komplizierter wird, zum Beispiel im Fall einer Eheschließung. Erst recht, wenn jemand wie René seine Traumfrau außerhalb des neutralen Territoriums gefunden hat.

Seine Braut Marie stammt nämlich aus dem fünfzehn Kilometer weiter nördlich gelegenen Dorf Wittem, das jetzt zur neuen niederländischen Provinz Limburg gehört. Obwohl sie für eine Familie im preußischen Lontzen unweit von Kelmis arbeitet, ist sie offiziell nach wie vor in Wittem gemeldet.

Der Bürgermeister zieht eine Umgebungskarte zurate und gelangt zu dem Schluss, dass beide in einem Umkreis von zwanzig Kilometern geboren und aufgewachsen sind und sich auch dort verliebt haben. Marie und René sprechen denselben Dialekt, besuchen dieselbe Kirche und stammen aus denselben Verhältnissen.

Aber das hat leider nichts zu sagen, wie de Lasaulx, Vater von sechs Kindern, dem jungen Mann jetzt beibringen muss. Das Ganze muss schließlich auch auf dem Papier seine Richtigkeit haben. Und seit dieses Gebiet 1816 neu aufgeteilt wurde, ist das gar nicht mehr so einfach. De Lasaulx weiß nämlich nicht, welche Nationalität René hat. Ist er offiziell Franzose, Niederländer oder »Neutral-Moresnetter« – was immer das sein mag? Und was wird nach der Hochzeit aus Marie, geschweige denn aus den Kindern der beiden? Müssen Renés Söhne ihren Wehrdienst irgendwann bei der niederländischen oder bei der preußischen Armee ableisten? Die Antwort auf diese Frage kann über Leben und Tod entscheiden.

De Lasaulx findet keine Lösung. »Ich muss auf jeden Fall erst mal meinem Kollegen in Wittem schreiben«, sagt er zu dem jungen Mann. »Der muss auch seine Zustimmung geben, weil das Mädchen aus seiner Gemeinde stammt.«

René kehrt unverrichteter Dinge nach Hause zurück. Wie soll er das bitte schön seiner Liebsten erklären?

Anderthalb Wochen später bekommt de Lasaulx Antwort vom Bürgermeister Jean Mathieu Merckelbach aus Wittem. Und die fällt so aus, wie befürchtet: Merckelbach verweigert vorläufig die Zustimmung, weil ihm sein Kollege aus Kelmis nicht sagen kann, welche Nationalität René hat.

Erst wenn klar ist, zu welchem Land der junge Mann gehört, ist der Bürgermeister von Wittem bereit, in die Heirat einzuwilligen. Sollte der junge Tagelöhner Ausländer oder Staatenloser sein, muss er erst Niederländer werden, mit allen sich daraus ergebenden bürokratischen Folgen. Oder aber Marie muss ihre niederländische Staatsangehörigkeit aufgeben und mit der Heirat die Nationalität ihres Mannes annehmen. Welche das auch immer sein mag. Fakt ist: Die Hochzeit muss verschoben werden.

René ist nicht der Einzige mit diesem Problem. Von den ungefähr 250 Einwohnern, die zum Zeitpunkt der Entstehung

Neutral-Moresnets im Jahr 1816 dort leben, weiß keiner, was er ist.

Einerseits gehört das Gebiet sowohl zu Preußen als auch zu den Niederlanden. So gesehen kommen für die Einwohner beide Nationalitäten infrage. Andererseits liegt das Gebiet *außerhalb* von Preußen und den Niederlanden, was bedeuten könnte, dass die Einwohner weder die eine noch die andere Nationalität haben. Ein juristisches Chaos, das erst einmal geklärt werden muss, bevor solche Ehen wie die von René und Marie geschlossen werden können.

Doch es gibt noch viel mehr verwirrende Situationen für die Einwohner von Neutral-Moresnet. Auf dem Papier sind die neuen Grenzen nur ein paar Federstriche, die Herren in eleganten Wiener und Aachener Konferenzräumen mal eben schnell mit dem Lineal gezogen haben. Vor Ort führen sie jedoch zu riesigen Problemen. Schon einfachste bürokratische Formalitäten werden in Moresnet zu komplexen internationalen Streitfragen.

Die schnurgeraden Grenzen verlaufen ja teilweise mitten durch Gebäude: Das Wohnzimmer ist dann zum Beispiel preußisch und die Küche neutral. Was bedeutet das für die Bewohner? In welchem Land sind sie steuerpflichtig? Eine spannende Frage für ehrgeizige Juristen, die so mancher Familie in der Praxis gehörig zu schaffen macht. Aber auch ein echter Glücksfall sein kann, wie sich später herausstellt.

Darüber hinaus weiß niemand genau, welche Rechte und Pflichten die Menschen zwischen diesen Gebietsgrenzen haben – die »Neutralen«, wie sie in der Umgebung schon bald genannt werden. Dürfen sie ihren Landstrich eigentlich verlassen? Weil ihre Nationalität nicht geklärt ist, haben sie auch keinen Pass – und das Ausland kann sehr nah sein, wenn man in einem so winzigen Land lebt. Wie René braucht so mancher nur die Hauptstraße zu überqueren und hat schon die Heimat verlassen.

Nicht lange nach der Gründung von Neutral-Moresnet beginnt man auch in Berlin und Den Haag zu begreifen, was für ein Durcheinander da in Kelmis und Umgebung angerichtet worden ist. So war das natürlich nicht gemeint.

Wegen der Halsstarrigkeit des niederländischen und des preußischen Königs ist im Grunde ein völlig neues Land entstanden, wie vielen Beamten mittlerweile dämmert. Kein unabhängiger Staat mit einem souveränen Volk, aber … ja was eigentlich? Es fehlt die Zeit, sich gründlich mit dieser Frage auseinanderzusetzen. Zuallererst braucht das Gebiet eine funktionierende Behörde. Die soll diese Probleme lösen und eine ordnungsgemäße Verwaltung gewährleisten.

Die Regierungen in Berlin und Den Haag sind zu weit weg, um sich selbst darum kümmern zu können. Deshalb beschließen sie 1817, je einen Kommissar zu ernennen, einen Beamten, der unweit des neutralen Territoriums lebt und sich mit den alltäglichen Verwaltungsangelegenheiten befassen soll. Diese beiden Kommissare dürfen sich dann mit solchen Problemen wie der Nationalitätenfrage herumschlagen.

Rasch sind zwei Kandidaten gefunden. Erster niederländischer Kommissar wird Werner Jacob, ein Limburger Jurist und Deputierter der Stadt Lüttich, die damals noch zum Königreich der Niederlande gehört. Preußen ernennt Wilhelm Hardt aus Aachen, Geheimer Bergrat, der den König in Sachen Zinkgrube berät.

Für beide Männer ist die Verwaltung von Moresnet nur ein kurioser Nebenjob. Sie selbst kommen fast nie nach Kelmis, obwohl sie gar nicht so weit weg wohnen. Die Kommissare werden sich ganze zwei, drei Mal treffen und die meisten Entscheidungen brieflich fällen.

Die Ernennung der beiden Juristen scheint eine gute Lösung zu sein, ist aber vor allem Symbolpolitik. Die Einzigartigkeit von Moresnet wirft gleich nach Amtsantritt so viele komplizierte Fragen auf, dass die Männer sie unmöglich allein beantworten können. In der Regel holen sie sich Rat bei ihrer jeweiligen Regierung.

Muss eine Zollstation her? Welche Gesetze sollen in dem neuen Land gelten? Was passiert, wenn ein Dieb nach Neutral-Moresnet flieht? Wer übernimmt die Verwaltungsaufgaben und wie? Wer bekommt eigentlich die Steuern? Oder werden sie aufgeteilt, und falls ja, wie? Müssen die männlichen Einwohner Wehrdienst leisten? Und falls ja, bei welcher Armee – bei der preußischen oder der niederländischen?

Die Kommissare merken schnell, dass sie so nicht weiterkommen. Deshalb schlagen sie beide etwas höchst Ungewöhnliches vor, nämlich dass das Gebiet am besten mehr oder weniger unabhängig werden sollte. Es sei schließlich unpraktisch, wegen jeder Kleinigkeit langwierig mit Beamten zu korrespondieren, deren Schreibtische Hunderte Kilometer weit weg steht.

Wenn es nach ihnen geht, soll vor allem der Bürgermeister von Preußisch-Moresnet in dem ungeteilten Gebiet das Sagen haben. Er sei ohnehin schon für Neutral-Moresnet und Kelmis zuständig. Als anerkannte Autorität und ausgewiesener Kenner dieses Landstrichs könne de Lasaulx in Alltagsfragen ohnehin die besten Entscheidungen treffen.

Doch der Vorschlag der Kommissare kommt bei ihren jeweiligen Vorgesetzten alles andere als gut an. Ein Bürgermeister soll zum Staatsoberhaupt eines Ministaats aufsteigen?

Kommt gar nicht infrage! Und überhaupt: Wenn Preußen und die Niederlande eine solche Pseudounabhängigkeit gewähren, könnte man daraus schließen, dass sie sich nicht mehr für das Gebiet interessieren. Dabei will keiner der beiden seine Ansprüche auf dieses Gebiet aufgeben. Nein, die Kommissare sollen die höchste Autorität bleiben. Der Vorschlag der Herren verschwindet in der Schublade.[2]

Das macht die Verwaltung von Neutral-Moresnet nicht gerade einfacher. Das Treffen von Entscheidungen erinnert in diesem Land im Westentaschenformat eher an das Weiterreichen einer heißen Kartoffel. Geringfügige Angelegenheiten wie das Erteilen von Baugenehmigungen darf der Bürgermeister entscheiden. Er führt auch den Kataster und das Melderegister.

Aber alles, was darüber hinausgeht – und sei es nur die Einstellung neuer Mitarbeiter –, muss vom preußischen und vom niederländischen Kommissar genehmigt werden. Das macht jede Menge Arbeit, weil die gesamte Korrespondenz in zwei Sprachen und doppelter Ausfertigung erfolgen muss: Der Brief an den niederländischen Kommissar ist in verschnörkelter Schönschrift auf Französisch zu verfassen, während der preußische Kommissar ein Dokument in Fraktur und auf Deutsch erhält.

Die Kommissare wiederum dürfen lediglich mittelgroße Angelegenheiten entscheiden, wobei ihre Befugnisse nicht einmal genau festgelegt wurden. Daher ist das Risiko, dass ihre Entscheidungen anfechtbar sind, relativ groß. Sobald sie auch nur die kleinste diplomatische Verwicklung wittern, leiten sie das Dossier des Bürgermeisters an ihre Regierung weiter.

»Ich beehre mich, Ihnen Folgendes vorzulegen …«

Und dazu kommt es ständig: Besser, man geht auf Nummer sicher, als irgendetwas falsch zu machen.

Mit dem Ergebnis, dass die meisten Fragen bei den Außen- und Justizministerien in Berlin und Den Haag landen. Die dortigen Beamten wissen oft genauso wenig, was sie mit dem verrückten Einzelfall Moresnet anstellen sollen. Zum Glück haben viele Entscheidungen über das neutrale Territorium staatsrechtlichen Charakter, sind also eindeutig Chefsache – die heiße Kartoffel wird an die Minister weitergereicht.

Als ob die wüssten, was sie mit diesem geografischen Kuriosum anfangen sollen! »Neutrales Territorium« ist ein militärischer und kein politischer Begriff. Deshalb kommt er in der juristischen Fachliteratur gar nicht vor. Und weil die Situation so einzigartig ist, gibt es keine schnellen, eindeutigen Antworten auf die Frage nach dem Status von Neutral-Moresnet – auch nicht vonseiten der Minister. Die stehen in den Niederlanden eindeutig unter der Knute von König Wilhelm I. Mit der Anrede *»Sire!«* werden die Dossiers daher oft direkt an den König weitergeleitet, damit er eine Entscheidung treffe.

Vor fast jedem größeren Beschluss, der für dieses Gebiet gefasst wird, müssen die beiden Länder miteinander verhandeln. Beamte, Juristen, Diplomaten und manchmal sogar die Könige selbst schreiben sich wegen dieses Minilandes die Finger wund. Manchmal brauchen sie Jahre für Entscheidungen, die für den Bürgermeister einer normalen Gemeinde reine Formsachen wären. Das führt für die Einwohner von Moresnet zu einer enormen Rechtsunsicherheit.

Kaum sind die Grenzpfosten eingeschlagen, lautet die drängendste Frage, welche Gesetzgebung eigentlich in Neutral-Moresnet gilt. Anfangs will man auf diesem Gebiet gar nichts regeln. Moresnet ist schließlich nur eine vorläufige Lösung, wozu sich da die Arbeit machen? Aber nach einigen Jahren dämmert auch dem Letzten, dass so ein Rechtsvakuum nicht funktionieren kann. Außerdem ist das neutrale Territorium längst nicht so vorläufig wie gedacht – und ehe man sichs versieht, hat man eine richtige Räuberhöhle vor der Tür!

Niederländische und preußische Entscheidungsträger haben eine geniale Idee, wie sich das vermeiden lässt: Die Nationalität des jeweiligen Einwohners von Neutral-Moresnet bestimmt, unter welche Gesetzgebung er fällt. Ein preußischer Einbrecher, der in Kelmis ein Fenster einschlägt, fällt unter preußisches Strafrecht. Ein niederländischer Unternehmer, der einen Kollegen verklagen will, tut das nach dem niederländischen Bürgerlichen Gesetzbuch.

Gar keine so schlechte Idee, aber den Juristen graut bei dieser Vorstellung. So eine doppelte Gesetzgebung führt in der Praxis zu höchst unschönen Problemen. Deren größtes die Rechtsungleichheit ist, wie der niederländische Justizminister Cornelis van Maan seinem König schreibt. Die Gesetze beider Länder unterscheiden sich nämlich in wesentlichen Punkten deutlich voneinander: Was dem einen Einwohner von Neutral-Moresnet erlaubt ist, kann seinem Nachbarn bereits verboten sein. Verträge wären dann für eine Partei bindend, nicht aber für die andere, weil sie nicht in allen Punkten ihrer Gesetzgebung entsprechen.

Es muss also dringend ein Gesetz her, das für alle Einwohner des Landes gilt. Aber welches? Keines der Länder will, dass in Moresnet die Gesetzgebung des jeweils anderen Gültigkeit hat. Das könnte als Zugeständnis gewertet werden und sich negativ auf die eigenen Gebietsansprüche auswirken.

Muss für die Handvoll Minenarbeiter und Bauern etwa ein völlig neues Zivil- und Strafrecht erarbeitet werden? So etwas würde Jahre, wenn nicht Jahrzehnte dauern, da sich

Preußen und die Niederlande ja erst über jeden Artikel einig werden müssten. Und wenn die bisherige Erfahrung eines gelehrt hat, dann, dass sich die beiden endlos über belanglose Details streiten können. Außerdem: Welche Gesetzgebung gilt in der Zwischenzeit?

1821 legen die Preußen einen wirklich praktikablen Vorschlag auf den Tisch. Kann nicht einfach die französische Gesetzgebung, die unter Napoleon eingeführt wurde, in Kraft bleiben? Sie liegt bereits vor, und alle Juristen und Richter in Moresnet und Umgebung kennen sich damit aus. Besagter *Code Napoléon* ist außerdem die Grundlage der europäischen Gesetzgebung, sodass sich auch die Gesetzestexte der Niederlande und Preußens daran orientieren.

Die Niederlande zögern anfänglich, dem Vorschlag zuzustimmen – vermutlich, weil er von preußischer Seite kommt. Fast schon reflexartig werden Ideen der Gegenseite abgeschmettert, wenn es um Moresnet geht. Trotzdem schreibt ein anonymer Den Haager Beamter eine Aktennotiz für König Wilhelm I., dass das mit der französischen Gesetzgebung eigentlich eine ganz gute Idee sei. Es ist auf jeden Fall die praktischste Lösung, die dem juristischen Niemandsland sofort ein Ende machen würde.

Irgendwann sieht das sogar der Herrscher der Niederlande ein, zumindest stimmt er dem preußischen Vorschlag Anfang 1822 zu. Und so behält das inzwischen etwas veraltete französische Recht seine Gültigkeit – samt der drakonischen Körperstrafen, die Napoleon zu Kriegszeiten anwandte, um seine Untertanen in Schach zu halten.

Die Entscheidungsfreude Preußens und der Niederlande ist für Diebe und anderes Gesindel keine gute Nachricht, denn sie können nun sogar zu Stockschlägen verurteilt werden. Dafür bietet der *Code Napoléon* den Bürgern zwischen den schnurgeraden Grenzlinien einen unerwarteten Vorteil: Die Männer aus diesem Gebiet können nicht zum Militär einberufen oder abkommandiert werden, da hier weder die niederländische noch die preußische Wehrpflicht gilt. Und das ist nur einer von vielen Pluspunkten, die die Neutralen[3] im Lauf der Zeit entdecken werden.

Für Renée Pelsser ist es ein unerwartetes Geschenk: Auch wenn er noch lange auf seine Hochzeit warten muss, so muss er wenigstens nicht zum Militär.

Jetzt, wo es wieder eine Gesetzgebung gibt, folgen rasch weitere pragmatische Lösungen. Moresnet bekommt zum Beispiel kein eigenes Gericht. Die Orte, an denen man sein Recht einfordern kann, teilen die Nachbarstaaten unter sich auf: Strafrechtsfälle werden abwechselnd ein Jahr lang im preußischen Aachen beziehungsweise im niederländischen Lüttich verhandelt. Das Jahr, in dem ein Fall beginnt, bestimmt den Ort der Gerichtsbarkeit. In beiden Ländern dürfen die Richter natürlich nicht ihre eigenen Gesetzestexte zurate ziehen, sondern müssen den *Code Napoléon* aus dem Regal nehmen.

Zivilfälle werden nach dem napoleonischen *Code Commercial* verhandelt. Dafür können sich die Bürger ans Aachener Gericht wenden. Das liegt schön nah für die Neutralen. Wer in Berufung gehen möchte, muss allerdings zum Gerichtshof nach Lüttich. Die Stadt liegt ziemlich weit vom neutralen Territorium entfernt, aber man geht davon aus, dass nicht viele diese Reise auf sich nehmen werden: In Moresnet wohnen schließlich hauptsächlich einfache Minenarbeiter.

»Und die sind nicht vermögend genug, um in Berufung zu gehen«, wie Justizminister van Maanen zynisch feststellt.

Auch in Geldangelegenheiten werden sich die beiden Länder einig. Der französische Franc bleibt die offizielle Währung in Neutral-Moresnet. Bei ihren täglichen Einkäufen dürfen die Bürger preußisches, niederländisches, französisches, ja sogar österreichisches Geld benutzen. Die Preise werden allerdings ausschließlich in Francs angeschrieben, sodass man schon bei einfachsten Besorgungen gut im Kopfrechnen sein muss.

Jetzt muss eigentlich nur noch eines geregelt werden: die Steuern. Braucht Neutral-Moresnet dafür eine eigene Steuerbehörde? Das wäre eine ziemliche Geldverschwendung. Die Zinkspatmine bringt zwar jedes Jahr 10 000 Francs ein, aber die meisten Einwohner sind bettelarm.

Preußen und die Niederlande beschließen, bloß Luxusgüter wie Grundbesitz, Personal, Türen, Fenster und Patente zu besteuern. Somit sind nur Menschen mit großen Häusern, größeren Geschäften oder stolzen Vermögen betroffen. Mit dem Eintreiben der Gelder werden die Herren Beaujean (für die Niederlande) und Schmitz (für Preußen) beauftragt. Die für einen normalen Staat damals sehr wichtigen Steuern auf Lebensmittel, Alkohol und Rohstoffe werden aus Bequemlichkeit einfach außen vor gelassen. Es ist zu kompliziert und zu teuer, dafür eine eigene Behörde zu schaffen.

Ein Entschluss mit einem unerwarteten Nebeneffekt: Auf einmal ist zwischen den Niederlanden und Preußen ein kleines Steuerparadies entstanden. Und das wissen die Einwohner von Neutral-Moresnet durchaus zu nutzen. Von nun an müssen sie nur wenige Francs, Gulden oder Taler im Jahr an den Staat zahlen, die Ärmsten von ihnen sogar überhaupt nichts. Das Leben ist auch so sehr preiswert: Da es keine Einfuhr- und keine Verbrauchssteuern gibt, sind vor allem

Lebensmittel und Alkohol spottbillig. Schon bald setzt sich ein Treck nach Moresnet in Bewegung, der ein Jahrhundert lang anhalten soll.

In Vaals wittert unter anderem der junge Bäcker Jean Schijns seine Chance. Bei dem starken Zulauf nach Neutral-Moresnet wird dort bestimmt mehr Brot gebraucht! 1824 zieht Jean mit seinem Betrieb von Vaals in das nur wenige Kilometer entfernte Kelmis. Dank der dortigen Steuergesetzgebung kann er in diesem Ort äußerst günstig Mehl einkaufen und sein Brot daher billiger anbieten als die Bäcker der Umgebung. Und zwar um ein Viertel billiger! Schon bald rennen ihm die Kunden die Tür ein.

Die Nachricht von einem Bäcker in Kelmis spricht sich schnell in der gesamten Region herum, denn die meisten Arbeiterfamilien kommen kaum über die Runden, und da ist es die Mühe wert, das tägliche Brot in Kelmis zu kaufen.

Es dauert nicht lang, und Schijns ist nicht mehr der einzige Bäcker im Dorf. Er hat allerdings genügend Vorsprung, sodass sich der Vaalser Einzelhändler mit der Zeit zu einem wichtigen Mann in Kelmis entwickelt. Andere Bäcker experimentieren mit neuen Verkaufsmethoden: Sie backen ihr Brot in Moresnet, um es anschließend außerhalb der Gebietsgrenzen an der Straße feilzubieten. Das ist gegen das Gesetz, denn außerhalb von Moresnet müssen sehr wohl Verbrauchssteuern abgeführt werden, doch wer will das schon kontrollieren?

Das Brot ist erst der Anfang. Das neutrale Territorium bietet viele wirtschaftliche Vorteile, vorausgesetzt man weiß sie zu nutzen. Die meisten sind nicht ganz legal, aber was soll's …

Das meiste Geld lässt sich mit dem Schmuggeln von Waren verdienen. Selten war das so einfach wie in Kelmis und Umgebung, und zwar wegen des Grenzverlaufs.

Die Unterhändler und Kartografen der Niederlande und Preußens hielten es in Wien und Aachen für eine gute Idee, die Südgrenze von Neutral-Moresnet genau entlang der Landstraße von Aachen nach Lüttich verlaufen zu lassen. Die Straße selbst gehört in ihrer gesamten Breite zum neutralen Territorium, erst an der unbefestigten Böschung auf der Südseite beginnt Preußen. Einfacher hätte man es den Schmugglern nicht machen können – für sie sind das paradiesische Zustände!

Dieser Grenzverlauf bedeutet nämlich, dass jeder, der zwischen Aachen und Lüttich Waren transportiert, stets zwei Kilometer weit durchs zollfreie Neutral-Moresnet fährt. Eine einmalige Chance! Angenommen, eine Schiffsladung Salz aus Spanien oder Portugal erreicht den Hafen von Antwerpen – eine durchaus übliche Route für Salz. Dort muss der Importeur hohe Zollgebühren zahlen. Beim Verkauf an den Einzelhandel kommen noch einmal sechs Prozent Verbrauchssteuer hinzu – mit ein Grund, warum Salz Anfang des 19. Jahrhunderts so teuer ist.

Doch es gibt eine Möglichkeit, den Einfuhrzoll zu umgehen, und das funktioniert folgendermaßen: Der Importeur bezahlt in Antwerpen brav seine Zollgebühren und transportiert das Salz anschließend in Richtung Aachen – angeblich, um es nach Preußen zu exportieren. Am westlichen Grenzübergang des neutralen Territoriums bittet er den niederländischen Zoll um Rückerstattung der in Antwerpen gezahlten Zollgebühren. Das Salz wird schließlich wieder aus den Niederlanden ausgeführt.

Jetzt kann das Spiel beginnen: Der Wagen muss etwa zwei

Kilometer über die neutrale Straße zum preußischen Grenzübergang fahren. Nur, dass er nie dort ankommen wird. Weil
der Salzhändler auf seinem Weg durchs neutrale Territorium
nämlich irgendwann nach links gen Norden abbiegt und im
dichten Wald von Neutral-Moresnet verschwindet. Nach ein
oder zwei Kilometern nimmt er einen kleinen Querweg nach
Westen und fährt zurück ins Königreich der Niederlande –
allerdings heimlich.

Der neutrale Wald nördlich von Kelmis macht das Schmuggeln zum reinsten Kinderspiel. Den wenigen Zöllnern und
Gendarmen, die an den Grenzen patrouillieren, kann man
leicht aus dem Weg gehen. Dass die Bäume entlang der
Grenzlinien gefällt wurden, um Schmugglern die Deckung
zu nehmen, macht diesen das Leben sogar noch viel einfacher: Jetzt sehen sie nämlich sofort, wo Moresnet aufhört
und die Niederlande beginnen – beziehungsweise wo im
Westen des Landes Preußen anfängt. »Die Schmuggler kennen sich in diesem Winkel sehr gut aus«, beschwert sich
Bürgermeister de Lasaulx bei beiden Verwaltungskommissaren.

So landet das Salz wieder auf niederländischem Boden –
völlig steuerfrei, dank eines kleinen Umwegs über Kelmis
und den Wald. Für den Händler ist dieses »schwarze« Salz ein
gutes Geschäft. Weil es in den Niederlanden offiziell nicht
mehr existiert, kann der Staat auch keine Steuern mehr darauf erheben. Die Differenz steckt sich der Händler in die
eigene Tasche.

Ein Trick, der auch umgekehrt funktioniert: Salz aus Preußen, das angeblich in die Niederlande exportiert werden soll,
legt auf der neutralen Straße in Kelmis einen außerplanmäßi-
gen Halt ein. Dort werden die Salzfässer von Handlangern
blitzschnell entladen und in ein Haus auf der Südseite der

Straße gebracht, das ja auf preußischem Boden liegt. Sobald die Luft rein ist, wird das Salz weitertransportiert.

Was mit Brot und Salz funktioniert, geht auch mit anderen Waren, die mit Steuern und Zöllen belegt sind. Anfangs betrifft das vor allem Butter und Käse. Vieh überquert schon seit 1816 immer häufiger spontan die Grenze, um dann in Form von steuerfreiem Fleisch (die Schlachtsteuer ist hoch) in die Niederlande oder nach Preußen zurückzukehren. Gewitzte junge Männer brennen in Neutral-Moresnet steuerfreies Korn zu einem äußerst günstigen Genever, der zum Großteil sofort exportiert wird: Die Holländer sind billigem Schnaps nicht abgeneigt.

Gegen diesen Schmuggel ist man so gut wie machtlos. Schon bald gründen die Einwohner von Neutral-Moresnet mit schlauen Händlern raffinierte Firmenkonstrukte. Zum großen Ärger der preußischen und der niederländischen Behörden.

Schon im Entstehungsjahr von Neutral-Moresnet bereuen es beide Länder, dieses monströse Gebilde geschaffen zu haben, wie man ihrer ausführlichen Korrespondenz entnehmen kann. Klar, die Zinkspatmine liefert wichtige Einkünfte – aber sorgt das neutrale Territorium nicht vor allem für jede Menge Bürokratie und entgangene Steuern?

Der Ruf nach einer endgültigen Grenze zwischen Preußen und den Niederlanden wird immer lauter. Beide Regierungen haben ein mulmiges Gefühl, denn niemand weiß, in welche Richtung sich Neutral-Moresnet noch entwickeln wird. Der Schmuggel lässt nichts Gutes vermuten. Soll das geografische Tortenstück südlich von Vaals etwa zu einem anarchistischen Stück Europa werden? Zu einem Staat, in dem sich sämtliches Gesindel der Nachbarländer ansiedelt?

Diese Befürchtungen sind nicht ganz aus der Luft gegriffen. In den ersten zehn Jahren nach der Gründung verdoppelt sich die Einwohnerzahl von Neutral-Moresnet. Vor allem aus der näheren Umgebung ziehen alle möglichen Leute dorthin, weil sie aufs große Geld hoffen oder sich ein besseres Leben versprechen – Niederländer, Deutsche und Franzosen, sodass die reinste Multikulti-Gesellschaft entsteht. Aber auch eine Art Freistaat. Kelmis, einst ein unbedeutendes, verschlafenes Nest, wird von einer regelrechten Kriminalitätswelle überrollt.

1825 steigt eine Gruppe »fahrender Sänger« in Moresnet ab, wie Bürgermeister de Lasaulx in einem Brief an die Kommissare schreibt. Eine Woche lang unterhalten sie die Bevölkerung mit ihren Kunststücken, doch mit ihnen verschwinden auch zahlreiche Kleidungsstücke sowie ein »Brabanter Hut«. Gegen Ende desselben Jahres kommt es zu einem Überfall, bei dem Ganoven den neutralen Herrn Koenigs hinterrücks niederschlagen. Laut einem Brief des niederländischen Verwaltungskommissars an das Justizministerium in Den Haag waren es Flamen, die auf ihrer Flucht die Grenze zu den Niederlanden überquert haben.

Preußen und die Niederlande bekommen es noch mit einem ganz anderen Phänomen zu tun: Auf einmal zieht es auffällig viele junge Männer kurz vor ihrem einundzwanzigsten Geburtstag nach Kelmis, wo sie sich vom Bürgermeister registrieren lassen. So werden sie »neutral« und können sich vor dem Wehrdienst drücken. Oft bleiben sie bloß ein, zwei Jahre und ziehen dann wieder in ihre Heimatdörfer. Beide Länder dulden diese Praxis zunächst, da sie sich vorläufig in Grenzen hält.

Moresnet ist einzig und allein aufgrund der Halsstarrigkeit von König Wilhelm I. der Niederlande und Friedrich Wilhelm III. von Preußen entstanden. Beamte dürfen sich daher nicht zu negativ über das kleine Land äußern. Das wäre immer auch eine Kritik am König und könnte die Karriere sehr schnell beenden. Deshalb verpacken sie ihre Empfehlungen in vage Formulierungen und inhaltsleeres Geschwafel.

Jemand, der nicht ganz so vorsichtig sein muss, ist Daniel Heinrich Delius, der preußische Regierungspräsident. Er ist ein sehr erfolgreicher Mann, der die Wirtschaft seines Landes durch die Liberalisierung mehrerer Märkte gehörig angekurbelt hat. Außerdem hat er mit den Niederländern erfolgreich über die Rheinschifffahrt verhandelt. Deshalb kann er es sich erlauben, bei Hof etwas Porzellan zu zerschlagen. Als Neutral-Moresnet 1826 zehn Jahre lang existiert, findet Delius, das sei jetzt mehr als genug. Der ständige Hickhack mit den Niederländern, nur wegen ein paar Quadratkilometern, müsse endlich ein Ende haben.

Deshalb schreibt er dem niederländischen Außenminister Johan Gijsbert Baron Verstolk van Soelen einen Brief, in dem er sich über die »Unbequemlichkeit des Fortbestehens« von Moresnet äußert und den Vorschlag unterbreitet, persönlich nach Den Haag zu kommen, um mit ihm, Verstolk van Soelen, eine endgültige Lösung zu erarbeiten, die sie dann ihren Herrschern vorlegen können.

»Ich bin […] in meiner Ansicht gestärkt worden, dass es für beide Regierungen nicht anders als sehr erwünscht sein könne, dem schwebenden Zustand der Landeshoheit ein Ende zu machen«, teilt der Preuße mit. Würden beide Seiten in den Kalender schauen, könnten sie bestimmt einen gemeinsamen Termin finden. Und sollten sie tatsächlich eine Lösung präsentieren können, unterschreiben beide Könige einen neuen Grenzvertrag – mit dem angenehmen Nebeneffekt, dass Verstolk van Soelen und er dann diejenigen wären, die das heikle Problem endlich gelöst haben.

Ein Monat vergeht, ohne dass die Niederländer reagieren. Dann noch einer. Und noch einer. Das Ausbleiben einer Antwort ist eine diplomatische Kränkung ersten Ranges. Anscheinend sind die Beziehungen zwischen den beiden Ländern nach wie vor sehr vergiftet, wenn es um Neutral-Moresnet geht. Erst ein halbes Jahr später reagieren die Niederlande mit einem knappen Schreiben: Vielen Dank, Herr Delius, aber wir lassen lieber alles beim Alten. Nicht der König oder der Minister antwortet, nein, ein einfacher Beamter lässt den hohen Preußen abblitzen.

Dieses Antwortschreiben, das sich heute im National- und Staatsarchiv der Niederlande in Den Haag befindet, nimmt darüber hinaus kein Blatt vor den Mund: Bei der Auseinandersetzung gehe es um die Mine in Moresnet und nicht um die paar Kilometer Umland, so der Beamte aus dem Außenministerium. Und solange es dort eine Zinkmine gebe, würden sich beide Länder wohl niemals einig werden, dafür seien die Bodenschätze viel zu kostbar. Mit anderen Worten, der eine gönnt dem anderen das Schwarze unter den Nägeln nicht.

Wegen dieser Neidereien auf internationalem Niveau scheint die Zukunft von Neutral-Moresnet erst einmal gesichert zu sein. Aus einer vorläufigen Lösung ist nach zehn Jahren eine Art Dauerzustand geworden. Im Grenztraktat von 1816 war noch von einem Sonderausschuss aus hohen preußischen und niederländischen Beamten die Rede, die den Fall Moresnet lösen sollen. Doch der ist nie gegründet worden. Für die Neutralen bedeutet das, dass sie sich an ein Leben als Staatenlose gewöhnen müssen. Ein Status, der sogar so etwas Banales wie eine Eheschließung zu einem Fall für die internationale Diplomatie, für Staatsrechtler und Bürokraten macht.

Die Geschichte von René und Marie geht übrigens gut aus, auch wenn allen Parteien viel Geduld abverlangt wird. Bürgermeister de Lasaulx schreibt seinem Kollegen in Wittem einen Brief nach dem anderen, um ihn davon zu überzeugen, dass er das verliebte Paar trauen darf. René sei ein Neutraler und kein Niederländer, aber eben auch kein Ausländer, so seine Argumentation.

Nach langem Hin und Her kommen Merckelbach und er zu einer Lösung. Marie erhält die Erlaubnis, René zu heiraten, ohne ihre Nationalität aufgeben zu müssen. Bestimmt ist das in Kelmis groß gefeiert worden. Denn dort lässt sich das Paar nieder. Sollte es Kinder bekommen – werden die dann zu Neutralen? Schwer zu sagen, juristisch ist und bleibt Moresnet ein Niemandsland.

Lebten sie glücklich und zufrieden bis an ihr Lebensende? Außer der Korrespondenz zu ihrer Eheschließung gibt es leider keine weiteren Dokumente aus dem Leben von René und Marie. Aber Kinder dürften sie höchstwahrscheinlich bekommen haben, denn bis heute gibt es Pelssers in Kelmis und Umgebung.

4
Der Staatsstreich

Im Bergamt von Düren (Preußen)
am 27. Juni 1827

Jemand klopft leise an die Tür von Johann Daniel Mayer. Der brummt zustimmend, die Klinke wird heruntergedrückt, und ein Mitarbeiter streckt den Kopf herein.

Unangekündigter Besuch sei da, der gern mit dem Herrn Direktor sprechen wolle, so der niedere Beamte. Noch dazu handle es sich um eine Dame, fährt er stotternd fort.

Mayer wird neugierig und bedeutet ihm, den Besuch vorzulassen. Frauen schauen nicht gerade viele vorbei bei der Bergbauaufsicht des Königreichs Preußen. Und schon gar keine so atemberaubende Erscheinung wie die, die gerade in Metern raschelnder Seide seine bescheidene Amtsstube betritt.

Françoise-Zoé »Fanny« Mosselman ist erst neunzehn, aber schon jetzt ein Inbild weiblicher Verführung. Laut dem französischen Schriftsteller Arsène Houssaye gelingt es ihr, »Sterbliche und Götter mit ihrem goldenen Haar einzufangen«. Anderen Zeitgenossen fehlen die Worte, um ihre perfekten Rundungen und herrlichen blauen Augen zu beschreiben. Sie erwähnen lobend ihre engelsgleichen Züge mit den stets leicht geröteten Wangen.

Anmutig nimmt sie vor Mayers Schreibtisch Platz. Vermutlich lächeln sie sich kurz nervös zu, denn Mayer und

Mosselman stammen aus zwei völlig verschiedenen Welten. Er ist ein 58-jähriger Theologe und Philosoph sowie ein pflichtbewusster Beamter des Königs von Preußen. Ein braver Familienvater von fünf Kindern, der im verschlafenen Düren unweit von Köln arbeitet.

Während die junge Fanny Mosselman eindeutig in einem großen Pariser Salon zu Hause ist, umschwärmt von Intellektuellen, Adeligen, heißblütigen Künstlern und mächtigen Männern. Und nicht in einer spartanisch eingerichteten Amtsstube in der preußischen Provinz.

Mayer ist neugierig. Was kann er für sie tun?

Mosselman sagt, es gehe um eine Familienangelegenheit, die ihr ernsthaft Sorgen bereite. Vielleicht könne ihr der Herr Direktor in seiner Funktion als Verwaltungskommissar Preußens für Neutral-Moresnet helfen?

Johann Mayer nickt zustimmend.

Fanny beginnt zu erzählen: In Moresnet liegt eine Mine, in der Arbeiter Zink fördern. Sie gehört ihrem Vater, dem greisen François-Dominique Mosselman. Er hat die Schürfrechte vor fünfzehn Jahren gekauft und seitdem Millionen in die Region investiert.

Aber Preußen hat ihrem Vater von Anfang an Steine in den Weg gelegt. Offensichtlich will man nicht, dass Mosselman die Mine zu einem Erfolg macht. Erst hängt man ihm einen Prozess an, um die Gültigkeit des Vertrags zwischen Dony und Napoleon anzufechten. Dann versucht man, gerichtlich zu verhindern, dass Vater Mosselman neue Zinköfen in Moresnet baut. Doch beide Male hat der Richter zugunsten Mosselmans entschieden.

Jetzt versucht man es erneut: Ihr betagter, gebrechlicher Vater steht nun schon das dritte Mal vor dem Richter. Seit

Jahren zahlt er keine Pacht für die Mine mehr, was ihm eine Gesetzeslücke erlaubt. Aber Preußen und die Niederlande, die beiden Verpächter von Moresnet, sehen das anders und fordern nun die ausstehenden Pachtzahlungen einschließlich Zinsen ein. Fanny und ihr Vater wollen diesen Konflikt gern außergerichtlich lösen.

Mayer ist baff. Natürlich kennt er die Mine und die Geschichte der neutralen Zone. Als deren offizieller Verwaltungskommissar korrespondiert er häufig über Moresnet. Erwartet Fanny etwa, dass er den preußischen König überredet, den Fall auf sich beruhen zu lassen? Das käme einem beruflichen Selbstmord gleich. Preußen will die Zinkindustrie auf eigenem Boden – also die Mine unweit Kattowitz – so weit als möglich bevorteilen, daraus hat es nie einen Hehl gemacht.

Nein, um so etwas würde ihn Fanny niemals bitten. Sie möchte nur, dass Preußen endlich einwilligt, den Fall zu vertagen. Ihre Familie hat eine Lösung für den schwelenden Konflikt gefunden. Aber wenn beide Parteien vor dem Richter stehen, dürfte der sich nur schwer umsetzen lassen.

Vater Mosselmans Anwalt bitte um sechs Wochen Aufschub. Die Niederlande hätten sich bereits einverstanden erklärt, aber Preußen müsse als Prozessbeteiligter ebenfalls zustimmen. Ob Mayer nicht ein gutes Wort beim preußischen König einlegen könne? Anschließend könne der Fall Moresnet ein für alle Mal zu den Akten gelegt werden. Und das wäre doch für alle Beteiligten das Beste?, so Fanny Mosselman.

Mayer verspricht, sich die Sache zu überlegen.

Und mehr verlangt sie auch gar nicht. Mosselman steht auf und macht einen angedeuteten Diener. Ihre goldblonden Korkenzieherlocken fallen über die schmalen Schultern, und ihr Mund verzieht sich zu einem unmerklichen Lächeln, das an das der Mona Lisa erinnert. Mayer kann gar nichts anders, als schwer beeindruckt zu sein.

Anderthalb Wochen später willigt Preußen endlich ein, den Fall zu vertagen.

Fanny Mosselman ist eine der ungewöhnlichsten Frauen ihrer Zeit. Nicht nur wegen ihrer großen Schönheit und sinnlichen Ausstrahlung, sondern auch wegen ihrer Intelligenz und ihres untrüglichen Geschäftssinns.

Anders als ihr Äußeres weiß sie das jedoch gut zu verbergen. Nach ihrem Namen sucht man in offiziellen Dokumenten oder dem Wirtschaftsteil der Zeitungen vergeblich – und zwar aus gutem Grund: Im 19. Jahrhundert haben sich Frauen nicht mit Gelddingen zu befassen. Arbeit und Unternehmertum gelten noch als unsittliches, schmutziges, wenn auch notwendiges Geschäft, das nur Männer beherrschen, weil sie von Natur aus skrupelloser seien als Frauen.

Diese sind dem Mann nach damaligen Vorstellungen moralisch überlegen und kennen weder sexuelle Regungen noch brennenden Ehrgeiz. Ihr Platz ist daheim bei den Kindern. Dort kümmern sie sich um deren Erziehung und das Wohlergehen ihres Mannes, wenn dieser von einem anstrengenden Arbeitstag nach Hause kommt. Wenn Frauen eine Leidenschaft haben, dann eine eher harmlose wie Musik, Handarbeiten oder ein anderes unschuldiges Hobby. Nur Frauen der unteren Klassen müssen sich als Dienstmädchen, Waschweib oder Marktfrau verdingen.

Umso erstaunlicher ist Fanny Mosselmans Besuch in Düren: Für eine frisch verheiratete Dame aus guter Familie – sie hat im selben Jahr den überaus vermögenden Grafen Charles Le Hon geheiratet – ist es unerhört, ohne Begleitung ihres Gatten oder eines männlichen Verwandten von Brüssel nach Preußen zu reisen. Und noch viel unerhörter, mit einem sehr viel älteren Mann geschäftlich zu verhandeln. Es wird schließlich viel getratscht. Dass sie das Wagnis trotzdem eingeht, beweist, dass viel auf dem Spiel steht. Sie möchte Zeit gewinnen, um gemeinsam mit ihrem Vater eine geheime Abmachung in die Wege zu leiten.

Die Reise nach Preußen zeugt auch von ihrer zunehmenden Bedeutung für das Mosselman-Imperium. Vater François-Dominique lässt es seit einigen Jahren etwas ruhiger angehen. Er ist mittlerweile Anfang siebzig und hat nicht mehr die Kraft für viele Reisen und langwierige Besprechungen. Seit 1820 übernehmen nach und nach seine Söhne und Schwiegersöhne die Führungspositionen in den Firmen, die er im Lauf der Jahre zusammengekauft hat. Sie sind aus demselben Holz geschnitzt wie der *pater familias* und erledigen ihre Arbeit sehr gut. Das macht es ihm leichter, sein Lebenswerk in andere Hände zu übergeben.

Doch ein Unternehmen bereitet Mosselman erhebliche Bauchschmerzen: Es ist sein großes unvollendetes Projekt, die Zinkgrube in Moresnet mit dem dazugehörigen Hochofen und dem Walzwerk in Lüttich. Die Verantwortung dafür möchte er vorerst nicht abgeben – es gibt noch zu viele Probleme, die erst gelöst werden müssen.

Dabei hilft ihm zunehmend seine Tochter Fanny, die sich schon als Halbwüchsige gern mit juristischen Fragen beschäftigt hat. In den folgenden Jahren wird sie eine immer größere Rolle spielen – wenn auch zunächst nur hinter den Kulissen, denn als Frau kann sie unmöglich offiziell die Leitung dieser großen internationalen Firma übernehmen. Nach außen hin gilt daher ihr Mann Charles Le Hon als künftiger Zinkhütten-Nachfolger ihres Vaters.

So schreibt und unterzeichnet Le Hon sämtliche Geschäfts-
briefe … doch Fanny diktiert, was darin steht. Irgendwann
macht das Paar nicht einmal mehr ein Geheimnis daraus,
denn Fannys Name taucht immer wieder in der Geschäfts-
korrespondenz auf: »Madame Mosselman drängt darauf,
dass …«, schreibt Charles Le Hon zum Beispiel. Auffällig ist
zudem, dass sich Fanny weiterhin Mosselman nennt, statt
den Adelsnamen ihres Mannes anzunehmen.

Die Tochter des alten Mosselman ist eine kluge Strategin
und kann sich gut in Männer hineinversetzen. Wie sich zahlreichen Unterlagen entnehmen lässt, ist sie an allen Entscheidungen beteiligt, die Le Hon und ihr Vater treffen, und weist
auch die Anwälte an. Wenn es sein muss, macht sie sich sogar
höchstpersönlich auf den Weg, um die Interessen der Mine
zu verteidigen, so wie in Düren.

Ihre Einmischung ist auch bitter nötig: Auf dem Papier
sind die Mine und das dazugehörige Zinkwalzwerk nach wie
vor eine geniale Investition. In Moresnet liegen gigantische
Zinkerzvorkommen im Boden. Wie viel genau, weiß niemand, aber für die nächsten Jahrzehnte dürfte es locker reichen.

Der revolutionäre Ofen, den Dony erfunden hat, funktioniert immer besser. Der Tausendsassa aus Lüttich hat jahrelang daran herumgetüftelt, auch nachdem er 1813 vom neuen
Mehrheitseigner Mosselman abgefunden wurde. Schon bald
produziert die Zinkhütte alljährlich eine halbe Million Kilo
des besten Zinks der Welt. Das Produkt ist »absolut rein«,
jubelt die niederländische Zeitschrift *De Star*.

Nach den Anfangsschwierigkeiten unter Dony laufen die
Geschäfte immer besser. Mosselman hat ein gut funktionierendes Vertriebs- und Verkaufsnetz aufgebaut. Schon bald

sind »Lütticher Zinkplatten« in ganz Nordeuropa ein Begriff. Das Metall verdrängt zunehmend Blei, Blech und Eisen als Baumaterial.

Im Vergleich zum schweren, teuren Blei braucht man nur ein Drittel des wasserdichten Zinks, um Dächer und Fassaden zu schützen. Mit ihm lassen sich leichtere und damit billigere Bauwerke errichten. Auch rostfreie Zinknägel kann es gar nicht genug geben.

In der Schifffahrt ist es eine fantastische Alternative zu den traditionellen Kupferbeschlägen für Holzboote. Zink kostet nur die Hälfte, ist leichter zu verarbeiten und auf langen Seereisen besser haltbar. Es siedeln sich weniger Herzmuscheln darauf an, sodass die Schiffe schneller durchs Wasser gleiten. Die französische und die niederländische Marine lassen einen Großteil ihrer Holzboote mit dem Metall verkleiden – ein grandioser Deal, der Dony et Compagnie Hunderttausende einbringt.

Warum ist aus der Mine für Mosselman trotzdem eine meterdicke Gerichtsakte geworden? Als Fanny Mosselman ihren Besuch bei Johann Mayer antritt, ist die Mine bereits seit über zehn Jahren Gegenstand von allen möglichen Gerichtsprozessen. Vor allem die Anwälte verdienen gut an der Mine.

Die Wurzel allen Übels geht auf das Jahr 1813 zurück, als Mosselman Donys Anteile mehrheitlich übernimmt. Der Erfinder aus Lüttich hat ein betriebswirtschaftliches Fiasko angerichtet und riesige Schulden angehäuft. Mit dem Geld, das er von Mosselman für seine Anteile bekommt, hofft er, sie abzahlen zu können.

Doch in den darauffolgenden Jahren stellt sich heraus, dass es hinten und vorn nicht reicht: Die Zinsen für die verschiedenen Kredite steigen immer mehr, und Dony kann sie nicht schnell genug tilgen. Er will mehr Geld aus der Firma nehmen, um seine Gläubiger zu befriedigen. Als Eigentümer eines Viertels der Anteile hat er das Recht auf ein Viertel des Gewinns. Doch Mosselman will die Überschüsse aus der Zinkhütte lieber reinvestieren, um weiter zu expandieren. Die beiden Männer tragen jahrelange, erbitterte Kämpfe vor dem Richter aus.

Schließlich holt die Realität Dony ein. Er hat seine Insolvenz lange hinausschieben können, doch 1819 ist die Geduld mehrerer Gläubiger zu Ende. Sie lassen ihn vom Lütticher Gericht für bankrott erklären.

Es folgen katastrophale Monate. Auf Anweisung des Insolvenzverwalters muss Dony das Haus verkaufen, in dem er seit Jahrzehnten wohnt. Das bedeutet, dass er auch sein Labor im Garten aufgeben muss. Seine Tage als Erfinder sind damit gezählt. Mit seiner Frau zieht er in eine Bruchbude am Rand von Lüttich, denn etwas Besseres kann er sich nicht leisten.

Das ist wohl zu viel für den Erfinder, denn drei Monate nach seinem Bankrott stirbt er völlig überraschend. Die Todesursache wird nie geklärt.

Ein paar Freunde der Familie begleiten den sympathischen Tausendsassa Dony zu seiner letzten Ruhestätte auf dem Friedhof in Flémalle etwas außerhalb Lüttichs. Die Witwe Dony ist völlig blank und kann nicht einmal mehr die Beerdigung bezahlen, wie der Insolvenzverwalter vermerkt. Zum Glück begleicht ein wohlhabender Mann die Rechnung der Totengräber. Es ist François-Dominique Mosselman. Trotz der ständigen Prozesse ist er nie zum persönlichen Feind Donys geworden.

Auf dem Gedenkstein, den die Hinterbliebenen aufstellen lassen, steht laut Überlieferung – denn die Gemeinde wird das Grab vierzig Jahre später räumen lassen – eine seltsame Inschrift:

> Er war ein guter Freund, ein guter Ehemann.
> Zweifellos wäre er auch ein guter Vater gewesen.
> Er war intelligent, bescheiden und freundlich,
> leider bleibt von ihm nichts als Staub.
> RIP

Die Bezahlung der Totengräber ist erst der Anfang. Mosselman kauft der Witwe Dony das verbliebene Viertel Anteile von Dony et Compagnie ab – für die unglaublich stolze Summe von 332 750 Francs (was nach heutiger Kaufkraft etwa fünf Millionen Euro wären). Das Unternehmen ist nicht einmal ein Viertel davon wert.

Donys Witwe kann nun zwar sämtliche Gläubiger auszahlen, aber dabei geht das ganze Geld drauf – ein Zeichen dafür, wie groß die finanzielle Misere ist, in die Dony seine Familie gestürzt hat.

Zum Glück unterschreibt Mosselman beim Notar ein Dokument, das der Witwe sowie der bei ihr wohnenden behinderten Schwester eine Jahresrente von zweitausend Francs auf Lebenszeit garantiert. Auf einen Schlag sind die beiden Frauen sämtliche Geldsorgen los. Hat Mosselman vielleicht ein schlechtes Gewissen?

Nach dem Ankauf des letzten Anteilviertels ist Mosselman nach aufreibenden acht Jahren endlich alleiniger Minenbesitzer. Das Abenteuer hat ihn eine schöne Stange Geld gekostet, nach dem Kauf der letzten Anteile steckt er eine Dreiviertelmillion Francs in das Unternehmen und investiert in der Folge noch einmal 1,6 Millionen in Gebäude und Infrastruktur – eine Riesensumme.

Höchste Zeit, um sich mit Tochter Fanny und Schwiegersohn Charles hinter das Zinkimperium zu klemmen. Doch dann, 1823, ausgerechnet als Mosselman glaubt, genügend Gerichte von innen gesehen zu haben, liegt wieder eine Vorladung in seinem Briefkasten. Preußen und die Niederlande, die beiden Besitzer der neutralen Zone, zerren Mosselman vor Gericht. Das ist ein Fall, den er nicht so leicht gewinnen kann.

Es geht um eine alte Streitfrage. Dony hat seine Pachtzahlungen für die Mine bereits 1810 eingestellt: In diesem Jahr erlassen die Franzosen nämlich ein Gesetz, welches das Pachtsystem im französischen Kaiserreich ein für alle Mal abschafft und durch eine Steuer auf die Förderung und den Gewinn aus Minen und Gruben ersetzt. Nur dass diese Steuer dann nie erhoben wird.

Dony war zwar ein schlechter Geschäftsmann, aber was das Gesetz betrifft, gibt ihm Mosselman durchaus recht: Abgeschafft ist abgeschafft! Deshalb behält auch Mosselman die Pachtgebühren ein, als er die Mine übernimmt. Das drückt seine Kosten erheblich und sorgt für satte Gewinne. Zwischen 1813 und 1818 macht die Grube 787 000 französische Francs Gewinn.

Preußen und die Niederlande sehen das ganz anders. Sie finden, dass die Konzession, die Napoleon Dony 1805 erteilt hat, kein echtes Pachtverhältnis ist, sondern ein normaler Vertrag, für den die genannte Gesetzgebung nicht gilt. Als Rechtsnachfolger Frankreichs wollen Preußen und die Niederlande Geld sehen, nämlich die 40 500 Francs im Jahr, für die Dony einst mit seiner Unterschrift gebürgt hat. Zuzüglich Zinsen für all die Jahre, in denen nicht gezahlt wurde: insgesamt mehr als 200 000 Francs.

Als sich Mosselman weigert, die ausstehenden Gelder zu bezahlen, hängen sie dem Mann aus Brüssel einen Prozess an, und er muss zum x-ten Mal vor dem Richter erscheinen.

Mosselman tobt vor Wut. Er hat nicht vor nachzugeben und schreibt den Verwaltungskommissaren beider Länder. Immer wieder geht er in Berufung, bis der Fall 1827 schließlich an den Kassationshof Lüttich kommt.

Die hohen Richter müssen sich mit einem Gesetz beschäftigen, das längst abgeschafft ist. Das von einem französischen Staat ins Leben gerufen wurde, der nicht mehr existiert. Mit einem Gebiet, das keinem von beiden Staaten wirklich gehört. Ein komplexes Problem, bei dem sich Juristen bereits die Hände reiben: Sie werden jahrelang daran verdienen.

Nach außen hin zeigt sich der alte Mosselman kampfeslustig. Er kann auf die Unterstützung seiner brillanten Tochter und seines Schwiegersohns zählen, außerdem hat er die besten Anwälte. Trotzdem dürfte er sein Zinkabenteuer ernsthaft in Zweifel ziehen.

Der Streit um die Pachtgebühren dürfte noch Jahre dauern, wie ihm seine Anwälte vorhersagen, mehr als ein Jahrzehnt, wenn er sämtliche Berufungsmöglichkeiten voll ausschöpft. Die Wahrscheinlichkeit, dass Mosselman noch lebt, wenn der Richter ein endgültiges Urteil fällt, ist äußerst gering. Er hat die durchschnittliche Lebenserwartung seiner Zeit schon jetzt um dreißig Jahre überschritten.

Und selbst wenn er den Fall gewinnen sollte, darf man eines nicht vergessen: Preußen hat sich von Anfang an gegen Mosselman gestellt. Erst versucht es, den Bau zusätzlicher Öfen in Moresnet zu verhindern. Auch die Sache mit der Pacht ist vor allem eine preußische Angelegenheit. »Preußen provoziert ständig«, beschwert sich Fanny Mosselman in einem Brief beim niederländischen Innenminister. Ihr Vater und sie fühlen sich »als Opfer« preußischer Muskelpolitik. Sie sucht eindeutig Hilfe bei den Niederländern.

Genau wie ihr Vater ahnt Fanny, dass Preußen alles tun wird, um die Grube in Moresnet scheitern zu lassen. Selbst wenn es diesen Fall verliert, heißt das nicht, dass es keinen neuen anstrengt: Geld für Anwälte ist im Überfluss vorhanden.

Auch sonst zeigen die Preußen, dass sie keinen Millimeter nachgeben werden: Die Mine bei Kattowitz darf unbegrenzt Zink fördern, ohne die dafür üblichen Abgaben zu zahlen. Mit diesem billigen Zink, das eigentlich teurer in der Produktion ist, weil in Kattowitz die technisch überlegenen Öfen Donys fehlen, wird der europäische Markt überflutet. Außerdem ist die Qualität deutlich geringer als die der Platten aus Lüttich. Gewinn lässt sich so nicht erwirtschaften, aber die Grube in Moresnet aus dem Markt drängen.

Seit 1823 tobt daher für Mosselman & Co. ein Krieg an zwei Fronten: gegen die Justiz und gegen den europäischen Markt. Ist das ein Kampf, der sich lohnt? Einer, den man gewinnen kann? Mit seinen Verwandten findet François-Dominique eine Lösung: Er wird die Mine verkaufen. Schade um die viele Zeit und das Geld, das er investiert hat. Aber er kann noch so reich und einflussreich sein – das Risiko eines jahrelangen Rechtsstreits mit einem so mächtigen Gegner wie Preußen ist einfach zu groß. Denn den kann die Familie durchaus verlieren.

Angesichts ihres enormen Potenzials ist die Mine ein sehr verlockendes Angebot für einen reichen Investor mit langem Atem. Aber wer hat genug Geld und Interesse, so ein Unternehmen zu übernehmen? Und vor allem: Wer ist bereit, es mit der enormen politischen und wirtschaftlichen Macht Preußens aufzunehmen?

Eigentlich kommt dafür nur jemand infrage, der selbst enorme politische und wirtschaftliche Macht besitzt. Über das Vermögen des Königs der Niederlande kursieren die wildesten Gerüchte. Aber was will man von einem Sprössling eines der ältesten und angesehensten Adelsgeschlechter Europas schon anderes erwarten? Außerdem glaubt er fest an den Rohstoff Zink und ist bereit, viel Geld zu investieren, um die Grube zu einem Erfolg zu machen. Wilhelm I. wirbt dermaßen begeistert für diesen Rohstoff, dass es sogar der heimischen Presse auffällt:

> Was den Einsatz (von) Zink zum Decken von Gebäuden betrifft, (hat) der König der Niederlande (befohlen), seine Verwendung bei allen öffentlichen Gebäuden jedem anderen Metall (vorzuziehen), sodass auch (...) das neue Brüsseler Opernhaus mit diesem Halbmetall gedeckt wurde.
>
> *De Star,* November 1823

Mit anderen Worten: König Wilhelm I. ist der ideale Kandidat.

Kein Wunder also, dass Mosselman ausgerechnet auf ihn kommt. Wie Dokumente nahelegen, gehen die ersten Kontakte zwischen dem Brüsseler Geschäftsmann und dem niederländischen König auf das Frühjahr 1827 zurück. Nachdem man sich gegenseitig etwas beschnuppert hat, kommt es rasch zu einem umfangreichen Briefwechsel über eine mögliche Übernahme.

Mosselman hofft, die Sache rasch unter Dach und Fach bringen zu können, aber der Prozess wegen der Pachtzahlungen, der gerade in Berufung geht, kostet ihn viel Kraft. Er kann sich nicht verteidigen und gleichzeitig komplizierte Verhandlungen führen. Daher der sechswöchige Aufschub, den Fanny beim preußischen Staat für ihren Vater erbittet und tatsächlich erwirkt. Wieder einmal zeigt sich, dass sie für das Familienunternehmen unverzichtbar ist.

Tochter Mosselman mag in Düren gute Arbeit geleistet haben – doch leider vergeblich. Wilhelm I. wird nicht umsonst Kaufmann-König genannt, außerdem befindet er sich in einer äußerst heiklen Lage. Schließlich prozessiert er gemeinsam mit Preußen *gegen* die Familie Mosselman. Und jetzt führt er hinter dem Rücken der Deutschen Übernahmegespräche mit Mosselman? Das kann große diplomatische Verstimmungen oder Schlimmeres hervorrufen, es wurden schon aus geringeren Anlässen Kriege geführt.

Darüber hinaus hat Wilhelm I. einen langen Atem. Ohne dass Mosselman davon weiß, hat er schon vor einer ganzen Weile ein Auge auf die Mine geworfen. Ein Jahr mehr oder weniger spielt für ihn keine Rolle. Heimlich korrespondierte der niederländische König bereits 1817 mit Dony, weil er seinen Einfluss in Moresnet erhöhen wollte. Der König der Niederlande wollte auch nie einen Prozess wegen ausstehender Pachtzahlungen, wie aus streng geheimen Dokumenten im belgischen Reichsarchiv Lüttich hervorgeht. Aber um die guten Beziehungen zu Preußen nicht zu belasten, muss er wohl oder übel mitmachen.

Natürlich darf Preußen auf keinen Fall erfahren, dass die Niederländer sie in Moresnet über den Tisch ziehen wollen. Deshalb sollen die Verhandlungen zwischen der Familie Mosselman und Wilhelm I. so geheim wie möglich vonstattengehen, was viel Zeit kostet.

Die Übernahmegespräche werden von Fanny Mosselmans Mann Charles Le Hon geführt, der gute Kontakte zum König hat. Graf Le Hon ist ein typischer Vertreter der damaligen Elite, die eine Karriere in der Politik problemlos mit einer in der Wirtschaft kombinieren kann. Kein Mensch stört sich daran. Als Parlamentarier und Adliger fällt es Le Hon nicht weiter schwer, Zugang zum König zu bekommen. Wirtschafts- und Landesinteressen sind damals kaum voneinander zu trennen.

Das gilt auch für Moresnet. Unter dem Gebot der Geheimhaltung delegiert der König die Verhandlungen an seinen Außen- und seinen Innenminister sowie an deren Kollegen im Finanzministerium. In seinem Auftrag loten sie die Möglichkeiten aus und sollen den Wert der Mine berechnen.

Die Exzellenzen gehen kein Risiko ein und lassen geschulte Beamte ausrechnen, was die Mine einbringen könnte und welche Risiken vorliegen. Die Mitarbeiter des Finanzministeriums verfassen seitenlange Analysen, die auf einer Methode beruhen, die Ende des 20. Jahrhunderts erneut modern werden wird, nämlich auf der sogenannten Szenariotechnik. Dabei werden einfach sämtliche Situationen durchgerechnet, in die die Zinkgrube geraten kann. Ausgangspunkt ist ein Jahresgewinn von 145 290 Francs beziehungsweise 68 660 Gulden.

Ein Szenario, das die Beamten ebenfalls durchrechnen, besteht darin, dass der König die Mine gar nicht kauft. Muss Zink denn unbedingt aus Moresnet kommen? Wenn es dort Zinkspatvorkommen gibt, findet sich auf der niederländischen Seite der Grenze zur neutralen Zone vielleicht auch eine Ader? Auf diese Weise könnte man sich jede Menge Geld sparen, weil der König der Familie Mosselman dann nichts zahlen müsste. Ganz schön raffiniert!

Und tatsächlich finden niederländische Bergbaukundler im nur wenige Kilometer südwestlich von Moresnet gelegenen Ort Welkenraedt nach einigen Grabungen Spuren von Zinkspat. Ein entsprechender Bericht befindet sich im belgischen Staatsarchiv Lüttich. Doch es sind deutlich kleinere Mengen als in der Mine Mosselmans, so die Ingenieure. Ein dortiger Abbau würde sich kaum lohnen. So kommt es, dass die Niederlande am Verhandlungstisch sitzen bleiben.

Jetzt, wo feststeht, dass Moresnet das reinste Zinkparadies ist, kommt die Sache endlich ins Rollen. Wilhelm I. gelangt zu dem Schluss, dass es in seiner Situation zu riskant ist, direkt in die Mine zu investieren. Deshalb schickt er das Amsterdamer Amortisationssyndikat vor, einen dubiosen Verband, den er gegründet hat, um Staatsschulden ohne Zustimmung des Parlaments zu verwalten und gleichzeitig in die niederländische Infrastruktur und Industrie zu investieren.

Dieser Verband hat zwar eine eigene Leitung, ist allerdings in Wahrheit dem niederländischen König unterstellt. Wilhelm I. gibt die Verhandlungen über den Ankauf der Mine also mitnichten in fremde Hände. Die Syndikatsleitung weiß vermutlich nicht einmal von den Gesprächen, denn der Name Moresnet taucht in ihren Unterlagen nicht auf. Sie soll bloß unterschreiben, wenn die Verhandlungen unter Dach und Fach sind.

Im Herbst 1829 kommt es in Brüssel zu mehreren geheimen Treffen zwischen Wilhelm I. und Le Hon. Was soll die Mine kosten? Le Hon verlangt seltsamerweise bloß 600 000 Gulden, rund 1,4 Millionen Francs. Das ist deutlich weniger als die geschätzten 3 Millionen Francs, die Mosselman bis dahin in die Mine investiert hat. Anscheinend ist die Familie bereit, mit Verlust zu verkaufen.

Doch an ihr Angebot ist eine Bedingung geknüpft: Der Käufer entbindet die Familie Mosselman von sämtlichen

Forderungen, die mit dem Minenbesitz zu tun haben. Allein die schon seit Donys Zeiten ausstehenden Pachtzahlungen gehen mittlerweile in die Hunderttausende, und das vorläufige Urteil des Lütticher Gerichts weist darauf hin, dass diese endlich beglichen werden müssen. Diese Aussicht drückt natürlich den Kaufpreis. Wilhelms I. langer Geduldsfaden hat sich also bezahlt gemacht. Er ist mit der Kaufsumme und der an das Kaufangebot geknüpften Bedingung einverstanden.

Für Wilhelm I. ist das Ganze ein hervorragendes Geschäft: Er steht kurz davor, den Preußen so richtig eins auszuwischen. Das ist eine schöne Retourkutsche für den Wiener Kongress, bei dem der König wegen Preußens Gefeilsche weniger Land erhalten hat als erhofft. Jetzt setzt er seinen Gegner doch noch schachmatt: Als neuer Minenbesitzer kann er in der neutralen Zone spottbillig Zink herstellen, während die von ihm zu zahlende Pacht zur Hälfte in die eigene Staatskasse fließt.

Was Moresnet angeht, ist es ein veritabler Staatsstreich. Einer ohne jedes Blutvergießen, doch das macht die Schlacht, die der niederländische König schlagen will, nicht weniger spektakulär: Ist Wilhelm I. erst einmal Besitzer der Mine, gibt es eigentlich keinen Grund mehr, das neutrale Territorium aufrechtzuerhalten. Dann könnten die Niederlande Preußen ausbezahlen oder das Gebiet gegen eine andere Grenzregion tauschen. Eine Lösung, die der niederländische König bereits vorwegnimmt: Als Neutral-Moresnet rote Zahlen schreibt, streckt Wilhelm I. 661 Gulden aus eigener Tasche vor, so, als gehörte ihm das Gebiet bereits.

Es dauert noch ein paar Monate, bis die Details geklärt sind. Im Sommer 1830 sind alle Parteien nach langwierigen Verhandlungen endlich bereit, den Kaufvertrag zu unterzeichnen. Die Bedingungen sind eindeutig, und der Preis steht fest. Preußen wittert zwar bereits Unheil, wie Le Hon dem niederländischen Innenminister schreibt, doch was soll's? Wenn alle ihren Namen unter den Vertrag setzen, ist die Sache geritzt – und der östliche Nachbar vor vollendete Tatsachen gestellt. Was soll da noch schiefgehen?

Eine Oper, wie sich schon bald herausstellt.

Am 25. August 1830 wird in der Brüsseler Oper das Stück »Die Stumme von Portici« aufgeführt. In dem gerade erst renovierten Gebäude, das dank der Empfehlungen von König Wilhelm I. ein herrliches Dach aus Moresnet bekommen hat, ist man gern zu Gast. Doch an diesem Abend haben die Zuschauer nicht viel übrig für die innovative Metallkonstruktion über ihren Köpfen, denn es braut sich was zusammen.

Schon seit Längerem sind Flamen und Wallonen mit Wilhelm I. unzufrieden. Sie fühlen sich im Königreich der Vereinigten Niederlande, dem sie seit dem Wiener Kongress angehören, von den Niederländern drangsaliert. Unter anderem sind sie in der gemeinsamen Regierung nur mit wenigen Parlamentariern und Ministern vertreten. Überwiegend Katholiken, haben sie das Gefühl, dass die Protestanten aus dem Norden deutlich mehr Einfluss haben. Auch wirtschaftliche Fragen spielen eine Rolle: Die enormen Staatsschulden der nördlichen Niederlande beeinträchtigen auch das Wirtschaftswachstum im Süden.

Bisher haben sie vor allem Petitionen eingereicht und Parolen an die Wände geschmiert. Aber das hat alles nicht viel gebracht, sodass am 25. August die Hölle losbricht. Es beginnt in der Oper. In dem aufgeführten Stück kommt ein sehr nationalistisches Lied vor:

» *Das teure Vaterland zu retten,*
Sind wir bereit mit Kraft und Mut,
Ja, wir zerreißen seine Ketten
Und opfern freudig unser Blut!
Das Vaterland und heil'ge Rechte
Verteid'gen wir mit Löwenmut!«

Der ganze Saal singt mit, zum Zeichen seines Protests. Nach der Vorstellung singen die Zuschauer das Lied draußen weiter. Andere Brüsseler schließen sich an, und schon bald artet der Protest in Gewalt aus. Die Aufständischen plündern und brandschatzen, sie wollen sich vom Joch der Niederlande befreien. Innerhalb weniger Tage greifen die Unruhen auf andere Städte wie Löwen, Huy und Lüttich über.

Wilhelm I. hat keine adäquate Antwort auf die Unruhen in seinem Reich. Am 4. Oktober ruft eine vorläufige Regierung die Unabhängigkeit der südlichen Niederlande aus. Eine neue Nation ist geboren: Belgien. Die in den südlichen Niederlanden stationierten Truppen von Wilhelm I., die die öffentliche Ordnung wiederherstellen sollen, laufen teilweise über oder desertieren. Als Truppen aus dem Norden eintreffen, ist es bereits zu spät. Belgien spaltet sich erfolgreich von seinem nördlichen Nachbarn ab. Es folgt ein kurzer, aber heftiger Kampf. Gegen November zeichnet sich ab, dass ein unabhängiges Belgien überlebensfähig ist.

Anstatt mit Moresnet ein Gebiet dazuzugewinnen, verliert Wilhelm I. sein halbes Land. Die Mine kaufen? Dieser Plan wurde durch die Revolution zunichtegemacht. Auf einmal ist die Zinkmine von niederländischem Boden aus nämlich unerreichbar, denn die Niederlande grenzen nunmehr lediglich an einem Punkt, dem neuen Vierländereck Vaals, an Moresnet. Nicht umsonst heißt die Straße, die dorthin führt, Viergrenzenweg. Außerdem muss der König sich nun darauf konzentrieren, so viele Gebiete wie möglich zurückzuerobern. In dieses Vorhaben investiert er sein Geld, nicht in eine Mine.

Charles Le Hon wird er nur noch ein einziges Mal wiedersehen, als die Belgier ausgerechnet diesen Mann als Verhandlungsführer für das neue Land vorschicken. Statt ein Geschäft abzuschließen, müssen die beiden Männer nun einen Waffenstillstand aushandeln. Es wird eine langwierige Verhandlung, an der sie nur widerwillig teilnehmen.

Und Moresnet?

Da passiert nicht das Geringste. Besser gesagt, es laufen keine Revolutionäre durch die Straßen, und niemand singt nationalistische Lieder. Bürgermeister de Lasaulx sieht nur, wie in der Ferne »Revolutionstruppen« von Limburg nach Hendrikkapelle marschieren. Dort hisst man rasch die belgische Flagge.

Die Arbeiter der Zinkmine schuften einfach weiter – und wie! Trotz aller Gerichtsprozesse, Verhandlungen und Revolutionen ist die Zinkhütte in anderthalb Jahrzehnten enorm gewachsen. Es gibt inzwischen sechs Reduktionsöfen, in denen Unmengen von Zinkspat eingeschmolzen werden. Dank der Investitionen Mosselmans erreicht die Mine langsam die Größenordnung, die sie braucht.

Das neue Land Belgien weiß im Grunde genauso wenig wie die Niederlande und Preußen, was es mit dem Miniland anfangen soll, mit dem es sich plötzlich eine Grenze teilt. Also lässt es, was Moresnet, dessen Grenzen und merkwürdigen Status angeht, einfach alles beim Alten. Interessanterweise geben die Niederlande ihre Ansprüche auf das neutrale Territorium übrigens nie offiziell auf.

Nur der Bürgermeister von Moresnet, Arnold de Lasaulx,

sorgt für etwas Trubel: Er erkennt den neuen belgischen Staat nicht an und weigert sich daher, mit diesem Land zu kommunizieren. Das muss er auch gar nicht, denn die Belgier haben genug damit zu tun, ein Land aufzubauen (und es gegen die niederländischen Rückeroberungsbestrebungen zu verteidigen). Sie ernennen zunächst keinen eigenen Verwaltungskommissar.

Zum x-ten Mal scheint die Moresnet-Frage schlichtweg zu unbedeutend beziehungsweise zu kompliziert zu sein, um endgültig gelöst zu werden. Das Miniland überlebt die Revolution, die seinen Nachbarn, die Niederlande, zerreißt. Und entgeht dem König, der es mithilfe einer Geschäftsübernahme annektieren wollte. Ja, es steht sogar kurz vor einer echten Blüte. Leise, still und heimlich entwickelt es sich immer mehr zu einem richtigen Land. Mit allen Problemen, die dazugehören.

5
Wilder Westen an der Göhl

Jean-Louis Moury eilt die staubige Landstraße entlang, die untergehende Sonne im Rücken. Nach einem mehrstündigen Fußmarsch erreicht er den sagenumwobenen Ort, von dem er in belgischen Kneipen gehört hat. Moresnet – er lässt sich den seltsamen Namen auf der Zunge zergehen und hofft, dass man dort auch Französisch spricht. Wenn es stimmt, was man sich so erzählt, ist es eine Art Niemandsland ohne Polizei. Vorausgesetzt, er findet es überhaupt, denn groß scheint es nicht zu sein.

Es ist fast zu schön, um wahr zu sein – ein Land ohne Büttel! Für einen Berufsverbrecher wie ihn ist das der Himmel auf Erden. Denn mit der Polizei hatte Moury bereits genug zu tun. Seit Jahren war er in seiner Heimat Frankreich vor ihr auf der Flucht. Immer wieder flog sein Versteck auf. Einmal nannte er sich Adolph, dann wieder George, doch es half alles nichts: Die Haftbefehle wegen Pferdediebstahls und Betrugs erreichten ihn trotzdem. Auch weil er immer wieder neue Gaunereien beging.

Kein Wunder, dass er 1852 in die Niederlande flieht. Dort will er bleiben, bis sich die Lage in Frankreich beruhigt hat. Aber ein harmloser Diebstahl in Utrecht – von irgendetwas muss man ja schließlich leben! – zwingt ihn erneut zur

Flucht. Die Niederländer wollen ihn nicht einsperren, sondern weisen ihn einfach nach Belgien aus. Und dort ist er nun unterwegs, so gut wie ohne einen Cent in der Tasche. Er kennt nur ein Ziel, obwohl ihm die Polizei schon wieder auf den Fersen ist. Diesen Wechselbetrug in Lüttich hätte er mal lieber bleiben lassen!

Moury weiß, warum man ihm immer wieder auf die Spur kommt: Mit seinem dichten roten Haarschopf und dem üppigen roten Vollbart ist er keine unauffällige Erscheinung. Noch dazu ziert sein Gesicht ein ziemlicher Zinken, und sein lückenhaftes Gebiss trägt auch nicht gerade dazu bei, unbemerkt zu bleiben.

Nur noch wenige Kilometer, und er ist an einem Ort, an dem das keine Rolle mehr spielt. Vielleicht liegt das gelobte Land gleich hinter dem nächsten Hügel, dort bei dem dunklen Waldstück? In Moresnet soll es auch gute Kneipen geben. Vielleicht kann er da eine seiner berüchtigten Betrügereien durchziehen, um sich etwas Bargeld zu verschaffen. Er muss sich ja schließlich von irgendetwas ernähren!

Wenn sich Moresnet zwischen 1830 und 1860 mit etwas vergleichen lässt, dann mit den Goldgräberstädten, die zwei Jahrzehnte später jenseits des Ozeans im Wilden Westen der Vereinigten Staaten aus dem Boden schießen werden. Städte, die manchmal buchstäblich innerhalb weniger Monate entstehen und sich in kürzester Zeit zu wichtigen Zentren entwickeln – oder aber genauso schnell wieder aussterben. Von nah und fern strömen die Menschen dorthin, auf der Suche nach Glück und Wohlstand. Und auch an der amerikanischen *frontier*, der Grenze zum Indianergebiet, taucht so mancher Verbrecher auf der Flucht vor einer Gefängnisstrafe auf – genau wie Moury in Moresnet.

In allen Geschichten vom Wilden Westen haben Leute wie er nur einen zu fürchten: den einsamen Gesetzeshüter mit einem Kupferstern an der Brust, den Sheriff. In der berüchtigten *boomtown* Dodge City in Kansas gab es beispielsweise den legendären Wyatt Earp. Moresnet muss sich seit 1850 mit dem deutlich weniger bekannten Gendarmen Jean-Pierre Gielens begnügen. Doch eines haben Earp und Gielens gemeinsam: Sie müssen es ganz allein mit den Ganoven aufnehmen.

Ob Moury jemals in Moresnet – seinem Dodge City – ankommt, lässt sich nicht mehr ermitteln. Bekannt ist nur, dass de Lasaulx, der Bürgermeister von Kelmis, Post von der belgischen Polizei mit einer genauen Personenbeschreibung des Franzosen und einer Liste seiner Straftaten bekommt. Eine Art »*Wanted*-Plakat« sozusagen, wenn auch eines, das mit Feder und Tinte verfasst wurde. Man bittet den Herrn Bürgermeister und die Bevölkerung von Moresnet, nach dem rothaarigen Schuft Ausschau zu halten, der sich höchstwahrscheinlich in Kelmis und Umgebung aufhält.

Eine Bitte, über die Arnold de Lasaulx herzlich gelacht haben dürfte. Was erwarten die Belgier von ihm? Dass er Moury verhaftet? Er kann seinen einzigen Gendarmen gern über den rothaarigen Outlaw auf dem Weg nach Moresnet informieren. Aber im Grunde untersteht ihm Gielens nicht einmal: Die Zinkhütte, die so gut wie alles in Moresnet bezahlt, zahlt auch Gielens Sold. Daher bewacht der Polizist vor allem die Industrieanlagen, auch wenn er der Form halber manchmal durch Kelmis patrouilliert. Hauptsächlich abends, um zu schauen, ob sich die Minenarbeiter in den Kneipen ordentlich benehmen.

Was, wenn der einsame Gendarm in einer davon Moury begegnet? Was kann er dann schon groß tun? Anders als

Wyatt Earp trägt er keine Smith & Wesson an der Hüfte. Nur mit einem Knüppel muss er in Moresnet für Recht und Ordnung sorgen. Sollte der Franzose eine Handfeuer- oder Stichwaffe bei sich tragen, dürfte Gielens nichts anderes übrig bleiben, als schleunigst die Flucht zu ergreifen.

Im Wilden Westen kann der einsame Sheriff zur Not auf die Kavallerie zurückgreifen. Diese Möglichkeit hat Gielens auch. Aber besonders effektiv oder abschreckend dürfte das nicht sein: Denn er muss erst einen Boten zum nächsten belgischen oder preußischen Polizeiposten schicken, und der braucht zu Fuß mindestens eine halbe Stunde. Dann dauert es noch einmal eine halbe Stunde, bis ein Polizist aus einem der Nachbarländer herbeigeeilt ist. Bis dahin ist ein Verbrecher natürlich längst über alle Berge.

Bürgermeister de Lasaulx gibt es nur ungern zu – manchmal scherzt er sogar in seinen Briefen an die Verwaltungskommissare Preußens und Belgiens darüber –, aber Moresnet entwickelt sich, weil dort niemand für die Einhaltung von Recht und Ordnung sorgen kann, langsam zu einem gefährlichen Anziehungspunkt für Gesindel aller Art. Zu einem Ort, der ausschweifender und gefährlicher ist als die staubigen Städtchen, die zwei Jahrzehnte später in Kansas oder Texas entstehen werden.

Schuld sind die Vereinbarungen, die die Niederlande und Preußen einst getroffen haben. Damit Moresnet wirklich neutral bleibt, mischt sich die Polizei der Nachbarländer in der Regel nicht ein. Wenn belgische oder preußische Polizisten beziehungsweise niederländische Gendarmen einen gesuchten Straftäter bis nach Moresnet verfolgen, müssen sie offiziell erst zum Bürgermeister, um eine Verhaftungsgenehmigung für das neutrale Territorium zu bekommen. Geht es um einen Fall, der diplomatische Verwicklungen nach sich ziehen kann, benötigen sie außerdem die Zustimmung beider Verwaltungskommissare.

Erst wenn alle ihren Segen gegeben haben, dürfen sie ihre Arbeit fortsetzen. Meist dauert das Stunden, manchmal sogar Wochen. Bis dahin ist der Vogel natürlich längst in eines der drei Nachbarländer ausgeflogen und hat einen gehörigen Vorsprung. So gesehen ist Moresnet ein idealer Schlupfwinkel, wenn man was ausgefressen hat.

Für Bürger aus Drittländern wie Frankreich, Großbritannien und den Niederlanden sind Kelmis und Umgebung erst recht ein sicherer Zufluchtsort. Weil Moresnet offiziell kein richtiger Staat ist, gibt es keine Auslieferungsabkommen mit anderen Ländern. Ein offizielles Verhaftungsgesuch muss daher über Brüssel oder Berlin laufen. Dort leitet man alles an die Verwaltungskommissare weiter, die ihrerseits erst den Bürgermeister von Moresnet anschreiben müssen. Erklärt der sich mit der Verhaftung einverstanden, schaltet er die Polizei eines der beiden Nachbarländer ein. In der Zwischenzeit kann sich der gesuchte Verbrecher getrost einen Bart wachsen lassen, um sein Äußeres zu verändern.

Ein Blick in die belgische, niederländische und preußische Polizeikorrespondenz sowie in Zeitungen der damaligen Zeit zeigt, dass viele Leute von dieser Möglichkeit Gebrauch machen. Desertierte Soldaten, Landstreicher, entflohene Häftlinge und Diebe – es gibt unzählige Berichte über Menschen, die sich im Wilden Westen an der Göhl vor Polizei und Justiz verstecken. Aber auch zwei Herren, die das neue Territorium als Austragungsort für ihr Duell wählen – etwas, das im übrigen Europa inzwischen verboten ist.

1847 flieht beispielsweise der Ganove Geurthens aus dem Kölner Gefängnis. Gendarmen aus Aachen verfolgen ihn hinaus aufs Land, verlieren ihn aber bei Preuswald, dem Waldgebiet an der Ostflanke des Vaalserbergs, aus den Augen. Rein zufälligerweise ist das auch die Grenze zu Moresnet. Man braucht nicht viel Fantasie, um sich vorzustellen, dass sich Geurthens vermutlich in der neutralen Zone aufhält. Doch der Schriftverkehr, der nötig ist, um jenseits der Grenze tätig werden zu dürfen, dauert Tage, und als die preußische Polizei endlich den Wald nördlich von Kelmis durchkämmen darf, fehlt von Geurthens jede Spur.

Moresnet sei ein Gebiet, in dem die Gendarmerie Verbrecher nicht weiterverfolgen dürfe, sodass sich das Gesindel – wenngleich nur vorübergehend – in Sicherheit wisse, beschwert sich der Aachener Polizeichef in einem Brief an den preußischen Kommissar Martins, Mayers Nachfolger. Es ist somit sehr wahrscheinlich, dass auch Moury irgendwo nördlich von Kelmis über die Grenze schlüpft und sich eine Weile in Moresnet aufhält. Vor allem die dichten Wälder zwischen Kelmis und Vaals sind ein ideales Versteck vor der Polizei. Vielleicht nimmt sich Moury auch einfach ein Zimmer in einer der vielen Pensionen von Kelmis und gibt sich als Wanderarbeiter aus. Denn wenn es in dieser *boomtown* von etwas wimmelt, dann von Fremden. Einer mehr oder weniger fällt da nicht weiter auf.

Die schnell wachsenden Städte im Wilden Westen entwickeln sich meist in unmittelbarer Nähe von Öl- oder Goldfunden. Andere dort, wo wichtige Eisenbahnknoten entstehen. Der Grund für die Bevölkerungsexplosion in Moresnet ist Zink – immer wieder Zink.

Weil die industrielle Revolution in Europa langsam Fahrt aufnimmt, steigt die Nachfrage nach diesem fantastischen Rohstoff weiterhin. Obwohl auch anderswo Zinkspatadern gefunden werden, wie unweit des britischen Manchester und südlich von Karlsruhe, sind die Bodenschätze in Moresnet einzigartig. Der Besitzer der Mine könnte genauso gut auf einer Goldgrube sitzen.

Und so kommt es, dass die Zinkförderung ab 1830 immer größere Ausmaße annimmt. In Amerika ist es das große Geld von der Ostküste, das die Bahnstrecken und die Goldminen im Wilden Westen finanziert. Für die Blütezeit von Moresnet ist Geld aus Paris verantwortlich. Aber die Folgen sind auf beiden Seiten des Ozeans dieselben: Es kommt zu einem regelrechten Gold- beziehungsweise Zinkrausch, der scharenweise Menschen anzieht, die darauf hoffen, hier deutlich mehr verdienen zu können als zu Hause.

Unmittelbar nach der Belgischen Revolution ist der Familie Mosselman klar, dass sie die Mine nicht mehr wie erhofft an König Wilhelm I. der Niederlande verkaufen kann. Damit besteht das Risiko, dass nun doch Mosselman & Co. die noch ausstehenden Pachtzahlungen leisten muss – denn dass sie geleistet werden müssen, das hat der Richter in Lüttich inzwischen entschieden. Außerdem muss es das Unternehmen nun, wie bereits befürchtet, ganz allein mit der Wirtschaftsmacht Preußen aufnehmen.

Doch was eine wahre Katastrophe zu sein scheint, wendet sich doch noch zum Guten. Das ist vor allem dem neuen gesellschaftlichen Status des Ehepaars Charles Le Hon und Fanny Mosselman zu verdanken. Als Teil der Brüsseler Elite beginnt es nach der belgischen Unabhängigkeit einen kometenhaften Aufstieg. Rasch füllt es das Machtvakuum, das nach Abzug der Niederländer entstand.

Vor allem Le Hon profitiert von der neuen Situation. Er ist bereits Parlamentsmitglied und Direktor der Zinkmine, als die Belgier ihn zum ersten Botschafter des neuen Königreichs in Paris ernennen. Eine verrückte Dreifachfunktion, bei der Interessenskonflikte geradezu vorprogrammiert sind. Aber auch eine einmalige Chance, die der Graf natürlich sofort beim Schopf ergreift. Mithilfe der Franzosen kann er es nämlich locker mit Preußen aufnehmen.

Und das lässt er sich so einiges kosten. In der französischen Hauptstadt bezieht das Paar Le Hon-Mosselman dank seines nicht unbeträchtlichen Vermögens ein prächtiges Anwesen am Boulevard Faubourg Saint-Honoré, wo es rauschende Feste gibt. Fanny Mosselman, die »Botschafterin mit dem goldenen Haar«, stürzt sich begeistert in die französische Gesellschaft. Hier in Paris, wo es von wichtigen Leuten nur so wimmelt, fühlt sie sich sofort heimisch. Sie gründet einen Salon, der interessanterweise vor allem von Männern besucht wird. Einer davon ist der französische Kronprinz, mit dem sie eine Affäre beginnt.

Beim Diner, beim Tanz und im Bett lernt das Paar die reichsten und mächtigsten Franzosen kennen. Und weiß das weidlich auszunutzen. Die Pariser Oberschicht, die in den goldenen 1820er- und 1830er-Jahren reich geworden ist, wirft begierige Blicke auf das neu gegründete Belgien, ein aus ihrer Sicht jungfräuliches Gebiet, in dem zu allem Überfluss auch noch Französisch gesprochen wird.

Jetzt, wo kein Geld mehr aus den Niederlanden nach Belgien fließt, wittern die Franzosen ihre Chance: Sie wollen die größte Finanzmacht in Belgien werden. Wenn sie jetzt investieren, können sie ihre Position in dem noch jungen Land festigen. Mit diesem Ziel vor Augen gründen mehrere reiche Pariser 1835 die Banque de Belgique.

Eine der ersten Investitionen dieser Bank gilt einem Gebiet knapp außerhalb Belgiens – aber wer will da schon kleinlich sein? Am 24. Mai 1837 gründet die Familie Mosselman die

Société des Mines et Fonderies de Zinc de la Vieille Montagne.
Damit kehrt der Name aus napoleonischer Zeit zurück, was
mehr als nur symbolisch ist.

Der Kernbereich des neuen Unternehmens ist das alte
Dony et Compagnie, wenn auch im neuen Gewand einer
Aktiengesellschaft – damals eine finanzielle Innovation.
Deren Anteile lassen sich leichter verkaufen, wenn man Kapital anziehen will.

Und genau darum geht es. Das neue Unternehmen erhält
ein Grundkapital von 5,8 Millionen Francs, von denen 4,2
von der Banque de Belgique stammen, was nichts anderes
bedeutet, als dass die Familie Mosselman größtenteils rausgekauft wurde. Endlich haben sich ihre Investitionen doch
noch bezahlt gemacht!

Charles Le Hon wird trotzdem Direktor der neuen Aktiengesellschaft, zu der die Mine und einige Zinkwalzen gehören. Einer der Gründer der Banque de Belgique, der Brüsseler Junker Charles de Brouckère, wird von den Investoren
ebenfalls in die Firmenleitung geholt. Genauso wie der hochehrgeizige französische Geschäftsmann und spätere Politiker Charles de Morny. Vervollständigt wird die Direktion
durch Alfred Mosselman, den jüngsten Spross des Brüsseler
Adelsgeschlechts, auch er ein vielversprechender Geschäftsmann.

De Morny beginnt eine stürmische Affäre mit Fanny Mosselman, der Gattin des Minendirektors Le Hon und Maitresse des französischen Kronprinzen. Das müssen spannende
Direktionssitzungen gewesen sein! Ein Jahr nach der Gründung von Vieille Montagne bringt Fanny eine Tochter zur
Welt, die wahrscheinlich von De Morny stammt – aber wer
will das bei einer dermaßen komplexen *ménage à quatre*
schon so genau wissen?

Obwohl der Zinkmarkt enormen Schwankungen unterworfen ist, geht es Vieille Montage von Anfang an prächtig. Es gelingt dem Unternehmen, Belgien und Preußen zu überzeugen, das juristische Tauziehen um die Pachtzahlungen zu beenden. Die jährliche Pacht sinkt von 40 500 auf 30 000 Francs, was den ohnehin beträchtlichen Gewinn der Mine weiter erhöht. Im Gegenzug verspricht Le Hon, nicht in Berufung gegen das Urteil zu gehen, demgemäß die ausstehenden Pachtzahlungen geleistet werden müssen. Das Geld dafür kann das Unternehmen dank der neuen Kapitalspritzen locker aufbringen.

Auffällig ist, dass auch Preußen mit der Pachtminderung einverstanden ist: Das Land gibt seinen Widerstand gegen die Zinkmine in Moresnet auf. Anscheinend findet es die Situation jetzt, da die Niederlande außen vor sind, weniger bedrohlich. Und es gibt noch eine andere Erklärung: Die Nachfrage nach Zink ist so groß, dass die eigene Mine in Kattowitz die Konkurrenz nicht mehr fürchten muss. Kattowitz produziert für den preußischen Markt, während Moresnet Zink ans übrige Westeuropa liefert – und später sogar in die Vereinigten Staaten exportiert.

Dadurch kommt es in Moresnet zu einem noch nie da gewesenen Wirtschaftsboom. In weniger als einem Jahrhundert wird sich seine Bevölkerung verzwanzigfachen. Wie viele Menschen in den ersten Jahren von Vieille Montage tatsächlich dorthin ziehen, lässt sich nicht mehr genau nachvollziehen. Die Melderegister der Gemeinde sind erst ab 1847 erhalten. Außerdem dürfte das Einwohnerverzeichnis nicht sehr zuverlässig sein, denn es besteht nach wie vor keine Meldepflicht für Neubürger. Wer sich eine Weile in Kelmis aufhalten will, um dort Geld zu verdienen, ist herzlich willkommen. Niemand hält genau fest, ob man noch vor Ort oder längst weitergezogen ist.

Zu den vorübergehenden Einwohnern gehören auch zahlreiche junge Belgier. Das neue Land ist seit 1831 neutral, braucht aber eine Armee, um diese Neutralität zu verteidigen. Junge Belgier müssen also Wehrdienst leisten. Keine schöne Aussicht in einer Zeit, in der die Niederlande mehrmals versuchen, das verlorene Gebiet zurückzuerobern. So wie früher Niederländer und Preußen versuchen jetzt auch flämische und wallonische junge Männer, dem Militärdienst zu entgehen, indem sie sich für eine Weile in Moresnet niederlassen.

Belgien hat sich zunächst nicht groß mit Moresnet beschäftigt und kaum mit den Niederlanden über das neutrale Territorium verhandelt. Im Schlusstext des Vertrags, mit dem beide Länder ihre Trennung regelten, kommt es nicht einmal vor. Mehr oder weniger stillschweigend übernahmen die Belgier in Moresnet die Herrschaft von den Niederlanden.

Doch jetzt, wo sich so viele Rekruten in dem verrückten Länderdreieck niederlassen, muss sich Brüssel wohl oder übel mit dem Status des Landes an seiner Ostgrenze beschäftigen. Brüsseler Beamte nehmen sich des Falls an: Ist Moresnet aus belgischer Sicht Aus- oder Inland? Denn davon hängt ab, ob jemand, der sich dort niederlässt, Wehrpflicht leisten muss oder nicht.

1832 gelangen sie zu einer Entscheidung: Die Belgier betrachten Moresnet im juristischen Sinn als Miteigentum, staatsrechtlich gehört es jedoch nicht zu Belgien. Für die Flamen und Wallonen, die sich in Moresnet aufhalten, gilt die Wehrpflicht also nicht. Eine Neuigkeit, die sich rasch herumspricht. Der Bürgermeister meldet, dass sich im selben Jahr neunzig junge Belgier bei ihm niederlassen. Die meisten kehren schon nach einem Jahr in die Heimat zurück, nur sieben bleiben.

Wie rasant Moresnet wächst, lässt sich auch aus den erhaltenen Melderegistern und Volkszählungen entnehmen. 1853 hat sich die Einwohnerzahl seit Bestehen des neutralen Territoriums (1816) bereits verfünffacht. Und das ist erst der Anfang! Innerhalb der folgenden sechs Jahre verdoppelt sich die Einwohneranzahl sogar. Diesmal wurde ganz genau festgehalten, wer in dem Miniland am Vaalserberg lebt, nämlich 852 Belgier, 807 Preußen, 204 Niederländer, 695 Neutrale und 14 Personen mit anderer Nationalität – hauptsächlich Franzosen, Schweizer und zwei Amerikaner.

Es gibt einen ziemlichen Männerüberschuss, wie der Bürgermeister nach einer kleinen Volkszählung feststellt: Auf drei Männer kommen gerade mal zwei Frauen. Außerdem leben mehr als 900 Kinder unter 15 Jahren in Moresnet.

Die meisten Minderjährigen arbeiten in der Mine – damals ist Kinderarbeit längst nicht so verpönt wie heute. Doch weil man Bedenken hat, sie könnten in diesem Umfeld auf moralische Abwege geraten, gründet Vieille Montagne 1845 eine eigene Schule. Die ist offiziell für die »Kinder der Arbeiter« gedacht, was in der Praxis allerdings heißt, dass darin junge Arbeiter unterrichtet werden. Die Schule ist nicht als solche anerkannt, aber dort lernen die jungen Leute wenigstens Lesen und Schreiben. So kann auch der Direktor besser mit ihnen kommunizieren.

Die *boomtowns* Amerikas haben Saloons und *cantinas*. Man kennt sie mit ihren Schwingtüren, Spucknäpfen und Pianolas aus einer Vielzahl von Filmen und Büchern. Die Kneipen in Moresnet sind längst nicht so berühmt, können aber in Sachen Trinkfestigkeit und Raufereien locker mithalten.

Wegen des großen Zustroms an Arbeitern, meist alleinstehende junge Männer, wächst in Kelmis die Nachfrage nach Zerstreuung. Vor allem Alkohol ist ein beliebter Zeitvertreib, dicht gefolgt von käuflicher Liebe und Kartenspiel. Weil das Schnapsbrennen aufgrund fehlender Verbrauchssteuern in Moresnet so billig ist, fließt reichlich Hochprozentiges. Während man in den Saloons von Kansas und Oklahoma *rotgut* bekommt (mit Terpentin verdünnten Whiskey), schenken die Wirte in Kelmis einen sehr bekömmlichen, vor Ort gebrannten Korn aus. Mit dreiundvierzig Prozent Alkohol ist er außerdem hocheffektiv.

Anfangs sind die meisten Kneipen in Kelmis mehr als schlicht: Eine Holzplanke in der Küche eines Wohnhauses dient als Bar, und eine Laterne vor der Tür zeigt an, dass man hier ein Bierchen oder Stärkeres bekommt.

Je mehr Menschen sich in Moresnet niederlassen, desto größer und besser werden die Kneipen. Die ersten *cabarets* entstehen. Das sind Bars, in denen der Wirt für Unterhaltung sorgt: meist in Form von Musik- oder Tanzdarbietungen von mehr oder weniger bekleideten Damen. In Hinterzimmern kann man dem Glücksspiel frönen und Geld beim Karten- oder Würfelspiel riskieren. Manchmal organisieren die *cabarets* auch Hahnen- oder Boxkämpfe.

Wer dabei eine größere Summe gewinnt, kann sie gleich wieder für Prostituierte ausgeben. Viele *cabarets* haben Zimmer im ersten und zweiten Stock, die sich stunden-, tage-, wochen- oder monatsweise mieten lassen.

Die Damen, die dort arbeiten, kommen häufig von auswärts, aber nicht nur. Die Arbeit in der Mine ist hart und gefährlich. Die hygienischen Verhältnisse in den Häusern von Kelmis sind katastrophal. Viele Arbeiter werden keine vierzig, weil sie verunglücken oder krank werden. Die Anzahl der Witwen im Dorf ist daher hoch, wie auch das Melderegister belegt. Um ihre großen Familien ernähren zu können, verdienen sich viele Frauen in den Abendstunden etwas dazu.

Einige *cabarets* werden bis weit über die Grenzen von Moresnet hinaus bekannt. So auch das des Wallonen Mathieu François an der Hauptstraße von Kelmis. Es ist ideal gelegen, keine hundert Meter vom Fabriktor von Vieille Montagne entfernt. Wer mit seiner Schicht in der Mine fertig ist und nach Kelmis zurückläuft, kommt unweigerlich daran vorbei. Heute befindet sich dort ein Chinarestaurant, wo im 19. Jahrhundert Männer aus der gesamten Region nach der Arbeit das ein oder andere Glas hoben und die Mädchen begafften.

Als die Bevölkerung weiterwächst, scheint in jedem Hinterzimmer ein *cabaret* aufzumachen. Eine einfache Methode, sich etwas dazuzuverdienen – erst recht, wenn man auch noch Zimmer an Männer vermieten kann, die nur vorübergehend in der Mine arbeiten. Wenn Einheimische bei der Gemeinde ihren Beruf angeben, steht dort ab 1850 auffällig oft »*cabaretier*«.

Mit den neuen Kneipen nimmt auch der Alkoholkonsum extrem zu. Einige *cabarets* schenken nach eigenen Angaben Hunderte Liter Schnaps in der Woche aus. Das beweist, dass die Leute von nah und fern kommen, um in Moresnet billigen Korn zu trinken. Die zwei Brennereien in der neutralen Zone kommen mit der Nachfrage kaum nach. Nach Zink ist Genever der wichtigste Wirtschaftsfaktor von Moresnet.

Der viele Alkohol begünstigt Massenschlägereien. Kommt es zu Streit um Geld, Frauen oder andere wichtige Themen, sprechen schnell die Fäuste. Der einsame Gendarm bekommt die Lage oft nicht mehr unter Kontrolle. Verhaften kann er niemanden, denn in Kelmis gibt es nach wie vor kein Gefängnis.

Doch bisher hat die Zivilisation noch in jede *boomtown* Einzug gehalten: Sogar Dodge City entwickelt sich in nur zwei Jahrzehnten von einem anarchistischen Außenposten zu einem normalen Städtchen mit anständigen Bürgern. Die Cowboys ziehen weiter, die Bars schließen, und die Prostituierten sehen sich nach anderen Erwerbszweigen um.

Auch Moresnet kann selbstverständlich kein alkoholschwangerer Anarchostaat bleiben. Als der belgische Kommissar Cremer das neutrale Territorium 1853 besucht, erschreckt er sich zu Tode: Er zählt stolze achtzig Kneipen, und das dürften längst nicht alle gewesen sein. So kommt auf je zweieinhalb Häuser eine Kneipe, wie Cremer ausrechnet, und jede davon ist legal.

Das bereitet dem belgischen Kommissar gehörig Magenschmerzen, vor allem weil es nach wie vor nur einen Gendarmen gibt, der unmöglich allein für Ruhe und Ordnung sorgen und außerdem nicht überall gleichzeitig sein kann. Dabei ist der Alkoholmissbrauch längst nicht alles! Cremer sieht auch, dass jede Menge Prostituierte in dem Gebiet unterwegs sind. Ist aus dem einst so harmlosen Dorf ein Sodom und Gomorra geworden?

»Die Situation wird immer brenzliger«, schreibt Cremer seinem Innenminister. Sein preußisches Pendant und er drängen bei den jeweiligen Regierungen auf Gegenmaßnahmen, bevor das Land in einem Sumpf aus Alkohol und Geschlechtskrankheiten versinkt.

Die Berichte der beiden Kommissare haben die gewünschte Wirkung. In Brüssel und Berlin nimmt die Bürokratie ihren Lauf. Wegen des riesigen Zustroms aus der gesamten Region sieht man in dem neutralen Territorium einen potenziellen Unruheherd. Jeder, der will, kann sich dort einfach genehmigungsfrei ansiedeln. Ist damit erst einmal Schluss, sollte das Problem vorläufig gelöst sein, so ihr nicht ganz unlogischer Gedanke.

Beamte beider Länder schlagen vor, eine Aufenthaltsbewilligung für Moresnet einzuführen. Nur mit offizieller Genehmigung Belgiens und Preußens soll man sich künftig in der neutralen Zone niederlassen dürfen.

Juristen in Berlin und Brüssel sollen einen entsprechenden Text aufsetzen. Dazu müssen sie sich in den *Code Napoléon,* die alte französische Gesetzgebung, vertiefen, die in diesem Gebiet nach wie vor gilt. Sie entstauben die alten französischen Gesetzbücher und suchen nach Anhaltspunkten für die Einführung entsprechender Maßnahmen.

Was sie finden, stimmt sie alles andere als froh: Der *Code Napoléon* schreibt vor, dass sich Fremde »nur mit Genehmigung des französischen Kaiserreichs in Frankreich (und so auch in Moresnet) ansiedeln dürfen«. Und das gibt es schon lange nicht mehr. Napoleon ist tot und sein Reich untergegangen. Wer darf diese Genehmigung jetzt erteilen? Wie ein Gespenst schwebt der französische Feldherr über Kelmis – als Schutzheiliger aller, die gern zu tief ins Glas schauen oder die Polizei auf den Fersen haben.

Außerdem gehört das neutrale Territorium offiziell zu Belgien und Preußen – sprich: Einwohner aus diesen Ländern sind bei näherer Betrachtung eigentlich gar keine Fremden. Sie dürfen sich in Moresnet also niederlassen, so, als würden sie im eigenen Land von einem Dorf ins andere ziehen. Nur dass sie trotzdem im Ausland leben – wegen des bizarren Status dieses Gebiets. In der Praxis kann in Moresnet also jeder tun und lassen, was er will.

Weil Belgien und Preußen nicht von außen eingreifen können, setzen sie den Bürgermeister von Moresnet unter Druck: Er soll in seiner Gemeinde endlich ein straffes Regiment einführen. Doch de Lasaulx' Möglichkeiten sind begrenzt. Die Anzahl der Kneipen verringern kann er nicht, das lässt der *Code Napoléon* nicht zu.

Im Wilden Westen haben Bürgermeister die Möglichkeit, Hilfssheriffs zu ernennen, unbescholtene männliche Bürger, die vorübergehend für Recht und Ordnung sorgen dürfen. Und genau zu diesem Mittel greift de Lasaulx auch: Er befördert ein paar vorbildliche Mitglieder seiner Gemeinde zu so etwas wie Hilfspolizisten. Sie sollen abends die *cabarets* im Dorf abklappern und dort für Anstand sorgen.

Außerdem unternimmt der Bürgermeister den Versuch, endlich so etwas wie eine richtige Polizei zu gründen. Sie besteht aus Corneil Hubert Mostert, dem stellvertretenden Bürgermeister, der nebenbei in Kelmis und Umgebung nach dem Rechten sehen soll: Keine unbedeutende Entscheidung, denn Mostert steht auf der Lohnliste der Gemeinde, nicht der Mine. Er darf eine graue Uniformjacke tragen, die ihm die für sein Amt notwendige Autorität verleiht, wenngleich keine richtige Waffe. Trotzdem ist seine Ernennung ein Signal, dass jetzt Schluss ist mit den vielen Straßenschlägereien.

Doch Mostert braucht einen Gesetzestext, auf den er sich berufen kann. Mithilfe eines der beiden Kommissare formuliert der alte de Lasaulx eine erste Polizeiverordnung für Kelmis. Und die spricht eine deutliche Sprache: Wirte müssen für fünfundzwanzig Francs eine Alkoholschanklizenz erwerben. Die Einnahmen fließen in die Armenkasse, denn auch für soziale Sicherheit wird in Moresnet gesorgt. Außerdem sind die *cabaretiers* von nun an für sämtliche Schäden verantwortlich, die ihre Gäste anrichten, wenn sie sich auf der Straße prügeln.

Einige Maßnahmen sind sehr gut nachvollziehbar: So darf die Polizei (sprich Mostert) jederzeit eine Kneipe betreten, um zu kontrollieren, ob auch alles in Ordnung ist. Das soll dafür sorgen, dass in der Öffentlichkeit nicht mehr so viel getrunken wird. Gäste, die genug intus haben, bekommen nichts mehr. Außerdem wird das Glücksspiel verboten. Um zehn Uhr abends ist Schluss mit lustig, dann ist Sperrstunde – im Winter sogar schon um einundzwanzig Uhr. Das Problem ist nur, dass Moresnet keine offizielle Zeit hat: Diese Vorschrift kann also von jedem anders interpretiert werden.

Auch gegen Prostitution und Kriminalität wird vorgegangen. Hotels, Pensionen und Zimmerwirte müssen über ihre Gäste Buch führen. Wenn es die Polizei verlangt, muss der Wirt Namen nennen können. Dass sich Menschen anonym in diesem Gebiet aufhalten, ist damit ein für alle Mal vorbei: Die Gemeinde will wissen, wer genau vor Ort ist. Verstößt ein Hotelier gegen diese Regel, riskiert er eine Buße zwischen sechs und zehn Francs. Der nächste Moury soll gar nicht erst die Möglichkeit haben, heimlich ein Zimmer zu nehmen.

All das sind wichtige Verordnungen, mit denen man Moresnet wieder ein wenig unter Kontrolle bekommen will. Eine andere ist eindeutig das persönliche Steckenpferd des sehr auf Anstand bedachten Bürgermeisters: De Lasaulx stellt nämlich auch das Singen ordinärer Lieder unter Verbot.

Helfen diese vielen neuen Regeln? Sagen wir, ein bisschen. Vor allem, dass Wirte mit zur Verantwortung gezogen werden, trägt dazu bei, die schlimmsten Exzesse zu verhindern. Sie werden etwas vorsichtiger, wenn es ums Ausschenken größerer Alkoholmengen geht.

Aber der Gendarm Mostert kann das Gebiet natürlich unmöglich im Alleingang säubern. Nicht einmal mit seinen Hilfspolizisten, die manchmal etwas länger für ihre Kneipenpatrouillen brauchen als unbedingt nötig. Über die meisten Verordnungen setzen sich die Einwohner von Moresnet einfach hinweg. In den Hinterzimmern der *cabarets* wird nach wie vor gespielt, gesoffen und gehurt. Auch in den darauffolgenden Jahren produzieren die Schnapsbrenner in Moresnet mehr Alkohol, als die Bevölkerung trinken kann – ein Beweis dafür, dass die Kneipen nicht weniger werden. Über das Singen ordinärer Lieder steht nichts in den Unterlagen.

Wenig hilfreich ist zudem, dass die Einwohner immer mehr werden. Genau wie im Wilden Westen Amerikas kommt jedes Jahr eine neue Generation Abenteurer nach Moresnet. Vor allem wenn die Wirtschaft der Nachbarländer kurz stagniert, stehen die Leute regelrecht Schlange. Bei Vieille Montagne sind sie ausnahmslos willkommen, das Unternehmen kann nach wie vor jede Menge Arbeiter gebrauchen.

Das einzige Problem der Mine besteht darin, dass die Konzession abzulaufen droht. Dony hat 1805 einen Vertrag mit Napoleon geschlossen, der es ihm erlaubt, die Grube ein halbes Jahrhundert auszubeuten. Beide Männer sind längst tot. Auch der alte Mosselman, er starb 1840. Doch erst jetzt macht die Mine so richtig Profit. Die Anteilseigner verdienen Millionen mit dem Zink. Sie haben also großes Interesse daran, dass alles beim Alten bleibt.

1853 beginnen die Konzessionsverhandlungen zwischen Vieille Montagne, Belgien und Preußen. Statt die Konzession zu verlängern oder eine neue zu vergeben, könnten die beiden Länder die Mine aber auch gemeinsam selbst ausbeuten. Das Auslaufen des Vertrags ist außerdem eine fantastische

Gelegenheit, Moresnet samt all der Probleme, die es verursacht, ein für alle Mal aus der Welt zu schaffen, sprich: das neutrale Territorium ganz abzuschaffen, wobei dasjenige Land, das die Mine bekommt, das andere für die entgangenen Einnahmen entschädigen muss.

Das wäre natürlich der reinste Albtraum für Vieille Montagne. Die Aktiengesellschaft ruft eine PR-Kampagne ins Leben, die dafür sorgen soll, dass alles so bleibt, wie es ist. 1853 schreibt Charles Le Hon einen ausführlichen Bericht über die Zukunft von Moresnet, den er an beide Regierungen schickt. Er möchte vor allem Gerüchten entgegenwirken, dass das neutrale Territorium eine sittenlose Räuberhöhle ist. Das sei eine impertinente Lüge! Schließlich sorge die Direktion von Vieille Montagne für Ruhe und Anstand:

>Aufgrund unseres betrieblichen Engagements in Moresnet existiert unmittelbar vor Ort eine Hierarchie, die auch die Bevölkerung mit einschließt. Der Direktor, die Ingenieure, die Vorgesetzten und Ofenmeister – sie alle wohnen in Moresnet und behalten die Arbeiter unseres Betriebs rund um die Uhr im Auge.<

Nein, aus Le Hons Sicht ist Moresnet so etwas wie ein Idealstaat, das reinste Idyll, in dem die Arbeiter mit einem Lächeln im Gesicht zur Mine gehen. Nach ihrer Schicht kehren sie schnurstracks nach Hause zurück, und die Kneipen bleiben leer. Über Witwenprostitution und Kinderarbeit verliert er kein Wort. Auch nicht über die Häuser neben der Grube, die durch die Verunreinigungen unbewohnbar geworden sind.

>Seit 14 Jahren sorgt Vieille Montagne für die Ruhe und Ordnung, die dem Wohlbefinden der Arbeiter zuträg-

lich sind. Das beweisen auch die zahlreichen Häuser, die häufig von unseren Arbeitern selbst gebaut worden sind – mit unserem Wissen und unserer Unterstützung. Diese Häuser haben eine ganze Region transformiert, Land wurde bebaut, das sonst brachliegen würde. Diese Häuser bieten unseren Leuten die Möglichkeit, ein glückliches, erfülltes Leben zu führen.«

Ob der geschönte Bericht Le Hons in den Hauptstädten Belgiens und Preußens Eindruck hinterlässt, ist heute nicht mehr festzustellen. Wohl eher nicht, dafür ist er viel zu durchsichtig. Außerdem haben beide Länder ihre Eigeninteressen im Blick. Dieses verrückte neutrale Territorium liegt ihnen schon lange im Magen. Wenn es sich abschaffen ließe – großartig! Die ersten Verhandlungen darüber haben bereits 1844 begonnen. Noch sind sie nicht von Erfolg gekrönt, genau wie damals, als sich die Niederlande und Preußen nicht einigen konnten.

Doch jetzt scheint die Zeit reif zu sein, eine endgültige Lösung für das neutrale Territorium zu finden. Der belgische Mineninspektor schlägt vor, erst einmal nachzuschauen, was noch so alles im Boden von Moresnet liegt. Dann verhandle es sich leichter: Sollte die Mine einem von beiden Staaten zufallen, kann der andere gerecht entschädigt werden. Beide Länder schicken Bergbaukundler in das neutrale Gebiet, die den realen Wert der verbliebenen Zinkvorkommen schätzen sollen.

Wenn Vieille Montagne sie im selben Tempo abbaut wie bisher, reicht das Zink noch für etwa fünfundzwanzig Jahre, so die Einschätzung der Experten. Das bedeutet, dass es ein wertvolles Gebiet ist und bleibt. Dem Land, das den Zuschlag erhält, winkt ein enormer Gewinn, selbst wenn es die Gegenseite entschädigen muss, denn es ist mit einem Schlag Marktführer im Zinksegment.

Das Zink und die damit verbundenen Interessen retten Moresnet ein weiteres Mal. Bei den Verhandlungen haben sich die Delegierten Belgiens und Preußens lange bedeckt gehalten, doch jetzt ist allen Beteiligten klar, dass es das Gebiet noch mindestens fünfundzwanzig Jahre geben wird. Beide Seiten wollen unbedingt verhindern, dass sich die jeweils andere die Mine einverleibt. Das Phänomen, das überhaupt erst zur Entstehung des neutralen Territoriums geführt hat – nämlich dass man dem anderen das Schwarze unter den Nägeln nicht gönnt –, sorgt dafür, dass es auch weiterhin besteht. Die Akteure mögen sich geändert haben, aber Neid und Eifersucht sind geblieben.

Aus lauter Verzweiflung beschließen Belgien und Preußen 1856, die Konzession für Vieille Montagne bis in alle Ewigkeit zu verlängern. In der Praxis bedeutet das: solange es Zinkvorkommen gibt. Das Unternehmen darf außerdem nach anderen Metallen schürfen, zum Beispiel nach Blei, das um Moresnet ebenfalls vorhanden ist.

Dass hin und wieder ein paar Straftäter über das gesetzlose Länderdreieck entkommen? Das ist der Preis, der für die politische Unfähigkeit der Nachbarstaaten gezahlt werden muss. Die Jean-Louis Mourys dieser Welt können erleichtert aufatmen, denn ihr Hort der Illegalität bleibt erhalten. Vorausgesetzt, sie singen keine ordinären Lieder!

6
Der große Briefmarkenkrieg

Rue de Varennes, Paris,
am 1. April 1867

Pierre Mahé schaut zufrieden aus dem Fenster seines prächtigen klassizistischen Kantors. In seinem Viertel gibt es keine Kneipen, in denen ordinäre Lieder gesungen werden oder man Verbrechern auf der Flucht begegnen kann. Hier regiert das Geld. Durch die gusseisernen Streben des verschnörkelten Balkongeländers hat er einen herrlichen Blick auf die elegante Rue de Varennes und den Rest des siebten Arrondissements. Hochherrschaftliche Häuser, so weit das Auge reicht, erbaut von den wohlhabendsten Bürgern von Paris.

Mahé ist auch nicht gerade arm: Vor ein paar Jahren hat er die perfekte Handelsware entdeckt. Während andere mit schmutzigen Dingen wie Dampfmaschinen, Kohle und Stahl ein Vermögen verdienen, handelt er mit einem viel raffinierteren Produkt: mit Briefmarken. Die gummierten Postwertzeichen sind auf den ersten Blick sterbenslangweilig, schließlich dienen sie nur dem Verschicken von Briefen und Postkarten. Und sie sind bloß das wert, was draufsteht – oder etwa nicht?

Mahé weiß es besser. Man kann damit schwerreich werden. Schon wenige Jahre nach Ausgabe der ersten modernen Briefmarke – der berühmten britischen *Penny Black* (1840) – hat man begonnen, sie zu sammeln. Das ist nicht nur irgendein Hobby – so mancher Briefmarkenliebhaber, auch Philatelist oder Timbrophile genannt, tut alles, um an ein bestimmtes Exemplar zu gelangen. Das lässt die Preise in sensationelle Höhen schnellen, erst recht, wenn es sich um seltene Marken handelt.

Mahé kauft in großem Stil Postwertzeichen aus aller Welt und profitiert von den enormen Preissteigerungen. Um die Sammelleidenschaft weiter zu entfachen, gibt er in regelmäßigen Abständen einen Katalog namens *Le Timbrophile* heraus, ein Büchlein mit Neuigkeiten über Exoten und seltene Exemplare. Doch so etwas zusammenzustellen, kostet enorm viel Zeit und damit Geld – beides Dinge, mit denen der Pariser eher geizt. Deshalb hat sich Mahé etwas einfallen lassen, um das Problem zu lösen: Er plagiiert einfach.

Keine dreihundert Kilometer weiter nördlich kann sich Jean-Baptiste Moens genauso glücklich schätzen wie Mahé. Auch er verdient sein Geld mit dem Handel von Briefmarken. Sein neues Geschäft liegt zwischen den elegantesten Läden der Stadt, in der Galerie Marché de la Madeleine in Brüssel, heute Galerie Bortier Nummer 5. Moens scheint nicht ganz so geldgierig zu sein wie sein Kollege in Paris, er ist ein echter Briefmarkenliebhaber. Wenn man den Gerüchten glauben darf, ist Moens so etwas wie der Erfinder der Philatelie.

Vielleicht ist er gerade deshalb so pikiert: Moens gibt nämlich das Blatt *Le Timbre-Poste* heraus. Und immer öfter entdeckt er eigene Berichte im *Timbrophile* – der verdammte Mahé schreibt einfach bei ihm ab! Ist Moens über sein riesiges internationales Netzwerk auf eine Neuigkeit gestoßen, steht sie kurz darauf auch in Mahés *Timbrophile*. Doch in letzter Zeit geht ihm der Franzose wirklich zu weit. Obwohl noch kein internationales Copyright existiert, das Autoren vor grenzüberschreitenden Urheberrechtsverletzungen schützt, gibt es doch so etwas wie einen Ehrenkodex – erst recht unter Herren seines Standes.

Moens sucht nach einem Weg, ein für alle Mal klarzustellen, dass Mahé trotz seines wirtschaftlichen Erfolgs ein erbärmlicher Schmierfink ist, auf jeden Fall jemand, der sich persönlich kein bisschen für Briefmarken interessiert. 1867 hat der Brüsseler eine Idee: Er wird in seiner Zeitschrift *Timbre-Poste* einen Artikel veröffentlichen, der einen Fehler enthält: eine unscheinbare Notiz, die für Kenner jedoch einfach spektakulär ist. Eine »Ente«, die sein Konkurrent in Paris in seinem nächsten Katalog zweifellos groß herausbringen wird.

Wie wär's mit einer neuen Briefmarke einer frei erfundenen Pazifikinsel? Oder mit der ersten Briefmarke eines bestimmten Landes? Das klingt gut, allerdings muss es sich dabei um ein recht unbekanntes Land handeln. Da geht ihm ein Licht auf. Liegt am Schnittpunkt Preußens, Belgiens und der Niederlande nicht so ein verrückter Ministaat? Moens hat in der Zeitung davon gelesen. Moresnet besitzt kein eigenes Postwesen, die Einwohner benutzen die Postämter und die Briefmarken ihrer Nachbarländer. Aber möglich wäre es, dass es eine eigene Briefmarke hat. Warum eigentlich nicht?

Der Briefmarkenhändler setzt sich an seinen Schreibtisch und entwirft einen angeblichen Brief eines treuen Lesers von *Timbre-Poste*. Dieser begeisterte Philatelist schreibt der Redaktion, er habe einige Exemplare eines sehr seltenen Sammlerstücks in die Finger bekommen: die ersten Briefmarken des »kleinsten Landes der Welt«, Moresnet.

Es seien nur wenige Exemplare gedruckt worden, so der Philatelist. Wem es gelinge, an die ersten Marken aus Moresnet zu kommen, der besitze ein höchst begehrtes Sammlerobjekt. »Diese Neuigkeit möchte ich Ihren Lesern nicht vorenthalten«, schreibt der angebliche Verfasser, der sogar eine Abbildung der Marke mitgeschickt hat. Brief und Illustration erscheinen in der nächsten Ausgabe des Blatts. Dabei trifft Moens durchaus Vorsichtsmaßnahmen.

Ein aufmerksamer Leser findet in dem fiktiven Leserbrief genügend Hinweise darauf, dass es um einen Scherz geht. Der Brief ist auf den 1. April datiert, der Tag, an dem sich bekanntlich alle an der Nase herumführen. Außerdem sind die Marken angeblich von der Brüsseler Druckerei De Visch und Lirva hergestellt worden. Beides Namen, die ebenfalls auf den 1. April verweisen: Lirva ist »Avril«, nur von hinten nach vorn gelesen, und »De Visch« verweist auf die französische Sitte, seinen Mitmenschen am 1. April Fische aus Papier an den Rücken zu heften.

Außerdem unterzeichnet der Briefeschreiber mit J. S. Néom, ein Anagramm von J. Moens.

Mahé tappt trotzdem in die Falle. Als er die *Timbre-Poste* aus dem Briefkasten zieht, springt ihm die sensationelle Nachricht sofort ins Auge. Moens hat sie noch spannender gemacht, indem er die Marken genau beschreibt. Wie immer übernimmt der Pariser die Informationen fast wortwörtlich. Der nächste *Timbrophile* verkündet mit großem Tamtam, dass das Miniland Moresnet neue Briefmarken ausgegeben hat. Das habe die Redaktion des Blatts dank umfangreicher Recherchen herausgefunden. Der Text auf sämtlichen Briefmarken laute *Commune Libre de Moresnet*.

Als Pariser scheint es Mahé nicht seltsam zu finden, dass man sich in dem überwiegend deutsch- und niederländischsprachigen Land für eine französische Beschriftung entschieden hat. Auch dass einige typisch französische Symbole wie die Jakobinermütze auf der Briefmarke gelandet sind, stört ihn nicht weiter.

Moens bekommt seine Genugtuung: In der nächsten Ausgabe seiner Zeitschrift erscheint ein Artikel, in dem er ganz genau beschreibt, wie ihm Mahé in die Falle gegangen ist. »Mein Ziel«, so Moens, »bestand darin, die schändliche Vorgehensweise solcher Plagiatoren aufzuzeigen.« Nun, das ist ihm geglückt. Doch er setzt noch einen drauf und endet mit der schnippischen Bemerkung, Monsieur Mahé habe nun »ein Souvenir von seinem Ausflug nach Moresnet«, »nämlich eine blutige Nase«.

Womit Moens allerdings nicht gerechnet hat, ist, dass sich sein Scherz verselbstständigt. *Le Collectioneur,* ein weiteres großes französisches Philatelistenblatt, fällt ebenfalls auf die Falschmeldung herein, genauso wie eine deutschsprachige Zeitschrift und das britische *Stamp-Collector's Magazine.* Auf einmal ist Moresnet eine richtige Nation – zumindest unter Briefmarkensammlern. Denn nur richtige Staaten wie Großbritannien, Brasilien und einige Schweizer Kantone besitzen eigene Briefmarken. Vielleicht hat das Land ja wirklich ein eigenes Postwesen?

Das Spektakel rund um nicht existierende Briefmarken ist ein eindeutiger Beweis dafür, dass Moresnet langsam erwachsen wird. Fünf Jahrzehnte nach seiner Entstehung im Jahr 1816 nehmen die Menschen das Waisenkind des Wiener Kongresses langsam als eigenes Land ernst.

Das ist im Grunde nicht weiter verwunderlich – schließlich gibt es Moresnet inzwischen länger als viele europäische Länder. Es ist eine feste Größe auf der europäischen Landkarte, auch wenn es so klein ist, dass es manche Kartografen einfach weglassen. Amüsant ist, dass es einige belgische Kartografen einfachheitshalber Belgien zuschlagen, während deutsche Kartografen es zu Deutschland zählen. Besser lassen sich die Eifersüchteleien kaum verdeutlichen.

Rund um Moresnet ändert sich alles: Die neue Ordnung, die nach Napoleons Sturz 1815 in Wien etabliert wurde, bestimmte die zwischenstaatlichen Beziehungen für die nächsten drei Jahrzehnte. In den ersten Jahren nach der Aufteilung des Kontinents durch die Siegermächte gab es weniger Kriege als vorher. In Wien war viel Wert auf ein Kräftegleichgewicht zwischen den europäischen Großmächten gelegt worden. Und das haben die Länder offensichtlich gefunden.

Doch der Schein trog. Die Wiener Grenzen waren hauptsächlich vom und für den Adel gezogen worden. Der hatte Länder und Völker untereinander getauscht wie Briefmarken. Ein solches Hin-und-her-Schieben von Menschen und gewachsenen Gemeinschaften rächt sich irgendwann. Belgien hat sich bereits 1830 nach einem kurzen Krieg von den Niederlanden abgespalten. Ihrer Wiener Ehe war kein langes Leben beschieden.

Das war jedoch erst der Anfang, denn es brodelt in Europa. Das Volk rebelliert gegen den Würgegriff des Adels, in dem sich der ganze Kontinent befindet. 1848 veröffentlichen Karl Marx und Friedrich Engels ihr *Kommunistisches Manifest* mit dem berühmten Aufruf »Proletarier aller Länder, vereinigt euch!«.

Es ist ein Meilenstein in der Geschichte des 19. Jahrhunderts. In vielen europäischen Ländern kommt es noch im selben Jahr zu Aufständen und Revolutionsversuchen.

Doch dem Adel droht nicht nur von links Gefahr: Auch das aufstrebende Bürgertum und alle, die durch die industrielle Revolution zu Geld gekommen sind, verlangen mehr Mitspracherechte. Sie wünschen sich eine Meritokratie, in der nicht mehr allein die Herkunft alles entscheidend ist. Außerdem fordern sie freie Märkte und weniger Korruption.

Diese Bewegung ist nicht mehr aufzuhalten. Der Adel verliert an Einfluss, überall entstehen Nationen, manchmal sogar mit einem gewählten Staatsoberhaupt. Nach und nach wird der Einheitsstaat Italien geboren; verschiedene deutschsprachige Königreiche und Fürstentümer schließen sich 1867 zum Norddeutschen Bund zusammen und rufen 1871 das Deutsche Kaiserreich aus, während das Habsburgerreich zu Österreich-Ungarn wird.

Und wieder herrscht überall in Europa Krieg. In den 1860er-Jahren führt Preußen erst gegen Dänemark und dann gegen Österreich Krieg. Das Land kämpft auch gegen Italien. Frankreich besetzt Mexiko, Russland erlebt eine riesige Revolution. In den Vereinigten Staaten tobt ein Bürgerkrieg. Alle versuchen, sich die wirtschaftlich bestmögliche Ausgangsposition zu sichern, und besonders um Häfen und Minen wird erbittert gekämpft.

Die Kräfte, die Europa so entscheidend verändern, zerren auch an Moresnet. So ruft der belgische Revolutionär Charles Rogier dazu auf, Moresnet »zu befreien« und den Einwohnern politische Rechte zu geben.

Es ist Hochsommer, als 1869 auf der belgischen Seite der Grenze zum neutralen Territorium ein paar große Wagen eintreffen. Auf der Ladefläche liegen wuchtige Basaltblöcke, die allesamt nummeriert sind. Gleichzeitig erscheinen zwei Landvermesser. Sie haben Anweisung erhalten, die hölzernen Grenzpfähle von 1816 und 1817 durch diese stabilen Modelle aus Stein zu ersetzen. Zunächst einmal messen sie alles richtig aus, das Land umfasst 271 Hektar, 60 Aar und 56 Zentiar.

Dass die alten Pfosten ausgetauscht werden, ist kein übertriebener Luxus, denn schon 1845 stellt der Bürgermeister von Moresnet fest, dass diese faulen. Das Platzieren der neuen soliden Grenzmarkierungen heißt aber nicht, dass es zu einer Lösung in Sachen Moresnet gekommen wäre.

Immer wieder ruft ein niederländischer, belgischer oder deutscher Politiker, es sei eine Schande, dass es das neutrale Territorium immer noch gebe, und fragt, warum das Problem nicht endlich einvernehmlich gelöst wird. Aber das ist leere Rhetorik, das ferne Echo von Bemerkungen, die schon seit 1816 über dieses Gebiet gemacht werden. Klar, in der Theorie sind neue Grenzen rasch gezogen, das wäre auch schon 1816 möglich gewesen. Vorausgesetzt, eines der Nachbarländer gibt seine Ansprüche auf die Mine von Moresnet auf. Aber genau darum geht es ja: Niemand kann sich dazu durchringen.

Das Gebiet gehört weder eindeutig zu Deutschland noch zu Belgien – oder den Niederlanden, die weiterhin Ansprüche auf Moresnet erheben. Dort leben etwa vierzig Prozent Deutschsprachige, dreißig Prozent Belgier, zehn Prozent Neutrale und zehn Prozent Anderssprachige wie Franzosen, Schweizer und Amerikaner. Das Land hat also keine wirkliche nationale Identität, sondern ist eher eine multikulturelle Gesellschaft *avant la lettre*. So gesehen ist jede Grenze völlig willkürlich, da sich bei einer Teilung immer Leute im »falschen Land« wiederfinden würden.

Trotzdem lassen sich Beamte aus Belgien und Preußen immer wieder neue Varianten einfallen: Preußen soll beispielsweise den Wald bekommen und Belgien den Ort Kelmis einschließlich Mine. Oder umgekehrt. Bei einem anderen Vorschlag verläuft die Grenze genau durch die Mitte des neutralen Territoriums. Oder aber Moresnet wird zur Gänze einem von beiden Staaten zugeschlagen, während der andere mit einem anderen Gebiet entschädigt wird.

Doch das sind wieder bloß Versuchsballons, denn immer lautet die Frage: Wer bekommt das Zink? Weder Preußen noch Belgien will den Kürzeren ziehen. Moresnet, ein Mahnmal für politisches Versagen und kurzfristiges Denken, bleibt also weiterhin bestehen.

Der zunehmend endgültige Status von Moresnet geht mit erstaunlichen Entwicklungen einher: In Kelmis und Umgebung vollzieht sich beinahe von Anfang an so etwas wie *nation building*. Aus dem Niemandsland wird langsam, aber sicher eine richtige Nation im Westentaschenformat. Man muss den Leuten nur Grenzen diktieren, und schon bilden sie ein Land.

Die Kommissare Preußens und Belgiens, die Moresnet offiziell verwalten, beschäftigen sich mit der Zeit immer weniger mit diesem Gebiet. Das meiste ist inzwischen geklärt. Nur bei größeren Problemen werden sie noch aktiv, oft nehmen sie dabei eher eine Mittlerrolle ein. Wahrer Machthaber ist der Bürgermeister von Moresnet.

Seit 1854 hat Moresnet so viele Einwohner, dass laut dem *Code Napoléon* ein Gemeinderat erforderlich ist. Also wird der alte de Lasaulx, inzwischen achtzig, seither von einem Gemeinderat unterstützt. Dadurch ist das kleine Land auf einmal noch ein Stück eigenständiger, denn nach der alten französischen Gesetzgebung darf der Rat deutlich mehr Entscheidungen treffen als der Bürgermeister einer kleinen Gemeinde, der wegen jeder Kleinigkeit zum Gouverneur muss – oder wie im Fall von Moresnet zu den Kommissaren Preußens und Belgiens. Damit wird ein ganz neues Kapitel in der Geschichte des Landes aufgeschlagen.

Und die Wirtschaft brummt: Vieille Montagne hat seit 1856 eine unbegrenzte Konzession zur Ausbeutung der Zinkmine. Das zieht zahlreiche Zulieferer und Einzelhändler an. Eine Apotheke und eine kleine Klinik siedeln sich an, die beide von der Mine finanziert werden. Gegen Ende des Jahrhunderts folgen ein Schreiner, ein Notar, ja sogar ein Juwelier, sodass man als Einwohner von Moresnet immer seltener über die Grenze muss.

Ein weiterer Beleg dafür, dass es sich zu einem richtigen Land entwickelt, ist die Einführung einer Steuerpflicht. 1859 führt der Gemeinderat eine Einkommensteuer ein. Jeder muss zahlen – mit Ausnahme von Knechten, Dienstmädchen, Pastoren und Lehrern, allerdings erst ab einem Einkommen von achthundert Francs. Daher sind die meisten Arbeiter von der Steuer befreit. Und selbst die, die zahlen müssen, verlieren dadurch nicht viel Geld: Der Spitzensteuersatz beträgt drei Prozent, und den müssen nur die Allerreichsten bezahlen. Wie viel man verdient, legt eine Schätzungskommission des Gemeinderats fest.

Jetzt, wo Moresnet stets endgültigere Formen annimmt, interessieren sich immer mehr Ausländer für das kleine Land. Die meisten Europäer dürften noch nie davon gehört haben, aber Geografen, Juristen und Politologen sind fasziniert von Moresnet.

Vor allem Juristen begeistern sich für das Kuriosum am Vaalserberg. Denn was ist dieses Gebiet eigentlich genau? Geht das denn staats- und völkerrechtlich überhaupt – ein neutrales Territorium?

Damals machen sich Gelehrte und andere Intellektuelle viele Gedanken darüber, was einen unabhängigen Staat ausmacht. Kein Wunder, schließlich kämpfen damals zahlreiche Länder für ihre Unabhängigkeit. Über die dafür nötigen Voraussetzungen sind sich die meisten Juristen einig: Staaten sind Organisationen, die von anderen Staaten als solche anerkannt werden. Außerdem muss es eine unabhängige politische und juristische Instanz geben, ein genau abgegrenztes Gebiet und ein dazugehöriges Volk.

Moresnet erfüllt nicht alle dieser Bedingungen: Es hat beispielsweise keine unabhängige politische Instanz, denn offiziell wird es ja von Belgien und Preußen/Deutschland regiert. Normalerweise bezeichnet man ein solches Territorium, über das mehrere Länder gemeinsam herrschen, als Kondominium oder Kondominat. Ein klassisches Beispiel für diese Staatsform ist Andorra, der Ministaat in den Pyrenäen, der seit Menschengedenken vom französischen Staatsoberhaupt und dem Bischof von Urgell, Spanien, regiert wird.[4] Die europäische Presse vergleicht Moresnet und Andorra häufig miteinander.

Nur dass Andorra deutlich mehr Ähnlichkeit mit einem richtigen Staat besitzt: Seine Existenz wird seit 1278 durch internationale Verträge garantiert. Andere Länder haben diese Verträge anerkannt und dem Pyrenäenstaat dadurch eine eigene Identität gegeben. Andorra hat einen Gerichtshof, ein Grundgesetz, ja sogar eine kleine bewaffnete Verteidigungseinheit, um seine Grenzen zu sichern und seine Unabhängigkeit zu gewährleisten. Alles Dinge, die Moresnet nicht hat.

Das neutrale Territorium ist kaum mehr als ein Land gewordenes Symbol für die Uneinigkeit seiner Nachbarstaaten und keine juristisch klar abgegrenzte Entität.

Unzählige Gelehrte aus aller Herren Länder beißen sich im Lauf des 19. Jahrhunderts die Zähne an der Moresnet-Frage aus. Es erscheinen jede Menge Dissertationen, Forschungsarbeiten, Essays und Artikel in juristischen Fachzeitschriften.

Aber trotz dieser gelehrten Epistel wird keine befriedigende Antwort gefunden. Die meisten Staatsrechtler können nur konstatieren, dass Moresnet pseudosouverän ist. Es ist zwar irgendwie eigenständig, aber dennoch kein richtiger Staat.

Das Gebiet befindet sich in einer *situation spéciale,* schlussfolgert Camille Piccioni von der juristischen Fakultät der Sorbonne in einem dicken Wälzer über das Phänomen »Neutralität«. Er gelangt zu demselben Ergebnis wie die meisten seiner Kollegen: Moresnet ist ein Einzelfall, ein seltsamer Irrtum der Geschichte.

Ein Territorium, das »rein zufällig entstanden ist«, so ein französischer Anwalt in einem Essay. Ein »einzigartiger Staat«, wie die seriöse *New York Times* über Moresnet schreibt, oder »ein seltsamer Staat, der schon seit einem Jahrhundert überlebt«, so eine niederländische Fachzeitschrift.

Andere verweisen auf die Mine, die überhaupt erst zur Entstehung von Moresnet geführt hat. Tatsächlich ist ihr Besitzer, die Firma Vieille Montagne, der einzig wahre Machthaber von Moresnet: Moresnet ist kein Land, sondern eine Aktiengesellschaft mit Grenzen.

So gesehen ähnelt Moresnet noch am ehesten dem amerikanischen Bundesstaat Virginia: Der war im 18. Jahrhundert zunächst Privatbesitz eines britischen Handelshauses, der Londoner Virginia Company. Erst durch die amerikanische Unabhängigkeit wurde er zu einem richtigen Bundesstaat. Vielleicht ist so etwas für Moresnet ja auch noch drin?

Aber ein eigenes Land? Moresnet ist mit Sicherheit keine Nation im juristischen Sinn, finden vor allem deutsche Juristen. Laut dem Aachener Rechtsgelehrten Fritz Spandau ist es eine »Abnormität«, die in der Geschichte ihresgleichen sucht.

Er verfasst ein boshaftes Pamphlet, in dem er sich über die

Politiker der drei Nachbarstaaten Moresnets aufregt. Sie haben den Status dieses kleinen Gebiets fast ein Jahrhundert lang nicht geklärt. Begreifen sie denn nicht, welch ein Skandal das ist? Vor allem die »gehässigen und händelsüchtigen« Niederländer bekommen ihr Fett ab. Wegen ihrer Sturheit sei das Problem überhaupt erst entstanden. Moresnet sei juristisch ein Ding der Unmöglichkeit, wütet er auf dem Papier, und dürfe deshalb auch nicht existieren. Laut Spandau wäre es »wünschenswert, wenn diese historisch-staatsrechtliche Antiquität von der Karte Europas verschwände«.

Vor allem Kollegen aus Deutschland geben ihm recht. Der Jurist Max Leichsenring, der 1911 über Moresnet promoviert, bezeichnet das Gebiet als »unechtes Kondominat«. Auch er kann sein Entsetzen darüber, dass es immer noch existiert, ja sogar floriert, kaum verhehlen.

Nein, Moresnet ist ganz bestimmt kein Staat.

Nie einer gewesen.

Und wird es auch nie werden.

Andererseits …

In vielerlei Hinsicht ist Moresnet durchaus ein Land: Es hat Grenzen, einen Bürgermeister, der als Staatsoberhaupt fungiert, eigene Gesetze und eine eigene Polizei … wenngleich die Exekutive nur aus einer einzigen Person besteht, nämlich dem Gendarmen.

Einige Rechtsgelehrte haben daher so ihre Bedenken. Vor allem französische Juristen – die vielleicht etwas mehr Sinn für Romantik haben als ihre deutschen Kollegen – sprechen sich im Zweifel eher für das Land aus. Schenkt man ihnen Glauben, ist es ein einzigartiger Staat, eine ganz eigene Kategorie: »*Une bizarrerie de la carte politique de l'Europe*«, so René Dollot, ein junger französischer Politikwissenschaftler und Diplomat, der in einer juristischen Fachzeitschrift einen Artikel über Moresnet veröffentlicht. Er betrachtet Moresnet sehr wohl als Nation.

Die Franzosen sehen es also nicht so eng. Doch was ist mit dem dazugehörigen Volk? Moresnet hat Einwohner, die keine Staatsbürger eines anderen Landes sind, die sogenannten Neutralen. Sie sind im Grunde seine Staatbürger. Und wie verhält es sich mit der juristischen Instanz? Moresnet hat eine eigene Gesetzgebung ... die rein zufällig auch noch französisch ist! Ist das nicht mehr als genug? Und gibt es nicht das Aachener Grenztraktat von 1816? Ist das etwa kein internationaler Vertrag, durch den das Land geschaffen wurde? Alle Nachbarstaaten haben ihn anerkannt.

Das führt zu der absurden Situation, dass Moresnet streng genommen vielleicht kein Staat ist, in der Praxis aber sehr wohl. Und das schon seit Jahrzehnten. Gilt das etwa nicht? »Der vorläufige Staat Moresnet existiert bereits länger als viele andere endgültige Staaten«, so ein belgischer Student 1896 in seiner Dissertation über das Land.

Journalisten sind längst nicht so haarspalterisch wie Juristen. Unbekümmert berichten sie in ihren Artikeln über »das kleinste Land der Welt«, ja sogar über »die kleinste Republik mitten in Europa«.

1886 reisen zwei neugierige Reporter von der Limburger Zeitung *De Maasgouw* nach Moresnet und besuchen den damaligen Bürgermeister Hubert Schmetz.

Sie beschreiben ihn als echtes Staatsoberhaupt. Er sei ein »souveräner Würdenträger«, so der Artikel, denn: »Er besitzt ein Staatsarchiv, einen Katasterplan und Porträts seiner Vorgänger.« Trotzdem sei der Bürgermeister, der zugleich Staatsoberhaupt ist, alles andere als arrogant.

»Normalerweise trinkt er abends sein Glas Bier im Garten vor der Brauerei. (…) Fast immer leistet ihm dabei sein Stellvertreter Gesellschaft, ein betagter, liebenswürdiger Arzt, der alle Einwohner der Republik vom Baby bis zum Greis persönlich kennt.«

Die niederländischen Journalisten, die Moresnet besuchen, sind längst nicht die Einzigen, die wissen wollen, wie sich das neutrale Territorium zu einem richtigen Land entwickeln konnte. Weil Moresnet so langlebig ist, macht es in der zweiten Hälfte des 19. Jahrhunderts international Schlagzeilen.

Britische, französische, italienische, deutsche, ja sogar amerikanische Reporter melden sich in Kelmis und wollen »das kleinste Land der Welt«[5] mit eigenen Augen sehen, um den Lesern zu Hause ihre Eindrücke schildern zu können. Ein solches geografisches Kuriosum macht sich gut in jeder Zeitung – ein unterhaltsamer Artikel zwischen ernsten Weltnachrichten.

Doch alle Reportagen lesen sich mehr oder weniger gleich: Die Herren von der Presse machen einen Spaziergang durch die Wälder und das Dorf Kelmis (manchmal »Hauptstadt« genannt) und schauen anschließend zu, wie »der einzige Gendarm gemütlich seine Runde dreht«. Fast immer treffen sie auch den Bürgermeister, der sich »unter einem Baum sitzend« mit den Dorfbewohnern unterhält. Irgendwann landen die meisten Journalisten in einer der Kneipen des Landes, damit sie darüber berichten können, wie billig das steuerfreie Bier ist.

Vielleicht liegt es ja am Alkoholkonsum, aber die meisten Texte über Moresnet nehmen sich viele dichterische Freiheiten. Die Autoren schwärmen wortreich von dem idyllischen Ländchen ohne Armee, in dem die sympathische Bevölkerung kaum Steuern zahlen muss und keine Regierung hat, die sich in alles einmischt. In dem die Bürger sämtliche Freiheiten haben und das Staatsoberhaupt dem Volk verpflichtet ist. *So geht es also auch!*, lautet die Botschaft oft.

»Wären doch alle Staatsmänner so wie der Bürgermeister von Moresnet!«, schreibt ein Journalist der Londoner *Pall Mall Gazette*. »Wie schön wäre es dann in der Politik!«

Ein anderer britischer Journalist, der das Gebiet besucht, beschreibt es sogar als »*ideal republic*«: als Land, dessen Einwohner nicht unter den Ambitionen und Intrigen von Politikern zu leiden hätten wie überall sonst in Europa. In Moresnet sei etwas erhalten geblieben, das in den meisten anderen Ländern verloren gegangen sei, liest man in vielen Artikeln zwischen den Zeilen. Dass die Einwohner ihren Herrscher nicht abwählen können und damit faktisch in einer Diktatur leben, lassen die Schreiberlinge der Einfachheit halber lieber unerwähnt.

Melancholisch schildern manche Journalisten Moresnet sogar als verlorenes Paradies, als Arkadien, in das der Fortschritt noch nicht Einzug gehalten hat. »*The happy folk of Moresnet!*«, ruft ein Reporter des *Leeds Mercury* in seinem Artikel. So sollte es überall sein: ohne Kriege, Präsidenten, Kaiser oder Könige mit ihren ewigen Kungeleien.

Moresnet als Freiluftmuseum mit lauter glücklichen Einwohnern – die Außenwelt bekommt ein Idealbild vorgegaukelt. Was dabei unterschlagen wird, ist, dass die Einwohner in vielen Fällen sehr unter der juristischen Konstruktion ihres Landes zu leiden haben. So sind die ursprünglichen Bewohner und ihre Nachfahren staatenlos, was 1859 immerhin 695 Personen betrifft.

Außerdem hat das Land nach all den Jahren immer noch keine eigene Währung und keine eigenen Briefmarken – und das trotz Moens »Aprilscherz«. Letzteres mag ein nebensächliches Detail sein, macht aber schon die einfachsten Transaktionen hochkompliziert: Wer einen Brief verschicken möchte, muss ins Ausland reisen. Dass Moresnet philosophisch gesehen eine Nation ist, macht es längst nicht zu einem funktionierenden Staat.

Doch auch das beginnt sich langsam zu ändern. Moresnet bekommt einen eigenen *pater patriae* oder Vater des Vaterlands.

Wilhelm Molly sieht nicht unbedingt aus wie ein Staatsmann. Er kommt 1838 fernab von Moresnet zur Welt, in dem kleinen preußischen Städtchen Wetzlar, etwa vierzig Kilometer nördlich von Frankfurt. Er ist ein gelassener Herr mit Nickelbrille und Vollbart. Sein Medizinstudium schließt er mit einer Doktorarbeit zum Thema Kehlkopfentzündung ab. Anschließend wird er Militärarzt in Koblenz, woher auch seine Frau stammt.

1863 kommt Molly als Betriebsarzt der Vieille Montagne nach Preußisch-Moresnet. Besonders anstrengend scheint diese Tätigkeit nicht zu sein, denn rasch ist er auch Hausarzt von ganz Kelmis und Berater des Bürgermeisters.

Als eine Choleraepidemie auszubrechen droht, schafft er es, die Ansteckung stark einzudämmen und zahlreiche Leben zu retten. Im Gegensatz zu vielen anderen Ärzten seiner Zeit besucht er auch die Ärmsten der Armen – wenn es sein muss bei Nacht und Nebel. Dadurch wird er fast so etwas wie ein Held für die Minenarbeiter und ihre Familien. Die Einwohner von Moresnet nennen ihn nur den »Menschenfreund«.

De Maasgouw beschreibt ihn 1886 als »betagten, liebenswürdigen Arzt«. Molly ist damals gerade erst knapp achtundvierzig – vermutlich haben die Journalisten dem steuerfreien Bier etwas zu sehr zugesprochen. Er hat nur Probleme mit dem Laufen, wegen seiner krummen Füße. Was sie jedoch richtig erkannt haben, ist, dass Molly eine hohe Stellung im Dorf bekleidet: Er ist der stellvertretende Bürgermeister.

1866 und 1870 verlässt Molly Moresnet vorübergehend, um für das preußische Heer zu arbeiten, das Kriege gegen Frankreich und Österreich führt. Als Feldchirurg wird er mit unendlich viel Leid konfrontiert. Das scheint ein Wendepunkt in seinem Leben zu sein. Die Gräuel bringen ihn auf neue Ideen.

Nach seiner Rückkehr beginnt der Arzt, Kelmis ausführlich zu fotografieren, sodass wir von da an genau wissen, wie der Ort Ende des 19. Jahrhunderts aussieht. Molly interessiert sich außerdem für die Geschichte der Region und seiner Bewohner. Aber er dokumentiert das neutrale Territorium nicht nur, sondern versucht auch wiederholt, dessen Autonomie zu erweitern. Wenn Moresnet seine Eigenständigkeit beweisen will, muss das Land etwas leisten. Vielleicht sehen seine Nachbarn dann endlich ein, dass sie aus Versehen einen Staat geschaffen haben.

1886 beschließt Molly, sich mit den Autoritäten anzulegen. Moresnet muss ein richtiges Land werden, seine Bewohner haben klare Verhältnisse verdient. Deshalb muss es endlich eigene Briefmarken ausgeben.

Das Gremium aus Bürgermeister und Beigeordneten kann sich nicht für seinen Plan erwärmen, die philatelistische Unabhängigkeit zu erzwingen. Es hat viel zu viel Angst, Belgien und Preußen vor den Kopf zu stoßen. Da greift Molly zu einer List. Mit einigen Gleichgesinnten gründet er eine »Verkehrs-Anstalt« mit dem Ziel, der Bevölkerung von Moresnet Dienstleistungen anzubieten.

Ein hochtrabender Name, hinter dem sich nur eines verbirgt: Molly will, dass seine Verkehrs-Anstalt Briefmarken emittiert.

Noch im selben Jahr wird eine Serie aus acht Marken und ein paar vorfrankierten Umschlägen ausgegeben. *Verkehrs-Anstalt Moresnet* steht am oberen Rand und *Poste Intérieure Neutre de Moresnet* darunter. Der Wert ist erstaunlicherweise in Pfennig angegeben, obwohl die offizielle Währung von Moresnet der Franc ist. Das soll beweisen, dass Moresnet, zumindest laut Molly, eindeutig deutsch geprägt ist. Seltsam – schließlich leben dort auch viele Niederländisch- und Französischsprachige.

Was will Molly mit diesen Briefmarken? Im internationalen Briefverkehr dürfen sie jedenfalls nicht verwendet werden, denn dazu müsste Moresnet Mitglied des Weltpostvereins sein. Aber so weit wird es vorläufig nicht kommen, denn Moresnet erfüllt nicht die Bedingungen für eine Mitgliedschaft.

Mollys Briefmarken lassen sich also nur innerhalb von Moresnet verwenden – so, wie es die Worte *Poste Intérieure* besagen. Gut möglich, dass Molly sich von einigen deutschen Städten inspirieren ließ, die eine eigene Stadtpost haben, wie zum Beispiel Berlin. Auch sie geben manchmal eigene Marken heraus.

Aber in Moresnet scheint es dafür so gut wie keinen Markt zu geben: Ein Einwohner von Moresnet, der einem Landsmann etwas mitteilen will, hat schneller persönlich bei ihm vorbeigeschaut oder einen Boten geschickt. Kein Haus liegt weiter als zwei Kilometer vom anderen entfernt. Soll dafür extra ein Postbote eingestellt werden?

Nein, die Ausgabe eigener Briefmarken ist vielmehr ein

Akt des Widerstands: Zwei Jahre zuvor hat das Parlament der an Moresnet grenzenden belgischen Provinz Lüttich die eigene Regierung und Deutschland aufgefordert, Moresnet endlich zu einem richtigen Land zu machen (zu einem »*État politique et administratif*«). Daraus ist, wie so oft bei Moresnet, nichts geworden. Molly hingegen scheint mit seinen Briefmarken die Autonomie erzwingen zu wollen. Aus seiner Sicht ist die Zeit dafür längst reif.

Es ist ein unmissverständliches Signal an die Großmächte, dass die Einwohner das Heft selbst in die Hand nehmen und eine eigene Republik ausrufen werden, wenn die Moresnet-Frage nicht bald gelöst wird. Mit allem, was zu einem souveränen Staat dazugehört, wie ein Postwesen und eine eigene Flagge. Immer öfter weht in Moresnet eine schwarz-weiß-blaue Fahne. Und wer weiß? Vielleicht gibt es ja bald schon richtige Wahlen und ein richtiges Staatsoberhaupt.

Briefmarken als Unabhängigkeitserklärung – es wird nicht das letzte Mal in der Geschichte sein, dass ein Land auf diese Weise auf sich aufmerksam macht.[6]

Natürlich lässt sich auch nicht ausschließen, dass Molly und seine Mitstreiter davon finanziell profitieren wollen. Der deutsche Arzt ist selbst ein begeisterter Briefmarkensammler und weiß, wie hoch der Wert seltener Marken ist. Die vielen positiven Reaktionen auf Moens Aprilscherz fünfzehn Jahre zuvor beweisen, dass die Sammler ganz wild auf Briefmarken aus Moresnet sind. Spricht man sich mit einem Briefmarkenhändler ab, kann man mit ein paar bedruckten Bögen gutes Geld machen. Wie begehrt die Briefmarken des Minilandes sind, sieht man auch daran, dass schon bald Fälschungen in Aachen auftauchen.

Nicht jeder weiß den Versuch, Philateliegeschichte zu schreiben, zu schätzen. Jean-Baptiste Moens muss mitansehen, wie sein anderthalb Jahrzehnte alter Scherz auf einmal Wirklichkeit wird. Stirnrunzelnd hört sich der Brüsseler Briefmarkenhändler die Geschichte von der *Poste Intérieure Moresnetien* an. Und gelangt rasch zu dem Schluss, dass ernst zu nehmende Sammler diese Marken lieber links liegen lassen sollten: Es handle sich dabei um reine Fantasiemarken, die von Herrn Dr. Molly in Umlauf gebracht wurden, spottet er in *Le Timbre-Poste*.

Doch als Investitionsobjekt sind sie hochinteressant, denn sie steigen vom ersten Tag an im Wert. Gut möglich, dass Mahé sie sehr wohl anschafft.

Dem Bürgermeister liegen die Marken seines Stellvertreters schwer im Magen. Wo es doch gerade so schön ruhig war in Moresnet! Die Gespräche des belgischen und des deutschen Kommissars beschränken sich schon seit Jahren auf ein Minimum. Doch jetzt zieht das kleine Land auf einmal alle Aufmerksamkeit auf sich, Zeitungen aus ganz Europa berichten darüber. Aus touristischer Sicht ist das gar nicht mal so schlecht, aber in Brüssel und Berlin kann es schlafende Hunde wecken.

Schmetz beschließt, etwaigen Problemen mit den Nachbarländern zuvorzukommen, und schickt beiden Kommissaren, die das Land offiziell nach wie vor verwalten, einen Brief (vermutlich ohne Moresnet-Marken auf dem Umschlag). Er fragt sie um Rat: Briefmarken ausgeben, ja oder nein? Eine schwierige Frage. Manche Schweizer Kantone und einige Kolonien emittieren ebenfalls Briefmarken, warum nicht auch Moresnet? Die Kommissare leiten die Frage an ihre nationalen Regierungen weiter. Juristen sollen entscheiden, ob das erlaubt ist oder nicht.

Sowohl in Brüssel als auch in Berlin gelangt man zu dem Schluss, dass Molly seine Kompetenzen überschritten hat.

Warum? Die Antwort auf diese Frage liegt seltsamerweise im Jahr 1711 begründet: Damals tritt in Frankreich ein Gesetz in Kraft, das besagt, dass der Staat das Briefmonopol hat. In Moresnet gilt nach wie vor der *Code Napoléon* mit Postgesetzen aus dem vergangenen Jahrhundert. Kommerzielle Unternehmen oder andere nichtstaatliche Organisationen wie Mollys Verkehrs-Anstalt dürfen sich nicht in die Brief- und Paketzustellung einmischen.

Der belgische Kommissar Cremer ist froh, dass sich der Briefmarkenkrieg von 1886 mit ein paar Schüssen vor den Bug eindämmen lässt. Die ganze Sache stinke zum Himmel, schreibt er an seinen Minister für Verkehrsangelegenheiten, Post und Telegrafie.

»Die Gründer dieses Postdiensts haben ohne jede Notwendigkeit Briefmarken herstellen lassen und damit bewiesen, dass es ihnen vor allem darum ging, die Marken an Sammler zu verkaufen, die bereit sind, für seltene Exemplare viel Geld hinzulegen.«

Zwei Wochen später stirbt die Verkehrs-Anstalt einen stillen Tod. Seitdem gehören die paar Briefmarken zu den seltensten der Welt. In Moresnet und Umgebung erzählt man sich, dass zahlreiche Marken verschwunden seien. Angeblich lagern sie in einem Safe und warten auf weitere Wertsteigerungen. Doch taucht seit damals nur selten eine auf dem Markt auf.

Molly hat sich eine blutige Nase geholt und weiß jetzt, dass die Eigenständigkeit von Moresnet Grenzen hat. In diesem Land ist vieles erlaubt, aber bitte nicht offiziell! Wenn er einen souveränen Staat daraus machen will, muss er sich mehr einfallen lassen, als nur ein paar Briefmarken auszugeben.

Aber was? Es muss eine Bewegung entstehen, die ein Be-

wusstsein für einen geänderten Landesstatus schafft: Moresnet braucht Verbündete im Ausland, am besten mächtige
Verbündete, die ihm zu echter Unabhängigkeit verhelfen.

Nur wie? Molly ist Freimaurer, vielleicht hilft ihm das
weiter.

7
Direktor einer Wunde

In der Thimstraße[7], Kelmis,
im Herbst 1866

Das elegante, geräumige Haus, in dem Louis Saint-Paul de Sinçay seit einiger Zeit wohnt, ist auf den ersten Blick fantastisch gelegen. Es steht auf einer Anhöhe am Rand von Kelmis – angenehm weit weg von den Arbeiterwohnungen der Umgebung. Dahinter leuchten saftig-grün die Felder, auf denen Pferde und Kühe grasen. Es gibt blühende Wildblumen und Obstbäume, von hohen Hecken umgebene Ländereien. In der Ferne liegt ein märchenhafter Eichenwald. Alles sehr idyllisch.

Nur schade, dass der Franzose auf der Südseite auf etwas schaut, das sich am ehesten mit einer riesigen, eiternden Wunde in Mutter Erde vergleichen lässt. Doch das ist alles andere als ein Zufall, denn Saint-Paul de Sinçay ist Direktor dieser Wunde, die als Zinkgrube von Moresnet bekannt ist. So scheußlich sie auch sein mag – die Aussicht darauf wird ihm noch große Freude bereiten. Denn je tiefer die Wunde – oder der »Sumpf«, wie sie in Kelmis genannt wird –, desto besser geht es dem Unternehmen und damit ihm.

Ein schöner Anblick ist es trotzdem nicht: Direkt neben dem Garten seiner Direktorenwohnung klafft ein etwa dreißig Meter tiefes Loch von stolzen zwei Kilometern Durchmesser. Wer am Zaun steht, sieht, dass es auf seinem mit gelbem Lehm bedeckten Grund nur so von Arbeitern wimmelt. Wegen der Größe der Grube wirken sie wie Ameisen, auch sie ganz gelb.

An mehreren Stellen reichen Gänge zig Meter weit in den Berg. Manchmal verschlucken sie einen Arbeiter, der mit Spitzhacke und Spaten in unbekannte Tiefen absteigt. Andere Arbeiter kehren gerade mit neuem Gestein an die Erdoberfläche zurück.

Auf dem unebenen Grubengelände türmen sich überall Steine, die sorgfältig nach Größe und Farbe sortiert werden. In regelmäßigen Abständen kommt ein schlammbedeckter Arbeiter mit einer Schubkarre und lädt seine Ausbeute ab. Um all diese Steinhaufen winden sich Wege. Darauf fahren Wagen, die von starken Männern geschoben oder von Pferden gezogen werden.

Die Männer verladen die Steine auf die Wagen und schieben sie mit vereinten Kräften zu einer Stelle am Hang, wo sie ein Zugseil nach oben zieht: schmutzige, nicht ungefährliche Schwerstarbeit. Am Grubenrand stehen riesige Schuppen mit hohen qualmenden Schloten. Die Wagen fahren auf der einen Seite gefüllt hinein und kommen auf der anderen leer wieder heraus. Anschließend verschwinden sie erneut in der Tiefe, und es beginnt die nächste Runde.

Saint-Paul de Sinçay kann von seinem Fenster aus auch noch die Aachen-Lütticher Landstraße sehen, im Volksmund »Pavei« genannt. Neben dieser Verkehrsader verlaufen Gleise, und dort steht wieder ein riesiger Schuppen. Auf ihn ist er als Ingenieur besonders stolz. Es ist die sogenannte Waschhalle. Wasser aus einem Bach auf dem Hügel hinter der Grube wird in einen kleinen Kanal geleitet. Der führt durch den Garten hinter seinem Haus und bildet kurz darauf einen kleinen Wasserfall. Dann fließt er unter der Straße hindurch in den

Schuppen. Mithilfe der so erzeugten Wasserkraft wird eine Art Fließband aus Holzplättchen angetrieben. Darauf werden kleinere Gesteinsbrocken von Lehm und Sandstein befreit, denn sie sind zu kostbar, um aussortiert zu werden. Früher geschah das im Fluss Göhl, aber er hat diese Produktionsphase weiter mechanisiert.

Diese leichtere Arbeit wird vor allem von Frauen und Kindern verrichtet. Bestimmt staunen sie über die Muscheln und Meerestiere, die sich manchmal im Sandstein befinden. Je tiefer die Arbeiter graben, desto mehr von diesen seltsamen Abdrücken werden zutage gefördert. Wo die wohl herkommen?

Etwa dreihundert Millionen Jahre vor Entstehung der Grube – also bevor es auch nur ansatzweise so etwas wie Menschen gab – lag hier ein flaches tropisches Meer. Weil es sehr ruhig war, setzte sich der Schwemmsand aus den Flüssen langsam darin ab, Schicht für Schicht, wodurch der Druck immer stärker wurde und das lose Material zu Sandstein presste. Die im Sand befindlichen Muscheln versteinerten und wurden zu jenen Fossilien, die die Arbeiter in der Waschhalle Jahrhunderte später zum Staunen bringen.

Die Erde kühlte sich ab, das Meer gefror an den Polen und zog sich aus den flachen Gebieten zurück. Die Region, in der irgendwann die Grube liegen würde, trocknete aus. Wieder vergingen Jahrtausende, in denen sich der Sandstein durch Bewegungen der Erdkruste immer mehr auffaltete. Gleichzeitig entstanden tiefe Risse in der Erde. Warmes vulkanisches Wasser strömte ein, und an ihren Wänden lagerten sich Mineralien ab.

Vermutlich waren es Hunderte solcher feiner Risse, aber es gab auch einen großen, der sich unter dem Gebiet bildete, aus dem später die Gemeinde Moresnet werden sollte. Das Wasser, das dort zig, wenn nicht Hunderte Meter tief in die Spalte strömte, enthielt zahlreiche chemische Stoffe, die alle möglichen Verbindungen miteinander eingingen. Der wichtigste war $Zn[CO_3]$, auch unter dem Namen Smithsonit bekannt: Zinkspat oder Zinkkarbonat.

Hunderte Jahrmillionen später besiedelt der Mensch dieses Gebiet. Die Kelten- und die Germanenstämme, die sich nach einigen Jahrhunderten im fruchtbaren Göhltal niederlassen, merken, dass das Gestein rund um Moresnet einen Rohstoff enthält, für den sich die Römer interessieren. Diese verwenden ihn für Legierungen, aber auch, um sich damit einzureiben; Zinkoxid kommt in der römischen »Pharmacopoeia«, einem Arzneibuch, vor.

Damit lässt sich also Geld verdienen! Die Bewohner des Landstrichs benennen das Dorf neben dem Hauptfundort sogar nach dem Gestein. Auf Lateinisch heißt der Rohstoff *cadmia* oder *lapis calaminaris*. Die Germanen verballhornen ihn zu Galmei oder Kelmis.

All das wissen wir nur, weil um 48 n. Chr. ein römischer Feldherr die Grube besucht. Er sieht, wie die Einwohner von Kelmis auf der Suche nach dem Gestein den Boden aufhacken. Dieser Plinius der Ältere ist vor allem wegen seiner Todesumstände berühmt – er kommt 79 n. Chr. ums Leben, als er versucht, eine Rettungsmission für das unter Bimsstein und Lava begrabene Pompeji zu organisieren –, aber auch für die Geschichte von Kelmis ist er von größter Bedeutung. Seine Notizen zur Grube erwähnen das Dorf erstmals als Fundort des kostbaren Zinkspats.

Auch nach Abzug der Römer bleibt Galmei beliebt – so sehr, dass immer wieder um Kelmis und Umgebung gekämpft wird. Die Stadt Aachen und das Herzogtum Limburg führen in den darauffolgenden Jahrhunderten mehrmals Krieg miteinander, um zu entscheiden, wer das gelbbraune Gestein abbauen darf. Am Ende gewinnt Aachen und bringt das Gebiet unter seine Kontrolle. Das metallische Gestein ist so wichtig, dass westlich des Weilers Kelmis sogar eine Festung errichtet wird, die auf französischen Karten als *Fort de Calamine* verzeichnet ist.

Als Napoleon diesen Landstrich erobert und seinem französischen Kaiserreich einverleibt, ist dieses Fort längst von den Karten verschwunden. Doch er braucht es gar nicht mehr, schließlich beherrscht er fast ganz Europa. Mal davon abgesehen, dass Zinkspat so wichtig auch nicht mehr ist: Er ist schwer zu verarbeiten, außerdem hat man inzwischen jede Menge neue Metalle entdeckt, mit denen heftig experimentiert wird.

Erst mit Donys Ofen erlebt Kelmis eine neue Blüte. Unter seiner Leitung tragen die Arbeiter zunächst einen Hügel nördlich von Kelmis ab. Dann konzentrieren sie sich auf ein vielversprechendes Gebiet westlich des Dorfs, unweit der Landstraße.

Genau in dieser Grube beginnt Vieille Montagne 1837 in industriellem Maßstab mit Grabungen. Anfangs unter der Leitung von Charles Le Hon, doch der ist als Botschafter und Politiker bald viel zu beschäftigt. 1846 übernimmt Louis Saint-Paul de Sinçay die Alltagsgeschäfte, während Le Hon im Hintergrund als Direktionsmitglied aktiv bleibt. Saint-Paul de Sinçays Ernennung entpuppt sich als Glücksgriff, denn der Franzose ist ein Visionär mit sehr genauen Vorstellungen von der Zukunft der Grube.

Auf den ersten Blick ändert sich nicht viel. Unter Saint-Paul de Sinçays Leitung wächst das Unternehmen rasant, so wie schon vorher unter Le Hon. Auffällig ist nur, dass der neue Direktor immer mehr Personal benötigt, obwohl er die Grube zunehmend automatisiert. Auch das beweist, wie sehr die Grube floriert. Doch jeder Vorteil hat auch einen Nachteil: Saint-Paul de Sinçay weiß, dass es dank seiner Effizienz nicht mehr lange dauern wird, bis die Erzvorräte erschöpft sind.

Er ist ein vorausschauender Mensch. Das Fördermaximum wird 1855 erreicht. In diesem Jahr holen rund 5000 Arbeiter – von denen 1000 aus Kelmis selbst stammen – 137 000 Tonnen Zink aus dem Boden bei Moresnet. Anschließend sinkt die Menge, jedes Jahr etwas mehr. Die meisten Seitenadern sind damals bereits abgebaut, nur die Hauptader birgt noch Zinkspat. Und selbst dort fällt es den Arbeitern immer schwerer, gelbbraunes Gestein zu fördern. Einige beginnen bereits, sich die Steinhaufen vorzunehmen, die Arbeiter aus früheren Jahrhunderten zurückgelassen haben, weil sie keine Möglichkeit hatten, ihnen das darin befindliche Zink zu entreißen.

Mit der neuesten Technik kann Vieille Montagne das begehrte Metall aus dem Abraum herausholen.

Gleichzeitig ist jedem klar, dass die Vorkommen irgendwann erschöpft sein werden.

Jetzt, wo das Ende der Grube im wahrsten Sinne des Wortes in Sicht ist, scheint auch das Schicksal des geografischen Kuriosums Moresnet besiegelt zu sein. Denn warum sollte das bei den Nachbarstaaten verhasste Gebiet aufrechterhalten werden, wenn die Grube ausgebeutet ist? Als klar wird, dass der Zinkspat keine zehn Jahre mehr reicht, werden Belgien und Preußen nervös und stellen sich auf eine endgültige Aufteilung des Territoriums ein.

1866 beginnen die beiden Länder mit entsprechenden Vorbereitungen. Sie beauftragen je einen »Experten«. Das sind der Bürgermeister der nahe gelegenen preußischen Gemeinde Walhorn, Dominique Kerres, sowie der Notar Renier Demanty aus Clermont, auf der belgischen Seite der Grenze. Gemeinsam sollen sie einen Bericht verfassen, in dem steht, wie sich die Aufteilung am besten lösen lässt. Sie treffen sich 1869 in dem Ort Herbesthal, genau auf der Grenze zwischen den Ländern.

Der Deutsche und der Belgier gehen methodisch vor. Sie wollen den Wert des Gebiets Moresnet genau beziffern, damit so gerecht wie möglich getauscht werden kann. Zu diesem Zweck zählen sie, wie viele Bäume dort stehen. Holz ist damals eine kostbare natürliche Ressource und somit ein wichtiger Anhaltspunkt für ihre Berechnungen. Komplizierte Kalkulationen ergeben, dass Moresnet 1600 Francs pro Hektar wert ist. Erhält ein Staat bei der Aufteilung eine größere Fläche, muss er den anderen entsprechend entschädigen.

Aufgrund dieser Faktenlage beginnen die Kommissare Belgiens und Preußens im Auftrag ihrer Regierungen mit den Verhandlungen. Wo genau soll die Grenze verlaufen? Mithilfe von Landvermessern erstellen die beiden Männer sogar eine Katasterkarte, die zeigt, wie sie das Land genau aufteilen wollen. Kelmis (und seine 2400 Einwohner) sowie die Grube werden Preußen zugeschlagen, das dadurch etwa 119 Hektar Staatsgebiet dazubekommt. Das Gebiet nördlich des Dorfs einschließlich seiner 400 Einwohner geht an Belgien. Dadurch vergrößert sich das Königreich um etwa 213 Hektar. Über ein paar Quadratmeter muss also noch verhandelt werden.

Auf den ersten Blick geht Preußen eindeutig als Sieger aus der Sache hervor, schließlich bekommt es die Grube. Und an eben dieser Grube sind alle bisherigen Versuche, Moresnet aufzulösen, stets gescheitert. Doch beide Unterhändler finden diesen Vorschlag völlig gerecht, da die Mine in wenigen Jahren erschöpft sein wird. Allerdings wird Preußen dann mit den Einwohnern von Kelmis potenzielle 2400 Arbeitslose dazubekommen – ein erhebliches Problem, für das der Staat eine Lösung finden muss –, während Belgien wertvollen Wald und Baugrund erhält.

Noch nie sind Gespräche über die Abschaffung des neutralen Territoriums so weit gediehen. Das macht viele nervös. Die Anteilseigner der Vieille Montagne protestieren genauso dagegen wie der Bürgermeister und einige Einwohner von Kelmis, die Angst haben, im falschen Land zu landen. Sie finden die Aufteilung ungerecht und würden den neutralen Status lieber beibehalten. Nachbarn, die jahrelang im selben Land gewohnt haben, sollen auf einmal durch eine Grenze getrennt werden. Ganze Familien würden dadurch auseinandergerissen.

Doch ihre Proteste verhallen ungehört. Jetzt, wo der Grube nur mehr wenige Jahre beschert sind, scheint sich niemand mehr für Moresnet zu interessieren. Einst so heikle Punkte klären die Delegationen in Rekordzeit. Je eher das verrückte Land verschwindet, desto besser!

Die beiden Nachbarländer setzen sogar einen vorläufigen Vertragstext mit den neuen Grenzen auf. Landvermesser haben zentimetergenau bestimmt, wo die Grenzpfosten eingeschlagen werden müssen. Desgleichen schreiben die Unterhändler eine unvollständige Jahreszahl in ihren Vertrag: 18.. – ein Zeichen dafür, dass sie nicht mehr mit größeren Schwierigkeiten rechnen. Es muss nur noch ein genaues Datum eingesetzt und unterschrieben werden.

Doch dann geschieht … gar nichts. Obwohl sich alle einig zu sein scheinen, verschwindet der Vertrag ununterzeichnet in einer Schublade. Niemand kann mehr genau sagen, wann und warum beschlossen wurde, nicht zu unterschreiben. Die Korrespondenz zu diesem Thema bricht im Frühling 1870 einfach ab. Anscheinend zieht eines der beiden Nachbarländer die Reißleine. Danach wird einfach nicht mehr darüber gesprochen, als müsste man sich dafür schämen.

Neutral-Moresnet ist gerade noch einmal davongekommen: Alles bleibt beim Alten. Aber warum? Liegt es vielleicht am Krieg, in den Preußen verwickelt ist? Gut möglich. Wahrscheinlicher ist, dass in beiden Hauptstädten die rechte Hand nicht wusste, was die linke tat, und die Regierungen erst spät darauf gekommen sind, dass der Zeitpunkt für eine Aufhebung von Moresnet noch nie so ungünstig war wie jetzt. Und dafür ist einzig und allein der unglaubliche Geschäftssinn von Louis Saint-Paul de Sinçay verantwortlich.

Der Franzose ist eigentlich Ingenieur, interessiert sich jedoch sehr für Naturwissenschaften. Vor allem zum Thema Geologie liest er alles, was er in die Finger bekommen kann. Wie kein Zweiter begreift er, welch enorme Bedeutung diese neue akademische Disziplin für eine Mine wie Vieille Montagne haben kann.

Das Fach ist nämlich stark im Kommen. Noch kein halbes Jahrhundert zuvor weiß der Mensch so gut wie nichts über Fossilien, Gesteine und Erdschichten: Die meisten zucken nur mit den Schultern, wenn es um diese Themen geht. Andere suchen in der Bibel nach Erklärungen und schreiben die Fossilien der Sintflut zu, der Noah und seine Arche entkamen.

Das ändert sich erst mit der Anlage neuer Kanäle. Das Ausheben von tiefen, schnurgeraden Rinnen liefert zahlreiche Informationen über die Zusammensetzung des Bodens. Warum sind bestimmte Erdschichten immer wieder gleich angeordnet? Wie kommt es, dass man in einer bestimmten Tiefe stets dieselben Fossilien findet? Eine neue Wissenschaft entsteht.

Nachdem sie ein halbes Jahrhundert in der Erde gewühlt haben, wissen die Geologen immer besser, welche Böden welche Rohstoffe enthalten. Die althergebrachte Methode der Bergleute, auf gut Glück irgendwo zu graben, ist auf einmal hoffnungslos überholt. Aufgrund der neuen Erkenntnisse lässt sich Zinkspat viel leichter aufspüren. Eine Pflanze wurde entdeckt, die nur auf Böden gedeiht, die Zink enthalten. So ist man in Schweden, Belgien, Preußen und Frankreich auf weitere Vorkommen gestoßen. Saint-Paul de Sinçay verfolgt diese Entwicklungen ganz genau.

Mithilfe neuer Investoren – die Banque de Belgique scheitert jämmerlich und verkauft ihre Anteile an der Vieille Montagne an andere Banken – erwirbt Saint-Paul de Sinçay Zinkabbau-Konzessionen in ganz Europa. Vieille Montagne mag in Moresnet entstanden sein, soll aber nicht länger von dortigen Bodenschätzen abhängig sein. Deshalb lässt er Erz aus allen Ecken Europas nach Kelmis transportieren, um es dort zu Zink einzuschmelzen. Die Industrieanlagen stehen schon, und erfahrenes Personal, das die Maschinen bedienen kann, ist im Überfluss vorhanden.

Der Grubendirektor schafft es sogar, Belgien zu überzeugen, eine Eisenbahnlinie nach Kelmis zu bauen. Der Zug hat Anschluss an einen aus Lüttich. Damit lässt sich das Erz noch leichter herbeitransportieren, sodass die Schmelzöfen neben der Grube noch lange in Betrieb sein werden. Erst recht, als Vieille Montagne ein großer Coup gelingt: Das belgische Unternehmen gründet eine Niederlassung in Preußen, die *Société des Mines et Usines à Zinc de la Prusse Rhénane*. Sie wird verschiedene Zinkgruben entlang des

Rheins ausbeuten. Der frühere Gegner ist auf einmal Geschäftspartner!

So kommt es, dass in Moresnet Zink aus Belgien, Preußen und vielen weiteren Ländern geschmolzen wird. Das zu Platten gewalzte Material exportiert Vieille Montagne in die ganze Welt: Ab 1854 deckt Zink aus Moresnet sogar amerikanische Dächer.

Beide Länder haben also großes Interesse daran – sogar größeres denn je –, dass Moresnet weiterexistiert. Sie brauchen einen neutralen Ort, an dem Zink aus ganz Europa verarbeitet werden kann, ohne von der Industriepolitik großer Staaten behindert zu werden. Bleibt das Land bestehen, muss keine europäische Macht befürchten, dass sich ein anderer das Zinkmonopol sichern kann. Moresnet als neutrales Territorium entwickelt sich zu einem sicheren Ort für den Zinkhandel, in dem Angebot und Nachfrage aufeinandertreffen.

Selbst als Arbeiter 1884 das letzte Zink aus dem Boden von Moresnet holen, scheint das Land sein Existenzrecht nicht zu verlieren. Wenn es das jemandem zu verdanken hat, dann dem Strategen Louis Saint-Paul de Sinçay, der seinen Sohn Gaston bereits als Nachfolger in Position gebracht hat.

Was er zu diesem Zeitpunkt nicht ahnen kann, ist, dass das neutrale Territorium schon kurz nach seinem Tod für einen ganz anderen Geschäftszweig als Zink berühmt werden wird – und damit beginnt eine neue seltsame Epoche in der Geschichte von Moresnet.

8
Klein-Monaco

Gerichtspräsident Charles Pope blättert in seinen Unterlagen. Endlich findet er das gesuchte Blatt und mustert Laurie Somers forschend.

»Wie ich sehe, haben Sie Mr. Neal, Ihren Metzger, nicht bezahlt. Es geht um dreiundsiebzig Pfund. Warum?«

Somers zuckt mit den Schultern. »Neal hat Hunderte von Pfund an mir verdient, und das immer wieder.«

Der Richter vertieft sich erneut in seine Unterlagen. »Hier steht, dass Sie Ihren Schneider ebenfalls nicht bezahlt haben. Und bei Mrs. Mackenzie ist auch eine Rechnung über vierundsiebzig Pfund offen. Dieses Geld war wofür?«

Somers rutscht nervös auf der Anklagebank hin und her. »Für Miete und Mobiliar.«

»Dann wäre da noch die Rechnung über zweihundert Pfund vom Reklamebüro Sell's. Was hat es damit auf sich?«

Somers wird laut: »Die sollten meine Firma bekannt machen. Ich wünschte, ich hätte sie nie kennengelernt!«

»Angesichts der unbezahlten Rechnung dürfte das wohl auf Gegenseitigkeit beruhen«, bemerkt Pope bissig.

Der Richter vertieft sich erneut in die Dokumente. Der Fall ist eindeutig: Bei Somers stapeln sich die unbezahlten Rechnungen, ohne dass er den Forderungen nachkommen kann. Eine Insolvenz ist unausweichlich, nur noch reine Formalität. Aber Pope ist neugierig und möchte sich die Sache näher erklären lassen. Wie kann es sein, dass Somers, einst biederer Besitzer eines Londoner Schreibwarenladens, auf einmal bankrott ist? Er setzt das Verhör fort.

Der Mann auf der Anklagebank kann sein Scheitern in einem Wort zusammenfassen: Moresnet.

Um seine Rechtfertigung begreifen zu können, hilft ein Blick in die Geschichte.

Gespielt wurde schon immer: Bereits die alten Griechen und Römer, aber auch die Adligen am französischen Königshof liebten das Glücksspiel. Dabei traten sie in der Regel direkt gegeneinander an und wetteten beispielsweise beim Würfeln auf eine bestimmte Augenzahl. Oder sie setzten ihr Geld auf der Rennbahn auf ein bestimmtes Pferd. Das führte immer wieder zu Problemen: Man muss schließlich erst einmal jemanden finden, der gegen einen wetten will und der nicht gleich Reißaus nimmt, wenn sein Pferd nicht als Erstes durchs Ziel geht.

Jahrhundertelang hat das so funktioniert, in einem sehr kleinen Maßstab. Bis das Glücksspiel im 18. Jahrhundert zunehmend professionelle Formen annimmt. In den Metropolen Europas ist die Nachfrage so groß, dass ein eigener Berufsstand aus Mittelsmännern entsteht, die von den Rennbahnbesuchern Wetten annehmen: *bookmaker,* wie sie in Großbritannien heißen, nach dem großen Buch, in das sie die Wetten eintragen.

Einzelne Buchmacher schließen sich zu Firmen zusammen. Diese Wettbüros sind relativ verlässlich, wenn es ums Auszahlen der Gewinne geht. Außerdem kann man jetzt auch Geld gewinnen, wenn ein Pferd nicht so gut ist, weil die

Buchmacher Wahrscheinlichkeitsberechnungen durchführen. Private Wetten gibt es kaum noch. Schon bald setzt die Branche Millionen um. Ein guter Buchmacher gewinnt immer, weil er sein Risiko streut.

Auch eine andere Form des Glücksspiels kann deutliche Zuwächse verzeichnen: 1763 wird im belgischen Spa das erste moderne Casino Europas eröffnet – ein Ort, an dem man gefahrlos um Geld spielen kann. Nicht indem man auf Pferde wettet, sondern auf den Ausgang eines bestimmten Spiels. Eines davon ist E. O., ein Vorläufer des heutigen Roulettes, bei dem die Fächer um das Rad die Buchstaben E und O enthalten: E für *even* (gerade) und O für *odd* (ungerade). An anderen Tischen kann man »Pharao« spielen, ein Kartenspiel, das nach der geheimnisvollen Abbildung auf der Rückseite der Spielkarten benannt wurde.

Vor allem Kurorte sind beliebte Casinostandorte. Diese Städte ziehen den Adel und die neu entstandene Klasse reicher Industrieller magnetisch an. Mann und Frau, Jung und Alt – sie alle frönen dem Glücksspiel. Die Kurgäste langweilen sich nach dem Baden zu Tode und haben die Mittel, hohe Summen zu setzen. Für viele sind die Casinos sogar der Hauptgrund, einen Kurort zu besuchen, die medizinischen Bäder nur noch Nebensache.

Zu Beginn des 19. Jahrhunderts scheint ganz Europa dem Glücksspiel verfallen zu sein. Es sind längst nicht mehr nur die Reichen, die spielen. Auch das aufstrebende Bürgertum betrachtet den Casino- oder Spielbankbesuch als netten Zeitvertreib. Ärmere Schichten hoffen, ihre finanzielle Misere am Spieltisch oder auf der Rennbahn auf einen Schlag loszuwerden. Oft spielen sie schlichtweg ums Überleben.

»Faulpelze, kleine Angestellte, niedere Beamte und Dienstboten« – sie alle sind vom Glücksspielvirus infiziert, schreibt der Amsterdamer *Standaard* am 3. September 1879. Die Zeitung erhebt heftige Anklage gegen das verabscheuungswürdige Phänomen. Die Spieler seien häufig »Glücksjäger mit schmalem Geldbeutel«, wie der Reporter nach einem Besuch der Rennbahn zu berichten weiß. Ihre »primitiven Visagen strotzten nur so vor Geldgier«.

Der Amsterdamer Journalist ist mit seinen Bedenken nicht allein. In der zweiten Hälfte des 19. Jahrhunderts gilt das Glücksspiel zunehmend als gesellschaftliches Übel. Die vielen Wettbüros und Casinos brächten nur das Schlechteste im Menschen hervor. Eine mächtige Gegenbewegung formiert sich. Der Ruf besorgter Bürger, Politiker und Kleriker nach Gesetzen gegen den Traum vom schnellen Geld wird immer lauter.

Wo Menschen um Geld spielen, blühen auch Prostitution, Betrug und öffentliche Trunkenheit, so die Argumentation der Gegner. Die Zeitungen sind voll mit Geschichten über Menschen, die alles verloren haben: Brave Familienväter verspielen den gesamten Wochenlohn, Adelsfamilien müssen mitansehen, wie ihre Söhne und Töchter ganze Kunstsammlungen und Landgüter am Roulettetisch verlieren. Der niederländische König Wilhelm II. soll im Casino von Spa an nur einem Abend 300 000 Gulden verloren haben.

Nicht selten begehen die Leute Selbstmord, nachdem sie sich ruiniert haben.

Das darf auf keinen Fall so weitergehen, die Politik muss handeln, findet das Spießbürgertum. Großbritannien, ein Land, in dem das Glücksspiel stark verbreitet ist, bekommt bereits 1853 den strengen *Betting House Act*. Allein in London müssen vierhundert Wettbüros schließen. Es folgt ein regelrechter Exodus der in der Glücksspielindustrie arbeitenden Briten. Sie gehen zunächst nach Frankreich und Belgien und nehmen in Städtchen auf der europäischen Seite des Ärmel-kanals Briefwetten von Landsleuten an. Das ist zwar umständ-lich, aber legal.

Auch Somers gehört zu den Briten, die nach Europa strö-men. Er reist nach Rom, um bei der dortigen Rennbahn als *turf accountant* anzufangen. Ein Beruf, der nach dem Rasen *(turf)* benannt ist, auf dem die Pferde rennen, beziehungs-weise ein anderes Wort für »Buchmacher«.

Aber das ist nur eine vorläufige Lösung: Rasch folgen andere Länder Großbritanniens Beispiel, sodass Italien das Glücksspiel 1884 verbietet. Die Franzosen ziehen nach. Andere Länder machen aus Casinos und Wettbüros ein Staatsmono-pol. Auf diese Weise kann die jeweilige Regierung das Glücks-spiel kontrollieren, Exzesse vermeiden ... und gleichzeitig von diesem Wahnsinn profitieren. Obwohl einige Länder ihre Gesetze irgendwann abmildern, sind die paradiesischen Glücksspielzeiten fürs Erste vorbei.

Außer in Monaco: Das kleine Fürstentum am Mittelmeer ist um das Jahr 1850 herum noch ein recht ärmlicher Flecken. Es ist sogar kleiner (und deutlich gebirgiger) als Moresnet und daher eigentlich viel zu winzig für einen souveränen Staat.

Die Herrscherfamilie Grimaldi lebt hauptsächlich von Steuern auf Olivenöl und Obst, was nicht gerade viel ein-bringt. Zwei Gemeinden, Roquebrune und Menton, spalten sich sogar vom Fürstentum ab, weil sie keine Zukunft mehr darin sehen, und schließen sich Frankreich an. Das bedeutet für Monaco noch weniger Steuereinnahmen.

Bis Monacos Casino seine Pforten öffnet. Prinzessin Maria Caroline, die Frau des regierenden Fürsten, hat nämlich bei einem Aufenthalt im hessischen Kurort Bad Homburg gese-hen, wie viel Geld das örtliche Casino einnimmt, wenn der

Croupier mit seinem Rateau die verlorenen Jetons zusammenrecht und im wahrsten Sinn des Wortes »an sich zieht«. Wäre das nicht auch etwas für ihren darbenden Felsen am Mittelmeer?

Caroline schafft es, mehrere Investoren für ihren Plan zu begeistern, darunter den späteren Papst Leo XIII., damals noch Kardinal Vincenzo Pecci. Sie holt den Homburger Casinomanager nach Monte Carlo und lässt dort einen falschen Maurenpalast errichten, der ein Jahrhundert später zum Inbegriff stilvollen Glücksspiels geworden ist. Monaco entwickelt sich zu einem fast steuerfreien Paradies für die Reichsten der Welt, womit seine Existenz gesichert wäre.

Somers schildert dem neugierigen Richter seine geniale Idee: Er hatte an der niederländisch-belgischen Grenze ein kleines Gebiet entdeckt, in dem aus einer Laune der Geschichte heraus noch die alte französische Gesetzgebung gilt. In Moresnet ist das Führen eines Wettbüros nicht verboten – und zwar deshalb, weil Wetten auf Pferderennen oder andere Sportereignisse im *Code Napoléon* schlichtweg nicht vorkommen. Früher hielt sich das Glücksspiel so in Grenzen, dass es nicht untersagt war. Daraus ließe sich doch ein zweites Monaco machen?

Somers erzählt Pope, dass er dem Bürgermeister dieses Gebiets einen Brief schrieb – mit der Bitte, in Moresnet eine Firma gründen zu dürfen. Er bekommt eine Zusage. Kurz darauf ist *H. Denham, Turf Accountants* geboren, mit offiziellem Sitz in Kelmis, Neutral-Moresnet.

Der Gerichtspräsident will wissen, ob das Glücksspiel ein lukratives Geschäft war.

»O ja, anfangs schon«, erwidert Somers.

In den Kelmisser Kneipen ist das Glücksspiel schon seit Jahrzehnten beheimatet. Es gibt dort unendlich viele Möglichkeiten, sein sauer verdientes Geld auszugeben. In irgendeinem Hinterzimmer wird immer gewürfelt. In größeren *cabarets* finden Hahnenkämpfe statt, oder starke Männer treten mit nacktem Oberkörper in Boxkämpfen gegeneinander an. Wetten auf ihren Ausgang werden in aller Regel privat platziert. Aber am einfachsten verliert man seinen Einsatz beim Kartenspiel.

Der preußische Verwaltungskommissar für dieses Gebiet bezeichnet die Glücksspielbegeisterung der Einwohner bereits 1848 als große Gefahr: Er fürchtet um ihre finanzielle und psychische Gesundheit, obwohl sich die Wettsucht ziemlich in Grenzen hält, denn die Größe der Kneipen und die begrenzte Kaufkraft der Arbeiter lassen keine Exzesse zu.

Doch das beginnt sich langsam zu ändern. Je mehr das Glücksspiel im übrigen Europa in Bedrängnis gerät, desto verzweifelter suchen die Spieler nach einem Ort, an dem die Gesetzgebung noch nicht angepasst wurde: ein Millionenmarkt auf der Suche nach einer neuen Heimat.

Der Versuch mehrerer britischer Geschäftsleute, die fünfzig Kilometer vor der Küste Schleswig-Holsteins gelegene Insel Helgoland zu einem Spielerparadies zu machen, scheitert kläglich. Die Insel bietet zu wenig andere Annehmlichkeiten und ist nur schwer erreichbar. Auch das Nordseeklima ist ihrer Idee nicht gerade zuträglich.

Die Suche geht also weiter. Monacos Erfolg ist der Beweis, dass kleine Länder eine ideale Heimat für große Casinos sind. Damit lässt sich sogar ein ganzer neuer Wirtschaftszweig aus dem Boden stampfen. San Marino und Andorra verbieten das Glücksspiel jedoch, der Druck der Nachbarländer Italien und Spanien ist einfach zu groß. Insofern ist es nur eine Frage der Zeit, bis Moresnet als potenzieller Standort entdeckt wird.

Den Anfang macht also ein Schreibwarenhändler aus London. 1891 kommt Somers nach Kelmis. Zu seinem Erstaunen ist er der Erste, der dort ein Glücksspielimperium aufbauen will. Eine Zeit lang wirbt der Brite beinahe täglich in allen großen englischen Zeitungen für sein Wettbüro. Oft auf der Titelseite – ein teurer Spaß! Seine Annoncen sind kaum zu übersehen:

Messrs. Henry Denham & Co.
Holding the sole municipal permission have commenced business at Moresnet-Neutre, near Belgium
Waterloo Cup, Lincoln Handicap, Grand National, Derby and all minor events.
Letters replied to as quickly as from Boulogne or Calais.

Sein Wettbüro richtet sich ausschließlich an den britischen Markt. Die Wetten erreichen ihn per Brief, und die Gewinne werden ebenfalls über den Postweg ausgezahlt. Anfangs läuft es prächtig – ein Beweis dafür, dass aus Moresnet vielleicht wirklich ein zweites Monaco werden könnte. Niemand legt Somers Steine in den Weg.

Doch dann bekommt er Konkurrenz aus den Niederlanden. In diesem Land dürfen britische Wettbüros noch aktiv sein, wenn sie sich ausschließlich auf Großbritannien konzentrieren. Vor allem in Rotterdam mit seiner direkten Verbindung nach England sind mehrere Buchmacher tätig, die wie Henry Denham & Co. den britischen Markt bedienen. Sie drängen Somers innerhalb eines Jahres aus dem Geschäft.

»Letztes Jahr betrug mein Verlust viertausend Pfund, während ich noch dreitausend Pfund in der Kasse hatte. Das macht über tausend Pfund Schulden, ohne dass ich irgendwelche Reserven gehabt hätte«, erklärt Somers dem Richter. Daraufhin ist er lieber in seine Heimat London zurückgekehrt, völlig mittellos und um eine Illusion ärmer. Seitdem hat er keine Einnahmen mehr, nur noch Ausgaben.

Pope erkennt, dass Somers keine Möglichkeiten mehr hat, seine Gläubiger zu befriedigen. Der Mann, der Moresnet zum Spielerparadies machen wollte, braucht dringend eine Chance, neu anzufangen. Der Richter bestellt einen Insolvenzverwalter für Somers und lässt den Hammer knallen. Damit ist der erste Versuch, aus Moresnet ein Monaco des Nordens machen zu wollen, in einem Londoner Gerichtssaal gescheitert.

Laurie Somers ist zwar der Erste, der in Moresnet ein Wettbüro eröffnen will, doch nicht der Letzte. Seine auffälligen Anzeigen in britischen Zeitungen wecken so einige schlafende Hunde. Plötzlich steht der Name Moresnet von London bis Edinburgh einmal wöchentlich auf der Titelseite, und das bleibt nicht ohne Folgen. So manch neugieriger Geschäftsmann dürfte seinen Atlas aus dem Regal ziehen und nachschauen, wo das eigentlich liegt. Von da an bekommt die Verwaltung des neutralen Territoriums regelmäßig Anfragen von Firmen und Einzelpersonen zur Eröffnung eines Wettbüros – nahezu alle aus England.

Als Somers pleitegeht, ist damit nicht etwa Schluss – im Gegenteil! Die Londoner Firma R. Kenneth & Co. möchte Somers' Konzession gern übernehmen. Laut einem Brief an den Bürgermeister von Moresnet möchte sie ein großes internationales Wettbüro aufmachen, ja später sogar ein Casino nach dem Vorbild Monacos in der neutralen Zone errichten.

Unterzeichnet haben das Schreiben die beiden Direktoren Edward Liebmann und John Herman Meyer.

R. Kenneth scheint auf den ersten Blick eine renommierte Firma zu sein, doch in Wahrheit ist Liebmann ein Lügner. Als er den Brief schreibt, ist er Tabakhändler am Piccadilly Circus, davor hatte er ein Lokal am Bahnhof London Bridge. Außerdem mischt er bei einem Zitronengroßhandel mit. Meyer hat eine ähnliche Karriere vorzuweisen. Beide Männer werden wenige Jahre später Bankrott machen. Vor dem Insolvenzgericht schätzt Liebmann den Wert seiner »Anteile« am Moresnetter Wettbüro (das es nie gegeben hat) auf siebenhundert Pfund.

Die britischen Glücksspielspezialisten versprechen dem Bürgermeister von Moresnet ausnahmslos Berge von Geld. Sie werden neue Arbeitsplätze schaffen und dem neutralen Territorium eine dicke Finanzspritze geben. Das Glücksspiel könne Moresnet sogar zu einer neuen Existenzberechtigung verhelfen, legen viele Briten nahe, die ein Wettbüro eröffnen wollen. Sollte Vieille Montagne einmal fortziehen oder eingehen, sei es doch vernünftig, ein zweites wirtschaftliches Standbein zu haben.

Britische Geschäftsleute stehen regelrecht Schlange, um dieses Gebiet zu einem Wett- und Glücksspielparadies zu machen. Ein weiterer Pluspunkt ist die zentrale Lage: Von London aus ist man per Boot und Zug über Ostende und Brüssel in nur einem Tag in Moresnet. Briefwetten – die Methode, die bereits Somers nutzte – werden über Aachen zugestellt und erreichen ihr Ziel innerhalb von achtundvierzig Stunden.

Bürgermeister Schmetz ignoriert diese Briefe, wie sich dem Korrespondenzarchiv seiner Gemeinde entnehmen lässt. Warum, ist schwer zu sagen. Vielleicht hat er einfach keine

Lust, sich ausgiebig mit diesen aalglatten Typen aus dem Glücksspielgeschäft zu befassen – häufig Leute, die sich am Rande der Legalität bewegen. Vielleicht spricht er auch schlichtweg kein Englisch und kann die Briefe weder lesen noch beantworten. Somers ist jedenfalls der Erste und zugleich der Letzte, der eine »Gemeindekonzession« für die Eröffnung eines Wettbüros in Kelmis erhält.[8]

Den seriösesten Versuch, Moresnet zu einem zweiten Monaco zu machen, unternehmen allerdings nicht die Briten, sondern die Belgier: Als ihr Land 1902 sämtliche Formen des Glücksspiels verbietet, beginnen auch dort Spieler und Unternehmer nach Möglichkeiten zu suchen, wie sie weiterhin das große Rouletterad drehen können.

Durch den Fall Somers sind sie auf Moresnet gestoßen. Könnte man dort nicht wie in Spa ein großes Casino bauen? Die Belgier tun sich zu einem Synikat mit dem vielsagenden Namen Tapis Vert, »grüner Teppich«, zusammen. Der verweist auf den Filz, mit dem die Roulettetische besserer Casinos bezogen sind.

Hinter Tapis Vert stecken unter anderem Casinobesitzer aus Spa, Namur und Ostende. Männer, denen das allumfassende belgische Glücksspielverbot die Geschäftsgrundlage entzogen hat. Ihre letzte Hoffnung, das Casinowesen in Nordeuropa am Leben zu halten, ruht auf Moresnet. Dieses Gebiet im Hinterland Belgiens ist gerade einmal dreißig Kilometer von Spa entfernt und bietet eine Gesetzeslücke.

Außerdem steht dort ein Gebäude, in dem das Casino vorläufig untergebracht werden könnte: Seit 1885 besitzt Moresnet mit dem Bergerhoff nämlich ein richtiges Hotel. Es liegt nicht weit vom Fabriktor von Vieille Montagne entfernt, direkt an der Aachen-Lütticher-Landstraße. Sein Besitzer, Jacques Bergerhoff, interessiert sich durchaus für den Plan des Syndikats. Kein Wunder, schließlich bietet ihm Tapis Vert fünfhundert Francs im Monat für die ständige Anmietung mehrerer Säle, damit täglich gespielt werden kann. Jean Bailly, Leiter des einstigen Casinos in Bourbonne-les-Bains bei Dijon, soll die Geschäfte führen und dafür sorgen, dass es ein Etablissement mit dem nötigen Glanz wird.

Dass sich Tapis Vert tatsächlich fürs Bergerhoff entscheidet, ist nicht weiter verwunderlich: Das Hotel hat sich rasch zum Treffpunkt der Bessersituierten von Moresnet entwickelt und übertrifft das Niveau der *cabarets* bei Weitem. Reiseführer aus der damaligen Zeit loben die gute Küche, und das Restaurant besitzt sogar eine Bühne. Dort treten regelmäßig Zauberer und Komödianten auf. Eine Annonce von 1890 kündigt die Vorstellung des »Xylophonvirtuosen« Florus an. Auch große (Masken-)Bälle finden dort statt. Vor allem die leitenden Angestellten der Zinkhütte Vieille Montagne gehen gern dorthin.

Es ist zwar nicht gerade das Hôtel d'Orange in Spa oder die Salle des Trente-Quarante in Monaco, aber etwas Besseres lässt sich in Kelmis nicht finden. Außerdem wollen die Herren von Tapis Vert, dass ihr Casino exklusiv bleibt – und sei es nur, um den Nachbarländern zu signalisieren, dass ihre Firma klein ist und sich nur an eine winzige Klientel aus besseren Kreisen richtet. Die Gründer wissen genau, dass sie sich in einer juristischen Grauzone tummeln und größte Vorsicht walten lassen müssen. Daher auch der ziemlich neutrale Name ihres Casinos: Bei »Cercle de Chasse et de Sport« denkt man nicht gleich an Glücksspiel und Kriminalität, eher an einen vornehmen Herrenklub.

Deshalb ist die Spielbank auch ein Verein. Und nur wohlhabende Herren dürfen Mitglied werden und das künftige Casino – *pardon*, den Jagd- und Sportclub – betreten.

Der Plan, den Verein exklusiv zu halten, scheitert jedoch kläglich. Jeder, der sich bei Bergerhoff meldet, darf Mitglied werden. Innerhalb weniger Wochen treten sechshundert Herren bei, für einen Vereinsbeitrag von siebzig Francs. Sie kommen hauptsächlich aus Aachen und Lüttich und gehören vermutlich zum harten Kern der Spieler, die früher nach Spa gingen. Aber auch aus Knokke, Brüssel, ja sogar aus dem Ausland gibt es Anmeldungen. Ein imposant wirkender Russe wird ebenfalls Mitglied. Es scheint sich rasch herumzusprechen, dass es in Nordeuropa bald wieder ein richtiges Casino geben wird.

Am 15. August 1903 öffnet die Hotel-Spielbank ihre Pforten. An diesem Tag scheinen nicht nur alle auf einmal zu kommen, sondern es herrscht auch so viel Betrieb, dass ein jeder weitere Mitgliedsanwärter mitgebracht haben muss.

»Der Besuch der Bank war am Eröffnungstage sehr stark, namentlich Belgier waren vertreten. Von Aachen aus langten über Hergenrath mit den Morgenzügen bereits 60 Herren an. Auch bemerkte man viele Großgrundbesitzer aus der Aachener Umgebung (…)«, schreibt die Zeitung *Das Freie Wort*.

Es lässt sich also nicht kontrollieren, ob wirklich nur Vereinsmitglieder an den Spieltischen Platz nehmen. Den Casinogründern dürfte das herzlich egal sein, offensichtlich befriedigt der Klub eine riesige Nachfrage. Außerdem: Wer will das schon kontrollieren? Das hier kann tatsächlich ein zweites Monaco werden – noch dazu eines, das nur wenige Stunden von den wichtigsten Industriestädten Europas entfernt ist. Die Herren sitzen auf einer Goldgrube.

Wer durch die Säle läuft, wo in den Rouletterädern die Kugeln klappern, wähnt sich wirklich im Grandhotel einer mondänen Metropole statt in einem Bergarbeiterdorf mitten im Niemandsland. Alle mögliche Sprachen sind zu hören: Franzosen, Briten, Belgier, Niederländer und Deutsche – sie alle sind ins neutrale Territorium gekommen, um dem Glücksspiel zu frönen. Sogar Italiener und Amerikaner sind da, berichten Reporter aus den Nachbarländern aufgeregt.

Dementsprechend floriert das Geschäft mit dem Glücksspiel. Einer niederländischen Zeitung zufolge beträgt der Nettogewinn des Casinos zweitausend Francs am Tag – eine stolze Summe, die angesichts des Andrangs noch untertrieben zu sein scheint. Da viele Casinogäste über Nacht bleiben und auch zu Abend essen möchten, wird das Bergerhoff ebenfalls gute Geschäfte machen.

Als sich der große Erfolg des Casinos in den Hauptstädten Europas herumspricht, schrillen bei der belgischen und der deutschen Regierung sämtliche Alarmglocken: Ausgerechnet jetzt, wo sie das Glücksspiel im eigenen Land gerade unter Kontrolle bekommen haben, liegt Klein-Monaco direkt nebenan. Moresnet ist ohnehin schon für Sauforgien und Prostitution berüchtigt, und jetzt kommt auch noch Glücksspiel dazu?

Klar, dass sie die Sache sofort verbieten wollen, denn sonst, so befürchten die Beamten, wird Moresnet bald unregierbar. Nur wie? Die fast ein Jahrhundert währenden Eifersüchteleien wegen des neutralen Territoriums haben dazu geführt, dass sich die beiden Länder gegenseitig schachmatt gesetzt haben. Aufgrund der von ihnen selbst eingeführten Gesetze können Berlin, Den Haag und Brüssel nichts gegen den enormen Zustrom von Spielsüchtigen unternehmen. Denn im *Code Napoléon* steht ja nichts von Casinos oder Wettbüros geschrieben, und mit einer einfachen Polizeiverordnung lässt sich der auch nicht unterbinden.

Nach langer Zeit treffen sich die Verwaltungskommissare Belgiens und Deutschlands erneut. Als höchste Instanz von Moresnet müssen sie eine Lösung finden. Alfred Gülcher, Spitzenbeamter des nahe gelegenen Kreises Eupen, und Fernand-Jacques Bleyfuesz, Richter in Verviers, stehen vor der fast unlösbaren Aufgabe, dem Glücksspielwahnsinn in Moresnet ein Ende zu bereiten. Was die hohen Herren in den Hauptstädten nicht geschafft haben, müssen sie jetzt irgendwie hinbekommen. Ein Ding der Unmöglichkeit, sollte man meinen.

Sie beschließen erst einmal, Informationen einzuholen, und entsenden mehrere Beamte. Wie schlimm ist die Situation wirklich? Ihre Mitarbeiter kehren mit verstörenden Neuigkeiten zurück: Am Sonntag, dem 30. August 1903, haben sie vor dem Hotel Bergerhoff stolze vierunddreißig Automobile gesehen sowie unzählige Kutschen. Das bedeutet, dass die Gäste sehr reich sein müssen. Damals hat so gut wie niemand ein Auto, denn das ist im Grunde unbezahlbar. In ganz Europa fahren gerade einmal ein paar Tausend herum. Das Casinoproblem in Moresnet ist also viel größer als gedacht.

Was tun? Die Kommissare müssen zu einer List greifen und ziehen den *Code Napoléon* aus dem Regal. Glücksspiel mag darin zwar keine Rolle spielen, aber vielleicht findet sich etwas anderes, das sich die Herren zunutze machen können.

Nachdem sie eifrig Gesetzestexte gewälzt haben, finden sie eine mögliche Lösung. Napoleon hatte eine Riesenangst vor Aufständen, deshalb hat er einen Artikel aufnehmen lassen, der eine Versammlung von mehr als zwanzig Personen ohne staatliche Genehmigung verbietet. Ein reichlich seltsamer Artikel, denn im Alltag kommt es ständig zu solchen Versammlungen: Jede normale Kneipe im Zentrum von Paris dürfte mindestens so viele Gäste haben.

Aber genau das ist das Instrument, nach dem die Kommissare gesucht haben. Sie beraten sich mit dem Bürgermeister von Moresnet, der die Versammlung im Hotel als oberster Machthaber für illegal erklären muss – ganz einfach, weil zu viele Menschen daran teilnehmen. Schmetz betritt das Hotel Bergerhoff, um die dort anwesenden Spieler zum Aufbruch zu mahnen. Doch niemand hört auf ihn, dafür sind sie viel zu sehr in ihr Spiel vertieft. Damit ist eine zweite gesetzliche Bedingung erfüllt. Vollkommen gesetzeskonform ruft der Bürgermeister die Polizei der Nachbarstaaten zu Hilfe.

Der 2. September 1903 geht in die Geschichte ein, und zwar als der Tag, an dem die Neutralität von Moresnet für einige Stunden außer Kraft gesetzt wird. Zwanzig Polizisten aus Preußen und Belgien überqueren die Grenze und marschieren schnurstracks zum Hotel Bergerhoff. Sie verschaffen sich Zutritt zu den Spielsälen und machen dem Treiben ein für alle Mal ein Ende. Die Polizisten versiegeln die Rouletteräder. Den Anwesenden wird befohlen, das Etablissement zu verlassen und nach Hause zu gehen.

Der Hotelbesitzer, der Casinodirektor und zwei Herren von Tapis Vert bekommen ein Bußgeld von hundert Francs aufgebrummt, weil sie die illegale Zusammenkunft ermöglicht haben: Das entspricht dem Monatslohn eines Arbeiters der Vieille Montagne.

»Diese Maßnahme sorgte für große Ernüchterung, da man eine solche Einmischung nicht erwartet hatte«, schreibt das *Algemeen Dagblad* am Tag darauf. Die Zeitung scheint einen Journalisten nach Moresnet entsandt zu haben. »Glücksspielparadies geschlossen«, titelt ein schottisches Blatt am selben Tag. Die Nachricht verbreitet sich wie ein Lauffeuer in ganz Europa: Nicht einmal in Moresnet kann man noch spielen. Sogar die *New York Times* berichtet darüber. Seit seiner Entstehung stand Moresnet nie so oft in der Zeitung wie jetzt. Viele dürften zum ersten Mal von diesem Land hören.

Einige Tage später berichtet die internationale Presse erneut über Moresnet. Diesmal ist der Anlass allerdings deutlich trauriger: Ein »prominenter Geschäftsmann«, der im Kelmisser Casino alles verloren hat, erschießt sich in seiner Heimatstadt Aachen. Der Artikel ist nur wenige Zeilen lang. Wieder einer, der sein Leben am Roulettetisch zerstört hat! Eine bessere Rechtfertigung für ihre Entscheidung, das Casino im neutralen Territorium zu schließen, können sich Preußen und Belgien kaum wünschen.

Nachdem sich die Polizei zurückgezogen hat, kehrt erneut Ruhe ein in Moresnet. Das Bergerhoff ist wieder ein ganz normales Hotel, das auf legalem Weg Geld verdienen muss. Das Etablissement stellt sich in deutschen Zeitungen trotz der nahe gelegenen Fabrikschlote von Vieille Montagne als Luftkurort dar. Eine wirklich kreative Marketingidee!

Die Schließung des Casinos bedeutet jedoch nicht, dass keine Spieler mehr in die neutrale Zone einreisen dürfen. Und nach guter alter Tradition werden sämtliche Anordnungen einfach ignoriert, sodass das Glücksspiel in Kelmis nach dem Polizeieinsatz trotzdem weitergeht. Die Leute wissen jetzt, wo das kleine Land liegt, einige Spieler dürften gar nicht erst abgereist sein. Kelmis bietet noch genügend weitere Möglichkeiten, dem Glücksspiel zu frönen. Die sind vielleicht nicht ganz so luxuriös wie das Bergerhoff, aber das ist Nebensache. Hauptsache, die Kugel rollt!

Ein Journalist des *Telegraaf* kann vier Wochen nach dem Polizeieinsatz berichten, dass in Kelmis trotz aller Verbote nach wie vor Roulette gespielt wird. Wo, erwähnt er nicht, doch die Wahrscheinlichkeit ist groß, dass ein paar Unbelehrbare erneut einen Raum im Bergerhoff gemietet haben. Man muss nur hinter sich abschließen, und schon ist man ungestört.

Die Spieler lernen eine Lektion, die die Einwohner längst kennen: In Moresnet ist vieles erlaubt, solange man es nicht an die große Glocke hängt. Wirte wissen jetzt, dass bei Glücksspielen im Hinterzimmer nie mehr als zwanzig Personen anwesend sein dürfen. Das Glücksspiel ist nach wie vor nicht verboten, lediglich an bestimmte Regeln gebunden.

In kleinem Maßstab geht es daher einfach weiter. Kein Mensch weiß, wie viele Casinos im neutralen Territorium existieren. Aber dass es *cabarets* gibt, in denen hauptsächlich gespielt wird, ist mehr als bekannt. »Es kursieren Gerüchte über reiche Briten und Amerikaner, die (in Kelmis) in nur einer Nacht ihr gesamtes Vermögen verloren haben«, schreibt die britische Zeitung *Northampton Mercury* noch im Dezember 1907 in einem Artikel über die neutrale Zone.

Neben Belgien und Deutschland machen sich auch die Niederlande Sorgen über die nach wie vor vorhandenen illegalen Aktivitäten. Immer mehr unbelehrbare Spieler sollen sich in der Umgebung des Vierländerecks aufhalten. Wird ihnen in Deutschland der Boden unter den Füßen zu heiß, gehen sie nach Vaals. Und wenn dort die Polizei eingreift, gehen sie schnell über die Grenze nach Kelmis. Ein Journalist sieht in Vaals »Typen in dicken Pelzen und schöne Damen, die mit Gold- und Silbermünzen nur so um sich werfen, aber in Wahrheit verdächtige Subjekte sind: internationale Spieler, wenn nicht sogar Schlimmeres«.

Kriminelle haben das Gebiet für sich entdeckt. Dank des wenn auch nur kurz existierenden Casinos sind sie auf die Möglichkeiten aufmerksam geworden, die ihnen die komplexe Grenzsituation in Moresnet bietet. Dort finden sie ein funktionierendes Netzwerk aus Schmugglern und Bordellbesitzern vor. Die Nachbarländer wissen, dass sie mit ihrem Eingreifen höchstens Pyrrhussiege erringen können. Im schlimmsten Fall machen sie das organisierte Verbrechen erst recht auf das neutrale Territorium aufmerksam.

Auf einmal finden sich in der europäischen Presse Artikel mit dem Tenor, Deutschland drohe, sich Moresnet mit militärischen Mitteln einzuverleiben, um mit allen dort vorhandenen »Missständen« ein für alle Mal aufzuräumen. Es ist kein Zufall, dass die Deutschen diese Nachricht streuen. Ihre Geduld in puncto Moresnet ist zu Ende. Sie wollen das Problem endgültig aus der Welt schaffen.

Bürgermeister Schmetz von Moresnet tut, was er kann, um in dieser schwierigen Situation die Ruhe zu bewahren. Er muss Brüssel und Berlin natürlich beweisen, dass er etwas gegen die Missstände in der neutralen Zone unternimmt. Viele Möglichkeiten dazu hat er nicht, denn für ihn gilt zuallererst der *Code Napoléon*.

Daher darf er das Glücksspiel nach wie vor nicht verbieten. Andere kriminelle Auswüchse kann er allerdings sehr wohl eindämmen – oder es wenigstens versuchen. Vielleicht lassen sich die Nachbarländer ja dadurch besänftigen?

1908 erlässt der Gemeinderat von Moresnet eine ganze Reihe von neuen Polizeiverordnungen. Sie sind ungewohnt streng und richten sich vor allem gegen die Prostitution, die trotz früherer Versuche, ihr den Garaus zu machen, nach wie vor prächtig gedeiht. Der Zustrom von Spielern hat das Problem eher noch verschärft.

Wirte dürfen keine Personen mehr zur Bedienung der Gäste beschäftigen, »die notorisch Prostituierte sind und der

Unzucht obliegen«. Geschweige denn solchen Personen Zutritt zu ihrem Etablissement gewähren. Im Grunde sollen Frauen völlig aus den Wirtshäusern verbannt werden. Jede Kneipe, jedes Hotel und jedes Café darf nur noch »eine einzige weibliche Person« als Bedienung einstellen. Außerdem ist es Frauen »ausdrücklich untersagt, sich zu den Gästen zu setzen und mit ihnen zu trinken«. Aber die seltsamste Verordnung ist die: »Musikautomaten, Phonographen oder sonstige derartige Instrumente dürfen in den Lokalen mit weiblicher Bedienung nur mit besonderer Erlaubnis des Bürgermeisters, die jederzeit zurückgenommen werden kann, ausgestellt werden.« Vermutlich um (Nackt-)Tänze zu verhindern.

Moresnet hat endlich ein Bordellverbot, wenngleich dieses Wort in keiner der Verordnungen auftaucht. Box-, Hahnenkämpfe und andere »öffentliche Spektakel« sind ebenfalls untersagt.

Aber auch das ist in erster Linie reine Augenwischerei, denn das ganze Dorf hat nach wie vor nur einen Gendarmen, einen, der noch dazu neu ist. Es ist der Fabrikarbeiter Jean Collin – ein Mann ohne jede Erfahrung als Ordnungshüter. Aus Briefen des Bürgermeisters geht hervor, dass er zudem nicht der Hellste zu sein scheint.

Außerdem hat der Gemeinderat in einem Anfall geistiger Umnachtung beschlossen, Collin mit einer weiteren Aufgabe zu betrauen. Die Straßen in der neutralen Zone lassen zunehmend zu wünschen übrig. Wenn Collin ein Schlagloch entdeckt, soll er es reparieren. Damit dürfte er weltweit der einzige Polizist sein, der für Verkehr *und* die Nichtbenutzung von Grammofonen im Beisein von Frauen zuständig ist.

Kein Wunder, dass Collins bereits nach einem Jahr aufgibt. Es dauert ein paar Monate, bis Ersatz gefunden ist. In der Zwischenzeit hat Moresnet gar keine Exekutive. Das Verrückte ist, dass das so gut wie niemandem auffällt: Das Leben geht einfach weiter. Die Einwohner merken immer mehr, wie schön es eigentlich ist, so ganz ohne mächtigen Staatsapparat. Wenn es nach ihnen geht, darf das gern so bleiben. Ist Moresnet vielleicht doch so etwas wie ein Idealstaat?

9
Schwarzbuch Moresnet

Am Grenzübergang zwischen Belgien und Moresnet
im Januar 1906

Die zwei belgischen Zöllner befinden sich auf ihrem Posten und sind gewillt, ihre Pflicht zu erfüllen. Sie wirken streng und imposant in ihrer dunkelgrauen Uniform, deren Jacke vorn eine Doppelreihe Messingknöpfe ziert sowie eine goldene Tresse an der linken Schulter. Eine Schirmmütze und ein riesiger Schnurrbart – der damals untrennbar mit dieser Berufsgruppe verbunden ist – runden ihr Erscheinungsbild ab.

Diesen ehrfurchtgebietenden Aufzug haben sie auch bitter nötig, denn ihr Einsatzort, die belebte Landstraße von Moresnet nach Lüttich, dürfte eine der wichtigsten Schmugglerrouten in ganz Europa sein. Im Grunde stehen sie auf verlorenem Posten, so viele Waren, wie hier illegal über die Grenze gebracht werden! Nur ein Bruchteil der Schmuggler fliegt auf.

Plötzlich hören die beiden Zöllner das Röhren eines Benzinmotors und sehen, wie ein Automobil auf sie zurast.

Ohne das Tempo zu drosseln.

Sie stellen sich mitten auf die Straße. Was bildet sich dieser Kerl eigentlich ein? Autos sind in dieser Gegend noch sehr selten, aber auch wer so ein mechanisches Fahrzeug lenkt, muss nun mal an der Reichsgrenze anhalten und seinen Wagen vom Zoll inspizieren lassen.

Dieser Automobilist scheint das jedoch nicht vorzuhaben. Er wird immer schneller. Kurz zögern die beiden Zöllner – sollen sie stehen bleiben? Gerade noch rechtzeitig können sie zur Seite springen. Ohne die Fahrt zu verlangsamen, schießt das Auto in einer grauen Staubwolke über die Grenze. Der Verrückte fährt unvorstellbar schnell, vielleicht fünfzig Stundenkilometer, und drückt dabei forsch auf die Hupe.

Während sie in Deckung gehen, bekommen die entsetzten Grenzbeamten mit, wer da im Auto sitzt: zwei berüchtigte Schmuggler, die noch dazu breit grinsen, diese unverschämten Ganoven! Die Zöllner können dem Wagen nur tatenlos hinterherschauen, während er weiter nach Belgien rast. Sie selbst sind nicht motorisiert, und es gibt nicht einmal ein Telefon in der Nähe. Wie viel Schmugglerware an Bord ist, lässt sich nur erraten, aber wenig dürfte es bestimmt nicht sein.

Schwarzhandel und Moresnet sind seit 1816 unzertrennlich. Weil in der neutralen Zone keine Verbrauchssteuern erhoben werden – damals mit die wichtigsten Steuern überhaupt –, sind die dortigen Preise für Lebens- und Genussmittel deutlich niedriger als in den Nachbarländern. Egal ob Brot, Fleisch oder Schnaps – aufgrund der fehlenden Abgaben kann man in Moresnet um die Jahrhundertwende fast um ein Drittel billiger einkaufen als überall sonst.

Die deutsche Regierung möchte gern wissen, wie preiswert es im neutralen Territorium wirklich ist, und schickt Bürgermeister Schmetz mit einer genauen Einkaufsliste los. Der besucht Läden in Kelmis sowie im benachbarten Deutschland und kann von großen Unterschieden berichten.

	Deutschland	Moresnet
Brot (2 kg)	0,40	0,35
Rindfleisch (0,5 kg)	0,90	0,75
Schweinefleisch (0,5 kg)	1,00	0,80
Kaffee (0,5 kg)	1,50	1,08
Salz (0,5 kg)	0,11	0,04
Tabak (0,5 kg)	1,20	1,00
Zigarren (100 Stück)	5,00	2,60
Butter (0,5 kg)	1,55	1,48
Petroleum (1 l)	0,23	0,16
Apfelsirup (0,5 kg)	0,40	0,34
Zündhölzer (10 Schachteln)	0,40	0,10
Branntwein (1 l)	1,30	0,80

Vor allem beim Alkohol macht sich der Preisunterschied bemerkbar. Dank der Erfindung der Kolbendestillation kann man seit Ende des 19. Jahrhunderts Korn zu ziemlich reinem Ethanol brennen. 1906 kostet es in Moresnet nur 1,20 Francs pro Liter, während Wirte und Spirituosenhändler in Belgien zwischen vier und sechs Francs dafür hinblättern müssen. Die geben dann Wasser, ein bisschen Branntwein und andere Geschmacksstoffe hinzu, um das Endprodukt als Genever zu verkaufen.

Schmuggelt ein Arbeiter nebenher zehn Liter Alkohol über die Grenze, kann er seinen Tageslohn verdoppeln – eine Verlockung, der nur wenige widerstehen können. Kein Wunder, dass die Alkoholnachfrage immer mehr steigt. Zu Beginn des 20. Jahrhunderts gibt es in Moresnet drei Destillen, die Tag und Nacht Alkohol herstellen. Abertausende Liter strömen wöchentlich aus den Kesseln, die fast alle für den belgischen, niederländischen und deutschen Markt bestimmt sind.

Wer schmuggelt, schmuggelt natürlich nicht nur ein, zwei Liter, dafür riskiert niemand eine Gefängnisstrafe. Zehn Liter sind das Mindeste. Nur, wie lassen sich solche Mengen über die Grenze schaffen? Die Aussicht auf schnelles Geld macht kreativ – die Einwohner von Moresnet denken sich die verrücktesten Methoden aus, um schnell und unbemerkt Alkohol zu transportieren.

Es gibt Räder mit wasserdichten Rahmen, die mehrere Liter fassen. Ein Einwohner von Kelmis fährt damit täglich zur Arbeit nach Belgien und verdoppelt so sein Einkommen. Allmorgendlich grüßt er die Zöllner freundlich, bis er ausgerechnet an der Grenze stürzt. Aus einem Loch im Fahrradrahmen spritzt dem ihm zu Hilfe eilenden Zöllner der Alkohol direkt ins Gesicht.

Andere Moresnetter »leiden« unter rätselhaften Gewichtsschwankungen: Sie tragen Gummibeutel mit einem Fassungsvermögen von zehn Litern um den Leib. Weniger drollig sind die großen, gefährlichen Hunde, die mit Fünfzehnliterfässern am Körper in die Nachbarländer rennen. Kein Grenzer wagt es, die Tiere aufzuhalten. Andere schmuggeln in ganz großem Stil: Unter der Hauptstraße von Kelmis verlaufen illegale Alkoholleitungen. Besonders dreist ist der Händler, der mit Aberhunderten Flaschen »Altenberger Quellwasser« über die Grenze will. Natürlich enthalten sie durchsichtigen Alkohol.

Doch das ist alles noch harmlos: Ein Groninger Journalist schreibt 1906 in einem ausführlichen Artikel über den Schwarzhandel, in der Region seien »15 bis 50 Mann starke Banden« aktiv, noch dazu »militärisch straff organisiert«:

Erst werden Kundschafter losgeschickt, die gucken sollen, ob die Luft rein ist. Sobald sie ein unbewachtes Stück Grenze entdecken, geben sie ein Signal, woraufhin Schmugglertrupps wie eine wirtschaftliche Invasionsmacht in Belgien oder Deutschland einfallen. Ein jeder Mann trägt fünfzehn Liter bei sich, in Gummibeuteln oder Fässern, die an einer Art Rüstung befestigt sind.

Eine andere bewährte Methode besteht darin, die Zöllner am offiziellen Grenzübergang abzulenken: Ein Bandenmitglied bestürmt sie mit allen möglichen schwierigen Fragen, zum Beispiel, ob bestimmte Waren deklariert werden müssen oder nicht. Rein zufällig herrscht ausgerechnet dann ein enormer Grenzverkehr, sodass alle anderen unkontrolliert passieren können. Hinter dem Rücken der Beamten fahren so Karren mit einen Hohlraum unter der Ladefläche nach Belgien oder Deutschland, der Hunderte von Litern fasst.

Der Schwarzhandel ist in der Region also schon lange kein Kavaliersdelikt mehr, sondern ein organisiertes Verbrechen. Belgier, Niederländer und Deutsche können nur wenig dagegen ausrichten: Das Grenzland ist hügelig und waldreich, die Schmuggler sind schlichtweg in der Überzahl und bestens ausgestattet. Vor allem nachts stehen zig Kriminellen nur wenige Zöllner gegenüber. Und natürlich lässt sich nicht ausschließen, dass der ein oder andere Grenzer ein Auge zudrückt, wenn er dafür am Gewinn beteiligt wird. Mit Alkoholschmuggel lassen sich Unsummen verdienen — warum sollte man nicht auch davon profitieren?

Das Auto, das den beiden Zöllnern beinahe über die Füße fährt, ist ein weiterer Beweis dafür, dass der ständige Kampf zwischen Zöllnern und Schmugglern in eine neue Phase getreten ist: Mit dieser Methode können zwei Mann Hunderte von Litern auf einmal transportieren. Und es ist ein

Beweis dafür, wie viel die Schmuggler verdienen – anscheinend genug, um sich ein Automobil leisten zu können. Damals kostet selbst der bescheidenste Gebrauchtwagen durchschnittlich zwei Jahresgehälter.

Obwohl bald ein Schlagbaum eingeführt wird, ist abzusehen, wer den Kampf gewinnen wird: Die Mäuse beim Katz-und-Maus-Spiel haben auf einmal Riesenkrallen bekommen. Es ist schmerzhaft deutlich geworden, dass Belgien und Deutschland es nicht mehr schaffen, ihre Grenzen zu Moresnet zu sichern.

Die beunruhigende Nachricht von immer brutaleren Schmugglern erreicht über die Zollkommandanten natürlich auch deren Regierungen in Brüssel und Berlin. Dort macht man sich zunehmend Sorgen über die neutrale Zone. Bei den Politikern der Nachbarländer war Moresnet von jeher als Hort der Kriminalität und Prostitution verschrien. Aber die Sache mit dem Casino und die stets unverschämteren Schwarzhandelpraktiken sind der Tropfen, der das Fass im wahrsten Sinn des Wortes überlaufen lässt.

Es knirscht schon seit geraumer Zeit zwischen dem kleinen Land und seinen mächtigen Nachbarn. Deutschland und Belgien entwickeln sich in der zweiten Hälfte des 19. Jahrhunderts mit rasender Geschwindigkeit zu modernen Staaten, während Moresnet in mehrfacher Hinsicht im Jahr 1816 stehen geblieben ist – ein politisch-geografischer Anachronismus mitten in Europa. Und das fällt zu Beginn des neuen Jahrhunderts besonders auf.

Man denke nur an die Demokratie – die Vorstellung, dass ein Volk über sich selbst bestimmen darf. Sie hat in Westeuropa deutlich an Boden gewonnen. Belgien hat seit 1893 (eine Art) allgemeines Wahlrecht; die Deutschen wählten bereits 1871 erstmals einen Reichstag. In Moresnet dagegen hat die Bevölkerung keinerlei politische Rechte. Der Bürgermeister ist auf Lebenszeit ernannt und sucht sich seine Gemeinderatsmitglieder selbst aus.

Bürgermeister Schmetz ist alles andere als ein Diktator, und die Einwohner von Moresnet fordern überhaupt kein Wahlrecht, aber das hält die Beamten in Brüssel und Berlin nicht davon ab, sich über die nicht vorhandenen politischen Rechte in ihrem Kondominium aufzuregen. Wie kann man so etwas zulassen, noch dazu direkt nebenan? In Moresnet leben auch Deutsche und Belgier. Es sind also nicht zuletzt Bürger des eigenen Volkes, die unter den nicht vorhandenen politischen Rechten zu leiden haben, so heißt es in beiden Hauptstädten.

Der Gesundheitszustand der Moresnetter ist ein anderes heikles Thema. Seit dem 19. Jahrhundert fühlen sich die Staaten Europas zunehmend für ihre Einwohner verantwortlich. Immer mehr Länder führen Gesetze gegen Kinderarbeit, unmenschliche Arbeitsbedingungen und Ausbeutung ein, und schon damals steht der Begriff »Mindestlohn« immer öfter in der Zeitung. In der neutralen Zone bestimmt hingegen Vieille Montagne, ob ein Arbeitsplatz sicher ist oder ob Schulkinder in der Fabrik arbeiten dürfen oder nicht.

Die Kinder von Moresnet sind deutlich schlechter dran als ihre Altersgenossen jenseits der Grenzen: Es gibt keine Schulpflicht, und die kleine Schule, die einst von Vieille Montagne gegründet wurde, entspricht längst nicht mehr damaligen Standards. 1902 kommen auf etwa fünfhundert Schüler gerade mal zwei Vollzeitlehrer und drei Hilfslehrerinnen. Der belgische Schulinspektor schaut vorbei und gelangt zu dem Schluss, dass es so nicht weitergehen kann: In seinem Land wäre diese Schule längst geschlossen worden.

Doch es sind die Deutschen, die sich am meisten über die Zustände in Moresnet aufregen. Seit der Entstehung des deutschen Kaiserreichs im Jahr 1871 wächst der Wunsch, die Grenze mit Belgien endlich endgültig zu klären. So klein Moresnet im Vergleich zu Deutschland sein mag – allein dass es existiert, ist dem Kaiserreich ein Dorn im Auge.

Gründlich, wie sie sind, machen sich die Deutschen an die Arbeit. Wenn sie die Belgier davon überzeugen wollen, dass das neutrale Gebiet verschwinden muss, brauchen sie knallharte Argumente. Deshalb erstellen sie ab 1902 eine Art Schwarzbuch – ein Dossier, das sämtliche Missstände genau erfasst. Damit lässt sich Druck auf die Verhandlungen ausüben.

Das umfangreiche Schwarzbuch, das mit der Zeit immer dicker wird, liest sich wie eine einzige Anklageschrift gegen Moresnet. Es berichtet unter anderem von der dort grassierenden Kriminalität, dem Schmuggel, dem Alkoholismus und der Prostitution.

Ein eigenes Kapitel ist der Volksgesundheit gewidmet, um die es in Moresnet schlecht bestellt ist – zumindest wenn man deutschen Beamten Glauben schenkt. Sie behaupten, dass Scharlach, Typhus, Diphtherie und andere Infektionskrankheiten grassieren. Weil sich die Armen des Dorfs in einem Erdloch unweit eines Brunnens erleichtern, sind viele Krankheiten äußerst hartnäckig.

Eines der interessantesten Dokumente aus diesem Dossier enthält den Vorwurf, dass in der neutralen Zone mit Waisenkindern gehandelt würde. Die Deutschen stellen fest, dass in Moresnet verhältnismäßig viele Kinder herumlaufen – deutlich mehr, als bei einer normalen Geburtenrate zu erwarten wäre. Laut den Beamten, die das Dossier führen, sei das die Folge »gewerblich betriebener Stiefkindadoption« – ein besseres Wort für Menschenhandel.

Das Dossier geht nicht weiter auf den Vorwurf ein, aber vermutlich haben die Beamten recht. Die Einwohner von Moresnet wissen, dass unverheiratete junge Frauen aus den Nachbarländern gern in die neutrale Zone kommen, um bei einer erfahrenen Hebamme zu entbinden. Wenn die Mutter anschließend nach Hause zurückkehrt, wird das Kind häufig zurückgelassen.

Aktuelle Studien der Ahnenforschung belegen zudem, dass zu Beginn des 20. Jahrhunderts auf einmal sehr viele Kinder mit dem Nachnamen Ahn in Kelmis und Umgebung leben. Das ist ein Name, der in der Region häufig vorkommt, allerdings heißen um die Jahrhundertwende in Moresnet wirklich außergewöhnlich viele so. Diese Kinder sind kurioserweise alle nicht in Moresnet geboren, aber dort getauft worden, wie ein Blick ins örtliche Melde- und Kirchenregister zeigt.

Eine Erklärung dafür könnte das »Institut Ahn« in Aachen sein: Dort können unverheiratete schwangere junge Frauen aus besseren Kreisen einige Monate bleiben, um ihre Kinder zur Welt zu bringen – was zu Hause einen Skandal verursacht hätte. Sogar aus der Schweiz kommen sie nach Aachen, um heimlich zu entbinden und das Kind anschließend zur Adoption freizugeben. Um alles Weitere kümmert sich das Institut.

Somit dürften viele oder vielleicht sogar all diese Kinder (vorübergehend) den Nachnamen des Klinikgründers erhalten. Sie werden auffällig oft in einer der beiden Kirchen von Kelmis getauft, vielleicht, weil dort niemand unbequeme Fragen stellt. Bleiben einige dieser Kinder anschließend in Moresnet, um dort ausgebeutet zu werden? Angesichts der großen Zahl von Kindern und der Häufung des Nachnamens Ahn ist das mehr als wahrscheinlich.

Trotzdem, der ganze Bericht strotzt nur so von Voreingenommenheit: Die Verfasser sollen nur die negativen Seiten des Landes schildern. Andererseits haben die braven Beamten, die ihn verfassen und ihn über Jahre hinweg ergänzen, nicht ganz unrecht, Moresnet hat durchaus ein paar dunkle Flecken. Das Land leidet unter seinem ungeklärten Status.

Den wichtigsten Grund für die Rückständigkeit von Moresnet nennen die Beamten ganz genau: Es ist die Gesetzgebung. Der *Code Napoléon*, der 1822 von den Niederlanden und Preußen dort eingeführt wurde, kann von der Moresnetter Regierung nicht angepasst werden. Das darf nur der Gesetzgeber, ein gewisser Herr Napoleon Bonaparte.

Deshalb sieht die Gesetzgebung 1906 noch genauso aus wie zu Zeiten von Napoleons Niederlage im Jahr 1815. Während sich die Rechtsprechung in sämtlichen Nachbarländern vor allem um die Jahrhundertwende stark weiterentwickelt, leben die Menschen von Moresnet unter einer alles andere als zeitgemäßen Legislative. Gewerkschaften sind beispielsweise verboten – was Vieille Montagne natürlich gut in den Kram passt. Bestimmte Teile des *Code Napoléon* stammen sogar aus dem 17. und 18. Jahrhundert und beziehen sich auf eine Realität, die so längst nicht mehr existiert.

Viele Artikel aus dem Strafgesetzbuch, dem *Code Pénal*, sind ebenfalls von Napoleon höchstpersönlich verfasst worden – und das zu einer Zeit, in der Frankreich ständig in Kriege verwickelt war, er also für strikte Disziplin sorgen musste. Dementsprechend streng sind die Gesetze: Vergleichsweise harmlose Straftaten können mit Zwangsarbeit, Stockschlägen oder Brandmarkung geahndet werden. Nicht so spektakulär, aber deshalb nicht weniger dramatisch für die Betroffenen sind die langen Gefängnis- und Zuchthausstrafen, die ein Richter ihnen aufbrummen kann.

Man nehme nur den Fall jenes Kelmisser Ehepaars, das zu Beginn des 20. Jahrhunderts versucht, einen falschen Hundertmarkschein, also eine sogenannte Blüte, auszugeben. Zunächst fährt der Mann in den deutschen Grenzort Herbesthal, der acht Kilometer von Kelmis entfernt ist. Er möchte sich den Schein am dortigen Bahnhof wechseln lassen. Als der Bahnhofsmitarbeiter jedoch einen Kollegen zurate zieht, weil er den Braten riecht, entreißt ihm der Mann das Geld und flieht. Kurz darauf schlüpft er über die Grenze nach Neutral-Moresnet und wähnt sich in Sicherheit.

Dann versucht die Frau, den Schein auf ihre Art loszuwerden: Sie betritt ein Geschäft in Kelmis, kauft dort für sechzehn Mark Schuhe und zahlt mit dem Hundertmarkschein, der in der »Hauptstadt« von Moresnet wie belgische Francs von vielen Läden akzeptiert wird. Aber anscheinend ist die Blüte nicht sehr gut gemacht, denn auch hier merkt der Empfänger, dass er betrogen werden soll. Die Frau gibt Schuhe und Wechselgeld rasch zurück und eilt nach Hause.

Dort wartet die deutsche Polizei bereits mit Handschellen auf sie.

Ohne dass er es gemerkt hätte, ist die Polizei dem Mann vom Bahnhof Herbesthal aus gefolgt. Mit Zustimmung des Bürgermeisters von Moresnet haben die Deutschen die neutrale Zone betreten – gerade noch rechtzeitig, um festzustellen, dass beide Ehepartner versucht haben, die Blüte auszugeben. Sie verhaften das Paar und führen es in Aachen dem Richter vor.

Der Mann erhält nach deutschem Recht – schließlich hat er den Betrugsversuch in Deutschland begangen – eine Gefängnisstrafe von zwanzig Tagen.

Dann beschäftigt sich der Richter mit dem Fall der Frau.

Da sie die Tat in Moresnet verüben wollte, muss er das Napoleonische Strafrecht anwenden. Und das geht nicht gerade zimperlich mit Dieben um, was an den chaotischen Zeiten liegt, aus denen die Gesetzgebung stammt. Als der Richter seinen Hammer niedersausen lässt, muss die Frau für 405 Tage hinter Gitter. Weil sie versucht hat, das Falschgeld in Kelmis loszuwerden, ist ihre Strafe zwanzigmal so hoch wie die ihres Mannes. Widerspruch zwecklos, denn so sind nun mal die Gesetze.

Es gibt viele weitere Beispiele: Ein Kutscher aus Aachen muss ganze fünf Jahre in den Bau, nur weil er in einer Kelmisser Herberge etwas zu essen stiehlt. Während Schmuggler, die an der belgischen Grenze gefasst werden, mit vier Monaten Gefängnis und einer Geldbuße davonkommen, bringt ihnen eine Verhaftung auf der Moresnet-Seite der Grenze für dasselbe Vergehen mehr als ein Jahr Zuchthaus ein.

Zum Glück ist die Wahrscheinlichkeit, in Moresnet erwischt zu werden, äußerst gering. Es kommt nach wie vor nur ein Gendarm auf die mittlerweile 3000 Einwohner. Wird man dennoch geschnappt, bleibt es in vielen Fällen bei einer Verwarnung. Gendarm und Bürgermeister wollen die Leute nicht wegen Lappalien verhaften und lassen durchaus mit sich reden. Andere Gesetzesübertreter bekommen es mit einer Art Volksgericht zu tun: Nachbarn strafen beispielsweise einen Mann, der seine Frau schlägt, mit einem Lärmkonzert, indem sie mit Eisenlöffeln gegen Pfannendeckel trommeln.

Die Rechtsungleichheit ist enorm. Niederländer haben noch das meiste Glück: Sollte der einsame Gendarm ausnahmsweise einmal einen von ihnen ergreifen, kommt ein Kollege aus Vaals, um den Häftling in Kelmis abzuholen. Der wird dann nach Maastricht gebracht und nach niederländischem Recht verurteilt. Obwohl die Niederlande für die Entstehung von Moresnet mitverantwortlich sind, brauchen ihre Staatsbürger den *Code Napoléon* nicht zu fürchten: Seit der Abspaltung Belgiens stammen sie aus einem »Drittland« und fallen damit unter ihr eigenes Strafrecht.

Mit ihrem Schwarzbuch wollen die Deutschen bei ihren Verhandlungen mit Belgien einen Fuß in die Tür kriegen. Vielleicht lassen sich die Gesprächspartner ja von der ellenlangen Liste mit Missständen dazu bringen, die Moresnet-Frage ein für alle Mal aus der Welt zu schaffen?

Hinter den Kulissen haben die beiden Länder nie aufgehört, über dieses Thema zu reden. Mit kurzen Unterbrechungen verhandeln die beiden Staaten bereits seit 1841 miteinander. Allerdings kann man nicht behaupten, dass es gute Gespräche gewesen wären, im Gegenteil, es dürften die fruchtlosesten Gespräche gewesen sein, die jemals zwischen den beiden Ländern geführt worden sind.

Mehrmals sind sich die Nachbarländer beinahe einig. 1880 findet man sogar eine mehr oder weniger einvernehmliche Lösung, was die Aufteilung des Gebiets betrifft: Belgien soll die Zinkhütte Vieille Montagne bekommen, den Weiler Brandenheuvel, einen kleinen Teil von Kelmis und den Wald nördlich des Dorfs. Der Großteil von Kelmis soll dagegen an Deutschland gehen. Berlin möchte Kelmis mit Preußisch-Moresnet zusammenlegen.

Doch dann geschieht wieder einmal gar nichts – wie immer, wenn es um Moresnet geht. Pläne gibt es genug, aber sobald sie in die Tat umgesetzt werden sollen, schrecken plötzlich alle davor zurück. Und so ziehen sich die Verhandlungen über eine konkrete Umsetzung des Plans von 1880 über zwanzig Jahre hin. Warum? Das ist ein gut gehütetes Geheimnis, denn die Dokumente beider Delegationen, die sich mit Moresnet beschäftigt haben, sind leider verschwunden.

Erst 1903 scheint die Sache wieder Fahrt aufzunehmen. Bei einem Staatsbesuch des belgischen Königs Leopold II. beim deutschen Kaiser Wilhelm II. steht auch die Moresnet-Frage auf dem Programm. Ob der Kaiser seinem Kollegen dabei eine Kopie des Schwarzbuchs überreicht, wissen wir nicht, aber vielleicht ist das gar nicht mehr nötig: Jetzt, wo die Gespräche über Moresnet die höchste Hierarchiebene erreicht haben, sollten beide Länder das Problem endlich lösen können.

Auch der Zeitpunkt könnte nicht besser gewählt sein: Das Treffen findet kurz nach der gemeinsam beschlossenen Schließung des Casinos statt, und beide Monarchen scheinen sich einig zu sein, dass Moresnet nicht weiterexistieren sollte. Beide haben die Nase gestrichen voll von den Problemen, die das kleine Land immer wieder verursacht, und sind daher willens, neue Grenzen zu ziehen.

Entsprechend groß sind die Hoffnungen, die auf diesem Staatsbesuch ruhen. Beamte deuten Journalisten gegenüber an, dass die Tage von Moresnet gezählt sind. Viele europäische Zeitungen verkünden bereits das Ende der neutralen Zone. Moresnet sei aufgeteilt worden, damit sei dieses Kapitel also endlich abgeschlossen. Aber das wurde schon öfter geschrieben und wird auch jetzt nicht das letzte Mal sein.

In Wahrheit geschieht – wieder einmal – nichts: Kaiser und König scheinen zu keiner Einigung zu gelangen, weshalb beide Delegationen aus lauter Verzweiflung allein weiterverhandeln. 1906 erstellen die Deutschen sogar eine detaillierte Karte, auf der die 1880 vereinbarte Grenze zwischen beiden Ländern zentimetergenau eingezeichnet ist. Darüber war man sich doch einig? Belgien pflichtet bei.

Warum kommt es dann nicht zu einem neuen Grenzvertrag? Die belgische Regierung hat auch keine überzeugende Antwort darauf – nur die, dass man noch nicht so weit sei, die neutrale Zone aufzulösen. Die Deutschen sind baff. Man ist sich einig – warum setzen sich beide Monarchen dann nicht an einen Tisch und unterschreiben?

Der deutsche Botschafter in Brüssel erhält den Auftrag, der Sache nachzugehen. Er hört sich bei belgischen Politikern diskret um und schreibt dem Reichskanzler anschließend einen Bericht. Darin steht, dass die Dinge doch etwas komplizierter seien, als anfänglich gedacht:

Die Frage einer Teilung von Neutral-Moresnet ist [...] in Belgien keineswegs populär. Hinter ihr wittern die belgischen Kaffeehauspolitiker ein Vordringen des Deutschtums, eine Art Vergewaltigung des kleinen Belgiens und sind überzeugt, dass ein entsprechender Staatsvertrag für die Einwohner des neutralen Gebietes unter allen Umständen schreiendes Unrecht bedeuten müsse. Auf der anderen Seite ist sich die Opposition vollkommen bewusst, dass sie da eine herrliche Waffe in der Hand hat, mit Hülfe deren sie der Regierung recht gefährlich werden kann.

Die Regierung ihrerseits weiß recht gut, dass die Verhältnisse in Neutral-Moresnet ganz im Argen liegen und eine sofortige Regelung dringend erheischen. Sie getraut sich aber nicht, eine solche vertragsmäßige Reglung durchzuführen. [...] Sie hält sich für zu schwach [...] und will jedenfalls das Risiko einer Niederlage aus so geringfügiger Sache nicht auf sich nehmen.

Die Aufteilung von Moresnet ist also in den Kaffeehäusern Brüssels gescheitert. Um ihr Gesicht zu wahren, führen die Belgier in den darauffolgenden Monaten praktische Hindernisse an: Die neuen Grenzen würden beidseitig bebaute Straßen auseinanderreißen und einstige Nachbarn – nicht selten Verwandte – zu Staatsbürgern verschiedener Länder machen.

Das Risiko, dass sich Kelmis wegen solcher Grenzen quer durchs Stadtgebiet zu einem Zentrum für Schwarzhandel (weiter)entwickle, sei einfach zu groß. Das Leben in Deutschland sei teurer als das in Belgien. Die Kosten für die Sicherung dieser unübersichtlichen Grenzen seien enorm. Letzteres dürfe auch den Deutschen klar sein.

Außerdem fordern die Belgier bei genauerer Betrachtung, dass das Haus des Direktors der Zinkhütte – es würde Deutschland zugeschlagen werden – ebenfalls an Belgien fallen soll. Das ginge nur mithilfe einer Enklave. Und die Belgier hätten gern auch noch die Zufahrtstraße, was einen bizarren belgischen Streifen ergeben würde. Die Deutschen nennen ihn Zipfel, ein Wort, das nicht umsonst auch Penis bedeuten kann. Dieser Zipfel würde dann weit nach Deutschland hineinragen und dazu führen, dass weitere 550 Personen Belgien statt Deutschland zugerechnet würden. Das sorgt für einigen Diskussionsstoff.

Sowohl den Deutschen als auch den Belgiern dämmert, dass sie außerdem eine Lösung für die 413 niederländischen Einwohner von Moresnet finden müssen. Welchen Status sollen sie erhalten, wenn die neutrale Zone nicht mehr existiert? Belgien möchte die Niederländer, die in seinem Teil von Moresnet wohnen, zu Belgiern machen, aber niemand weiß, was die niederländische Regierung davon hält. Man könnte Den Haag natürlich fragen. Doch wenn eine dritte

Partei an den Verhandlungen teilnimmt, wird es vermutlich erst recht nie zu einem Vertrag kommen. Daher legt man die Niederländer erst einmal auf Halde.

Natürlich fragt niemand die Moresnetter, was sie eigentlich wollen. Auch das ist anscheinend fester Bestandteil der Posse, die sämtliche Nachbarländer fast ein Jahrhundert lang um die neutrale Zone herum aufführen.

Neu ist nur, dass sich die Einwohner nicht mehr damit zufriedengeben. Die Idee selbstbestimmter Völker hat sich bis nach Moresnet herumgesprochen. Dort gibt es seit 1897 ein Komitee gegen die Aufhebung der Neutralität. Dabei handelt es sich um einen Verein, in dem alle Nationalitäten vertreten sind. Der Vorsitzende des Verwaltungsrats ist ein Belgier, seine Kollegen sind ein Niederländer und ein Deutscher.

Dass die Herren gegen die Aufhebung ihres Landes sind, ist nicht schwer zu verstehen: Einer der Vorsitzenden besitzt eine Schnapsbrennerei, ein anderer ist Vorstandsmitglied der Vieille Montagne. Sie haben also ein persönliches finanzielles Interesse daran, dass das Steuerparadies Neutral-Moresnet erhalten bleibt.

Sie versuchen vor allem, die Belgier zu beeinflussen, die noch am meisten zögern. Mehrmals treffen sich die Herren mit Abgeordneten aus Bezirken, die an Moresnet grenzen.

Sie mögen durchaus handfeste Eigeninteressen haben, vertreten aber auch eine Meinung, die in Moresnet breite Zustimmung findet. Die meisten Einwohner der neutralen Zone fühlen sich zwar als Deutsche, Niederländer oder Belgier. Jedes Volk begeht seine eigenen Feiertage und stößt auf das jeweilige gekrönte Haupt an. In Kelmis gibt es drei Veteranenverbände: einen deutschen, einen belgischen und einen niederländischen. Aber in dieser winzigen multikulturellen Gesellschaft ist noch eine weitere Nationalität entstanden, nämlich die von Moresnet. Die Menschen »fühlen sich durch ein gemeinsames Band mit dem neutralen Vaterland« verbunden, wie es Molly, der Hausarzt von Moresnet, so schön formuliert.

Beispiele dafür gibt es zuhauf: Man braucht sich nur einmal das vielfältige Vereinsleben anzusehen: Die Taubenzüchter, Turner, Musikliebhaber, Kegelbrüder und Schützen sind ausnahmslos in Vereinen organisiert, die häufig national durchmischt sind. Nur die Posttauben fliegen getrennt, da sie entweder in Deutschland oder in Belgien freigelassen werden. »Die Menschen sind zufrieden«, zitiert ein Journalist der amerikanischen Zeitschrift *Harper's Bazaar* 1907 den Pastor von Kelmis. »Und so soll es auch sein!«

Nicht umsonst steigt die Einwohnerzahl im »Tortenstück« nach wie vor. Obwohl Vieille Montagne immer weniger zu tun hat, bleibt Kelmis ein beliebter Wohnort. Um die Jahrhundertwende arbeiten viele Moresnetter in der Aachener Textilindustrie. Sie nutzen Kelmis als steuerfreien Außenbezirk der deutschen Industriestadt. Aber auch Kelmis hat Wirtschaftszweige dazubekommen: Eine Weberei hat sich angesiedelt, eine Möbelfabrik und eine Schmiede.

Am meisten fürchten sich die Einwohner von Kelmis davor, von Deutschland annektiert zu werden, so, wie es der Plan der Delegierten vorsieht. Seit die Verhandlungen von 1903 gescheitert sind, verhält sich der große Nachbar immer aggressiver, wenn es um Moresnet geht. Berlin tut sich schwer mit dem belgischen Hin und Her und versucht unübersehbar, eine Lösung zu erzwingen. Die Angst geht um, die Deutschen könnten das Gebiet, das ihnen bei den Verhandlungen

zugeteilt wurde, militärisch besetzen und die Belgier so vor
vollendete Tatsachen stellen.

Die meisten Einwohner möchten allerdings lieber zu Belgien, sollte die Neutralität enden. Sie denken sich sogar einen
eigenen Schlachtruf dafür aus: »Neutral: für immer. Belgisch: vielleicht. Preußisch: niemals!«

Die Gründe dafür liegen auf der Hand: Das Leben in Belgien ist deutlich billiger als in Deutschland. Wenn die Neutralität endet, wird es in Kelmis ohnehin teurer, egal, welches
Land die Macht hat. Weil dann Verbrauchssteuern eingeführt
werden, ist Schluss mit abgabefreien Einkäufen. Sollten die
Preise noch mehr steigen, dürften viele Familien kaum mehr
über die Runden kommen. Sogar die deutschsprachige Bevölkerung ist unter diesen Vorzeichen für einen Anschluss an Belgien.

Das Komitee will deutlich machen, dass der Status quo erhalten bleiben muss. Deshalb tut es etwas in der Geschichte
von Neutral-Moresnet Einmaliges: Es organisiert eine Volks-
abstimmung. 1906 darf jeder an die Urnen. Offiziell ist das
alles nicht, in den Gemeindearchiven finden sich keine Be-
lege dazu, was eindeutig für eine Privatinitiative spricht. Dafür ist das Ergebnis umso eindeutiger: Stolze fünfundneunzig
Prozent der Wähler wollen, dass das Gebiet in der jetzigen
Form erhalten bleibt und nicht zwischen den beiden Nachbarländern aufgeteilt wird.

Somit scheint das Land Moresnet endlich eine nationale
Identität zu haben – auch wenn sie hauptsächlich darin
besteht, dass man nach finanziellen Vorteilen strebt.

Die Anhänger der Unabhängigkeit können beruhigt sein,
vorläufig bleibt die Aufteilung aus. Die Belgier sind nach wie
vor zögerlich, und die Deutschen marschieren nicht ein.

Selbst als die Schmuggler immer unverschämter werden, wie der Vorfall mit dem Automobil beweist, bleiben die Parteien zwar im Gespräch, aber es geschieht … gar nichts.

Das gibt den Einwohnern von Moresnet neues Selbstbewusstsein. Wenn ihr kleines Land diesen ernsthaften Versuch, es aufzulösen, übersteht, kann es sich vielleicht doch einen endgültigen Platz auf der Landkarte Europas sichern?

Bürgermeister Schmetz weiß, dass dafür noch einiges passieren muss. Solange das Land bei seinen Nachbarn als chaotisch verschrien ist, wird man es höchstwahrscheinlich aufheben wollen. Moresnet muss ein anständiges Land werden. Daher bietet er den beiden Verwaltungskommissaren persönlich an, drei Schnapsbrennereien zu schließen, um den Schmuggel auszutrocknen.

Außerdem vergibt er öffentliche Aufträge: Arbeiter begradigen die krummen Straßen, und Hauptstraßen erhalten sogar einen Bürgersteig mit anständiger Entwässerung. Zudem bestellt die Gemeinde eine Straßenbeleuchtung, Straßenschilder, ja sogar eine Feuerwehrausrüstung. 1908 beschließt der Gemeinderat den Bau einer neuen Schule.

Damit nicht genug, plant die Gemeinde doch zusammen mit Vieille Montagne ein Elektrizitätswerk, damit das Land nicht länger von ausländischem Strom abhängig ist. Parallel dazu entwickelt die Aktiengesellschaft Pläne für eine imposante Firmenzentrale in der Kelmisser Hauptstraße: ein deutliches Signal an die Nachbarländer, dass das Unternehmen an eine Zukunft der neutralen Zone glaubt und vorhat, noch eine Weile zu bleiben.

Aber Moresnet wird mehr als nur aufgehübscht: Der Bürgermeister bündelt sämtliche Polizeiverordnungen zu einem Buch (das übrigens in Deutschland gedruckt werden muss) und verteilt es an die Honoratioren von Kelmis. Mit etwas

Fantasie lassen sich darin die Anfänge eines eigenen Grundgesetzes erkennen. Die sind mehr als bescheiden, andererseits ist das Land winzig. Wenn der Gemeinderat diese Verordnungen weiter ausarbeitet, wird irgendwann vielleicht sogar der *Code Napoléon* überflüssig.

Damit geben die Bewohner von Moresnet ihren Nachbarländern klar zu erkennen, dass sie sich ernst nehmen und erwarten, dass man das von anderer Seite ebenfalls tut. Wer auch immer Moresnet in Zukunft auflösen will – leicht wird man es ihm bestimmt nicht machen. Das Land befindet sich auf einer Aufholjagd, um sich für das soeben angebrochene 20. Jahrhundert zu wappnen.

Ein Jahrhundert, das Großes verspricht: In Amerika haben sich zwei Männer erstmals mit einem motorisierten Flugzeug in die Lüfte erhoben. Und 1905 schreibt ein Angestellter des schweizerischen Patentamts vier wissenschaftliche Aufsätze, die unser Verständnis vom Universum Jahrzehnte in die Zukunft katapultieren. Sein Name? Albert Einstein. Das 20. Jahrhundert ist auch eine Zeit neuer Ideen. Demokratie, Volksermächtigung und internationale Zusammenarbeit machen Riesenfortschritte.

Für die Einwohner von Moresnet mag das alles noch sehr weit weg sein, aber auch sie spielen eine Rolle in dieser Welt voller neuer Ideen und Ideale. Mit ihrem hartnäckigen Unabhängigkeitswillen und ihrer fast schon anarchischen Staatsform machen sie Menschen auf sich aufmerksam, die die gesamte Gesellschaft auf den Kopf stellen wollen. Es dauert nicht mehr lange, und Moresnet steht im Zentrum der weltweiten Aufmerksamkeit.

10
Der Konsul von Kvarŝtonoj

Kigoma, Deusch-Ostafrika (Tansania),
am 31. Dezember 1916

Am letzten Tag des Jahres stirbt ein Einwohner von Moresnet. Weit weg von zu Hause, am Ufer des afrikanischen Tanganjikasees, wird Leutnant Karl Schriewer[9] von einer Kugel getroffen. Er ist gerade einmal siebenundzwanzig Jahre alt.

Wie er genau stirbt, unter welchen Umständen, oder wer den tödlichen Schuss abfeuert, ist nicht bekannt. Fest steht nur, dass er zum Zeitpunkt seines Todes die Uniform des 12. Regiments des belgischen Heeres trägt und zu den Alliierten Truppen gehört, die im Ersten Weltkrieg gegen die Kaiserliche Schutztruppe für Deutsch-Ostafrika kämpfen. In Afrika gibt es keine Schützengräben, die Kriegsparteien führen einen Guerillakrieg. An diesem Tag finden keine großen Schlachten statt, sodass Schriewer vermutlich bei einem unerwarteten, kurzen Angriff ums Leben kommt.

Was seinen Tod in einem Krieg, an dem sechzehn Millionen Soldaten und Zivilisten beteiligt sind, so besonders macht, ist, dass mit Schriewer sehr viel mehr stirbt als nur ein Mensch. An diesem Tag, fernab vom Vaalserberg, auf einem Kontinent mit künstlichen Grenzen, stirbt auch der Traum, dass aus Moresnet vielleicht doch noch ein richtiges Land werden könnte. Denn wenn jemand seine Ideale verkörpert, dann dieser junge Leutnant.

Karl Schriewer kommt am 28. September 1889 in Ensival zur Welt, einem ungefähr zwanzig Kilometer von Kelmis entfernten Vorort von Verviers. Sein Vater wird einige Jahre später von der Zinkhütte Vieille Montagne als Schlosser angestellt. Die belgische Familie zieht in die neutrale Zone nach Kelmis, wo die Mutter eine Buchhandlung aufmacht.

In der Dorfschule stellt sich heraus, dass der kleine Karl sehr gut lesen kann. Aber Jungen aus seiner Schicht gehen nicht auf die Universität. Söhne von Minenarbeitern treten aus Geldmangel häufig in die Fußstapfen ihrer Väter, auch wenn sie noch so begabt sind.

Doch der junge Karl ist so intelligent, dass er einen Ausweg findet. Er möchte etwas erreichen, das vielversprechende neue Jahrhundert mitgestalten, das vor ihm liegt. Er steckt seine ganze Kraft und Energie in eine Sprache. Das ist für einen Mann aus dem Schmelztiegel Moresnet nicht weiter verwunderlich, wäre es nicht eine Sprache, die behauptet, den Weltfrieden zu befördern: Esperanto.

Schriewer ist das typische Beispiel für einen Mann, der zur rechten Zeit am rechten Ort ist. Im Europa des *fin de siècle* wimmelt es nur so von Ideen und Idealen. Eines der auffälligsten ist die Moderne, eine Strömung, die Gesellschaft, Politik und Kunst revolutionieren möchte. Vorher hat es nichts als Ausbeutung und Krieg gegeben, die Welt muss völlig neu erfunden werden. Alles soll sich ändern, einschließlich der Sprache.

Die Jahrzehnte um die Jahrhundertwende sind nicht umsonst eine Blütezeit der Kunstsprachen. Idealisten sehen in dem linguistischen Flickenteppich Europa ein großes Hindernis für den Frieden. Krieg, so ihre feste Überzeugung, entstehe aufgrund von Missverständnissen zwischen den Völkern. Weil sie sich nicht verständigen können, bleiben sie im Feinddenken verhaftet.

Wäre es nicht fantastisch, wenn man eine neue Sprache für den ganzen Kontinent erfinden könnte? Oder sogar für die ganze Welt? Würde jeder diese »Brückensprache« neben seiner Muttersprache beherrschen, ließe sich leichter grenzüberschreitend kommunizieren. Für eine neue Generation könnte sie vielleicht sogar zur Hauptsprache werden. Länderübergreifender Handel würde dadurch wesentlich erleichtert – und damit eine gegenseitige Abhängigkeit geschaffen. Auch sie wird zwangsläufig dazu führen, dass Kriege seltener werden, so die Theorie.

Wie so oft bei großen Ideen gehen viele auf einmal damit schwanger. Ob an Universitäten oder in privaten Studierstuben – überall beginnen begeisterte Anhänger dieses Konzepts eine solche Sprache zu entwickeln, damit endlich Schluss ist mit der babylonischen Sprachverwirrung auf unserem Planeten. Und jeder Einzelne ist fest davon überzeugt, dass er das Ei des Kolumbus entdeckt hat. Mit der unfreiwilligen Komik, dass eine regelrechte Kakophonie von Kunstsprachen entsteht.

Ideom Neutral, Solresol, Communicationssprache, Universalglot, Volapük, Spokil, Bolak, Ro, Ido, Mundolinco und *Novlatin* sind nur einige dieser Vehikel, die in dieser Zeit erdacht werden. Die meisten Kunstsprachen sterben einen leisen Tod. Eine Sprache steht und fällt mit der Anzahl ihrer Sprecher – erst recht, wenn sie das Ziel hat, Menschen aus aller Welt zu verbinden. Und daran scheitert es noch jedes Mal: Keine dieser Plansprachen schafft es, mehr als ein paar Tausend Sprecher zu begeistern, die meisten müssen sich mit einer Handvoll Anhänger begnügen.

Nur eine Kunstsprache erreicht ein Stadium, das über

ihre guten Vorsätze hinausgeht: In den 1870er-Jahren entwickelt der polnisch-litauisch-jüdische Gelehrte Ludwik Lejzer Zamenhof eine eigene Sprache einschließlich Vokabular und Grammatik. Zamenhof wächst in Białystok auf – damals Teil des russischen Zarenreichs, heute polnisch –, wo Polnisch, Russisch, Jiddisch, Weißrussisch und Deutsch gesprochen wird. Schon als Schüler erkennt er, dass es aufgrund von Missverständnissen häufig zu Streit kommt. Das muss doch auch anders gehen?

Seine *Lingwe Uniwersala* hat eine einfache Grammatikstruktur und leiht sich Wörter aus den großen europäischen Sprachen. Jeder kann sie problemlos innerhalb weniger Monate lernen. Erst als Erwachsener – er ist inzwischen Arzt – hat Zamenhof das Geld, seine Sprache publik zu machen. Unter dem Pseudonym *Doktoro Esperanto* (Dr. Hoffender) schreibt er ein Buch. Seine Idee fällt auf fruchtbaren Boden, aber nicht der Name, den er seiner Sprache gegeben hat. Stattdessen nennen die Leute sie nach seinem Pseudonym Esperanto.

Um die Jahrhundertwende hat die Kunstsprache bereits Tausende von Sprechern, vor allem auf dem linguistischen Flickenteppich Osteuropa. Intellektuelle wie der russische Schriftsteller Lew Tolstoi begrüßen die Initiative, der sie zutrauen, die Städte Osteuropas zu befrieden, in denen es so viele ethnische Spannungen gibt. Mit Zamenhofs Buch in der Hand lernen die Menschen die Sprache und geben ihre Kenntnisse weiter. Schon bald erscheinen bessere und ausführlichere Lehrbücher, und Esperanto gelangt langsam nach Westeuropa.

Zum ersten Mal gelingt es einer Kunstsprache, so viele Sprecher zu gewinnen. Damit besteht eine reale Chance, dass sie die ganze Welt erobert. Die meisten Esperantisten sind

Idealisten, die neue Anhänger für ihre Sprache werben. Paare, die der Kunstsprache mächtig sind, ziehen sogar manchmal ihre Kinder mit Esperanto als Muttersprache groß, Letztere werden *denaskuloj* genannt.

Trotzdem wächst die Anzahl der Sprecher nicht rasch genug. Es besteht keine echte Notwendigkeit, Esperanto zu sprechen, wenn, dann ist es reiner Idealismus. Französisch, Deutsch und Englisch sind in Wissenschaft, Politik und Wirtschaft deutlich mehr verbreitet. Ein weiteres Problem besteht darin, dass die Sprache nicht lebt. Selbst erfahrene Esperantisten *sprechen* sie nur selten, sondern korrespondieren eher darin. Wenn Esperanto wirklich Erfolg haben soll, braucht es eine Eigendynamik, eine kritische Masse, um unverzichtbar zu werden.

Um das zu erreichen, schließen sich die Esperantisten zusammen. Ein internationaler Verband, eine eigene Zeitschrift und ein Weltkongress werden ins Leben gerufen. Letzterer findet erstmals 1905 im französischen Boulogne-sur-Mer statt. 688 Interessenten aus ganz Europa treffen sich dort, um gemeinsam über die Zukunft ihrer Kunstsprache zu diskutieren.

Auf Initiative eines Schweizer Redners entsteht in Genf eine Zentrale, die der Sprache eine Heimat bieten soll. Dort werden die Mitglieder registriert und treffen sich zu Abenden, Kursen und anderen Aktivitäten. Auch die erste Esperanto-Bibliothek ist dort untergebracht. Endlich hat die Sprache ein Zuhause, wenngleich Genf nur eine Übergangslösung sein soll.

Denn die Sprache beginnt natürlich erst zu leben, wenn sie zur zweiten oder vielleicht sogar ersten offiziellen Sprache eines Landes wird. Das wäre ein Riesenfortschritt. Welche Nation könnte dieses Wagnis eingehen?

Einer der Esperantisten der ersten Stunde, der diese Frage

laut stellt, ist Gustave Roy. Der unverheiratete, kinderlose Franzose spricht sieben Sprachen fließend (manche Quellen sagen sogar acht)! Ursprünglich arbeitet er als Lehrer im südfranzösischen Girons, wohnt aber auch eine Weile in Aachen, wo er Französisch unterrichtet.

Roy ist außerdem Freimaurer und gehört damit zu dem mysteriösen Bund, der versucht, unter seinen Mitgliedern eine nichtreligiöse Ethik zu verbreiten. In Aachen besucht er die örtliche Loge. Dort lernt er vermutlich 1906 Wilhelm Molly kennen, den Arzt, der einst versucht hat, Neutral-Moresnet zu einem richtigen Staat zu machen, indem er eigene Briefmarken dafür drucken ließ. Eine folgenreiche Begegnung!

Dafür, dass sie ein solcher Schlüsselmoment für Moresnet ist, weiß man erstaunlich wenig darüber: weder, wann beide Männer zum ersten Mal miteinander ins Gespräch kommen, noch, wer sie einander vorstellt. Auch welche Sprache sie dabei sprechen, werden wir wohl nie erfahren.

Fest steht nur, dass es nicht Esperanto ist (denn das beherrscht Molly zu diesem Zeitpunkt noch nicht) und dass die Herren viel gemeinsam haben. Beide sind begeisterte Briefmarkensammler, Sprachliebhaber und Akademiker. Sie dürften sich also mit großer Wahrscheinlichkeit sympathisch sein.

Über die unmittelbaren Folgen dieses Treffens ist ebenfalls nur wenig bekannt. Roy kommt Anfang 1907 nach Moresnet, um Molly zu besuchen. Wer von beiden die Initiative ergreift, wann der Besuch genau stattfindet und was die beiden Herren besprechen, ist nicht bekannt. Dafür, was sie bei diesem Treffen beschließen: Neutral-Moresnet soll der erste Esperanto-Staat der Welt werden. Von diesem kleinen »Tortenstück« aus soll die Kunstsprache den Rest des Kontinents erobern.

Dass sich Molly sofort für diesen Plan begeistern kann, ist nicht weiter verwunderlich: Der inzwischen 67-jährige Arzt und Hobbyhistoriker macht kein Geheimnis daraus, dass er seit seinem Briefmarkencoup einen souveränen Staat befürwortet. Er unterstützt auch die Lokalzeitung *Die Post,* die ebenfalls vehement für ein unabhängiges Moresnet eintritt.

Als Roy nach Moresnet kommt, um seine Pläne für dieses Land vorzustellen, weiß Molly sofort: Jetzt oder nie! Fast ein Jahrhundert nach dem Wiener Kongress besteht das Provisorium Neutral-Moresnet nach wie vor. Deutsche und Belgier streiten sich schon seit Jahrzehnten über seine Aufteilung, ohne auch nur ansatzweise aufeinander zuzugehen. Nicht einmal der gemeinsame Kampf gegen das Casino und die Schmuggler hat die beiden Länder zu einer Einigung finden lassen. Jetzt bietet sich die einmalige Chance, Moresnet mithilfe von Esperanto auf einen Schlag zu einem richtigen Staat zu machen und beide Länder auszutricksen.

Esperanto ist schwer im Kommen, es müsste sich also weltweit Unterstützung für eine echte Sprachheimat finden lassen. Wenn es Roy gelingt, einige prominente Redner zu gewinnen, könnte er solchen Druck auf Deutschland und Belgien ausüben, dass sie Moresnet zu einer richtigen Nation machen müssen. Molly hat keinerlei Schwierigkeiten, die Idee innerhalb des Landes zu verkaufen. Er hat nach wie vor großen Einfluss in der neutralen Zone – sowohl bei der Direktion von Vieille Montagne als auch bei der Bevölkerung. Die beiden Männer ergänzen sich perfekt.

Molly erkennt sofort, dass noch ein weiter Weg vor ihnen liegt. Er ist nicht mehr ganz jung und braucht dringend Unterstützung bei der Aufbauarbeit in Moresnet. Jemand

Junges, Energisches mit dem nötigen Grips und Elan, um dieses Projekt voranzutreiben. Wer könnte das sein? Molly kennt so gut wie jeden in Kelmis, und da ist dieser junge Mann, der unter allen hervorsticht: Karl Schriewer, achtzehn Jahre alt und gerade erst mit der Schule fertig – im Grunde noch ein halbes Kind. Molly verspricht ihm eine Revolution und einen bescheidenen Lohn. Schriewer ergreift die Gelegenheit beim Schopf.

Der Plan, den sich Molly, Roy und Schriewer in den folgenden Wochen ausdenken, ist ebenso simpel wie ehrgeizig: Moresnet soll gleich in mehrfacher Hinsicht zur Heimat von Esperanto werden. Zunächst einmal soll das kleine Land die Esperanto-Zentrale beherbergen. Noch befindet sie sich im schweizerischen Genf, sucht aber nach einer endgültigen Bleibe. Gut, Kelmis ist nicht gerade das pulsierende Genf, die Stadt der Aufklärung und des Humanismus, ja, die Stadt Rousseaus.

Die drei Männer wissen, dass sie den Esperantisten gute Gründe liefern müssen, damit diese nach Kelmis ziehen. Am besten wäre es, ein Großteil der Moresnetter könnte Esperanto, sodass die Sprache wirklich lebt und sich ein Alltagsvokabular entwickelt. Menschen aus aller Welt könnten dann nach Kelmis kommen, um die Sprache in der Praxis zu erleben. In der Folge könnte eine neue Zeit des Friedens und der Harmonie in Moresnet anbrechen. Ja, eine Zeit des Wohlstands für die gesamte Region mit neuen Einnahmequellen.

Gar keine so verrückte Idee. Moresnet wäre in der Tat gleich in mehrfacher Hinsicht eine ideale Esperanto-Heimat. Seine geringe Größe ist diesmal ein Riesenvorteil: Moresnet stellt für niemanden eine Bedrohung dar, und bei gerade einmal viertausend Einwohnern müsste es machbar sein, ihnen die neue Sprache innerhalb kürzester Zeit beizubringen. Erst recht, wenn die Einwohner begreifen, dass sie sich damit ihr steuerfreies Leben sichern können.

Betont Zamenhof nicht ständig, wie wichtig es sei, dass Esperanto eine wirklich neutrale Sprache ist? Eben weil sie nicht an eine bestimmte Lebenseinstellung, eine Religion oder Politik gebunden ist, kann sie jeder ruhigen Gewissens benutzen – egal wo auf der Welt. Wäre es da nicht großartig, Neutral-Moresnet zur Heimat dieser Sprache auszurufen? Den unparteiischen Status dieses Gebiets erkennt man schon am Namen. Dank Esperanto könnte Moresnet sogar zu einer Art Schweiz des Nordens werden – zu einem sicheren Ort, an dem sich internationale Konflikte beilegen lassen.

Doch was in der Theorie verführerisch klingt, muss erst praktisch bewiesen werden. Zunächst einmal gilt es, erhebliche Hindernisse zu überwinden. Die erste Herausforderung besteht darin, die Bevölkerung von Kelmis und Umgebung dazu zu bringen, Esperanto zu lernen. Obwohl die Einwohner zunehmend in Genuss von Bildung kommen, können viele nach wie vor kaum lesen und schreiben – geschweige denn eine neue Sprache lernen, die zum Großteil nur auf dem Papier besteht.

Die drei Männer müssen also erst einmal gehörig die Werbetrommel rühren – oder Propaganda dafür machen, wie es damals heißt.

Der erste Schritt besteht darin, ein großes Fest zu organisieren. Wenige Wochen nach Roys erstem Besuch laden die Herren die Bevölkerung von Moresnet zum Kelmisser Schützenwirt ein. Die Knappschaftskapelle von Vieille Montagne spielt Märsche, um für gute Stimmung zu sorgen.

Dann betritt eine Enkelin Mollys die Bühne. Sie hat eine fantastische Sopranstimme und singt ein Lied in Esperanto. Was der Text bedeutet, weiß sie nicht, weil sie die Sprache nicht beherrscht, aber es ist *La Espero,* das Lied der Esperanto-Bewegung. Der ursprüngliche Text, ein Gedicht Zamenhofs, wurde allerdings noch im Vorfeld vom Lütticher Willy Hupperman abgeändert – ein Altersgenosse Schriewers, Komponist und Esperantist:

> *Menschheit, o komm doch nach Amikejo!*
> *Es lebe hoch der Internationalismus!*
> *Lasst uns alle unsere Gabe bringen*
> *Auf der Freundschaft schönem Altar!*

Damit hat Moresnet eine eigene Nationalhymne. Und einen neuen Namen, »Amikejo«, was »Ort der Freunde« bedeutet.

An einem der Tische sitzen Roy und Molly. Sie sind bester Dinge, denn ihr Fest ist gut besucht. Vor allem die Anwesenheit hoher Würdenträger ist ermutigend.

Die gesamte Direktion von Vieille Montagne ist gekommen. Aus reinem Idealismus? Oder ist Esperanto für sie nur Mittel zum Zweck, ihr Steuerparadies zu retten? Wie dem auch sei, die Firmenleitung ist anwesend.

Auch Bürgermeister Schmetz thront auf der Bühne, die Obrigkeit scheint den Plan also ebenfalls gutzuheißen. Oder behält er die Veranstaltung bloß im Auftrag der Deutschen im Auge? Er ist damals nämlich ein äußerst zuverlässiger Informant des großen östlichen Nachbarn – des Staats, der sein Gehalt bezahlt.

Roy erhebt sich, um eine Rede über die große Zukunft von Esperanto und Moresnet zu halten. Das kleine Land am Vaalserberg soll mit leuchtendem Beispiel vorangehen und die Kunstsprache als erstes auf der Welt offiziell einführen.

Roys Plan sieht vor, dass die gesamte Bevölkerung in zehn Jahren Esperanto spricht: Damit sichere sich Moresnet eine führende Position in Europa, da die Welt diese Sprache in den kommenden Jahrzehnten ebenfalls begeistert begrüßen werde, so seine Einschätzung. Frenetischer Applaus. Nach einer Sinnsuche von fast hundert Jahren scheint das Gebiet endlich seine Bestimmung gefunden zu haben.

Der Franzose endet mit einer theatralischen Geste: Er ruft Moresnet symbolisch zum ersten Esperanto-Staat der Welt aus. Dieser virtuelle Staat bekommt sogar ein Oberhaupt, mit Roys Worten einen »Konsul«: Es ist der erst neunzehnjährige Karl Schriewer. Amikejos Zukunft liegt in der Hand der Jugend.

Konsul Schriewer gibt in den darauffolgenden Monaten alles für sein Reich und organisiert Sprachkurse für die Bevölkerung. Tagsüber unterrichtet er ungefähr siebzig Schulkinder, die neben dem normalen Pensum zwei Mal die Woche eine Stunde Esperanto haben. Abends schult er noch einmal so viele Erwachsene. Sie sollen den Anfang machen, bis alle Bewohner Amikejos Esperanto können.

Die Kunstsprache breitet sich vor allem unter den Honoratioren aus. Glauben sie an die von ihr verkörperten Ideale? Oder sehen sie darin nur eine Möglichkeit, Geld zu verdienen beziehungsweise Moresnet zu mehr Eigenständigkeit zu verhelfen? Vermutlich beides. Die Moresnetter sind recht pragmatisch, wenn es um ihr kleines Land geht. Von der Pseudoautonomie des Gebiets profitieren alle. Wenn Esperanto dazu beitragen kann, dass es so bleibt – umso besser!

Und der Beginn des Weltfriedens? Der wird natürlich dankbar mitgenommen.

Schriewer dagegen scheint wirklich an die Ideale von Esperanto zu glauben. Mit seiner Klasse unternimmt er regelmäßig Ausflüge in die Natur oder zu Sehenswürdigkeiten. Es fehlt an Geld, deshalb sind die Kinder stets zu Fuß unterwegs und singen dabei den Esperanto-Marsch. Das erste Kind trägt stolz eine weiße Flagge mit grünem Stern, das internationale Esperanto-Symbol. Es ist die Zeit des großen Fahnenschwenkens: ob Pfadfinder oder politische Strömungen – alle winken damit. Aber das hier scheint etwas anderes, Aufrichtigeres zu sein, ganz ohne Hintergedanken. Marschiert hier die Avantgarde einer neuen Menschheit? Man könnte fast geneigt sein, das zu glauben.

Für Erwachsene gibt es ein anderes Unterhaltungsangebot. Schriewer organisiert regelmäßig Feste im Hotel Bergerhoff, auf denen nur Esperanto gesprochen wird. Alkohol ist dort streng verboten – etwas noch nie Dagewesenes in Moresnet –, Konversation hingegen Pflicht. Es kommen Sänger, Sängerinnen und Komiker, aber auch Prominente aus der Esperanto-Bewegung, die Reden halten. Und das alles in der Kunstsprache. Die Leute reisen aus Aachen und Lüttich an, später sogar aus Brüssel und Düsseldorf. So langsam wissen die Esperantisten, wo sich Kelmis befindet.

Zeit für Roys, Mollys und Schriewers nächsten großen Schritt: 1908 findet im deutschen Dresden der dritte Esperanto-Weltkongress statt. Roy soll dort die Esperantisten davon überzeugen, eine Ständige Vertretung in Moresnet zu eröffnen.

Wird ihm das gelingen? Eine spannende Frage, denn nicht jedem gefällt die Idee vom Esperanto-Staat. Einigen ist das viel zu politisch: Ein Staat enge das Ideal viel zu sehr ein und mache die Sprache angreifbar. Aber Roy schafft es, eine wichtige Figur der Bewegung zu überzeugen: Der Erfinder Zamenhof schreibt ihm einen Brief, in dem er ihm seine Unterstützung für die Umgestaltung von Moresnet zusagt.

Diesen Brief druckt Roy in seinem Buch *Un État Espérantiste Indépendant* ab – auf Französisch, damit ihn auch Leser außerhalb der Bewegung verstehen können. Und er erklärt darin seinen Plan, Moresnet zu einem Esperanto-Staat zu machen. Das Buch ist seine Wunderwaffe auf dem Kongress, das Manifest für eine neue Zeit. Er weiß, wie größenwahnsinnig sein Plan klingt, ein Land um eine Kunstsprache herum zu gründen, deshalb räumt er gleich den Verdacht aus, er könnte verrückt sein:

»Ich setze mich der Lächerlichkeit aus, und im Übrigen verdiene ich durchaus den Spott, mit dem Sie mich zu überziehen belieben werden. Wie Sie habe ich über Don Quijote und den Kaiser der Sahara[10] gelacht. Allerdings (…) habe ich nicht den Ehrgeiz, Herrscher zu sein. Ich möchte einen Staat nur gründen, um ihn freigebig an andere zu übergeben.«

Anschließend erklärt Roy, dass Esperanto in zehn Jahren die Nationalsprache von Moresnet sein wird. Das ist ganz schön ehrgeizig, aber in einem Jahrzehnt kann viel passieren, wie er schreibt. 1918 könnte es also bereits geschafft sein: Man lebe in einer Zeit rasanter Entwicklungen, zehn Jahre zuvor habe noch niemand gewusst, was ein Radio sei, doch jetzt kommuniziere alle Welt über den Äther miteinander. Mit Esperanto werde es genauso schnell gehen.

Dann wird Roy konkret: Das Wichtigste sei, dass sich die Esperanto-Zentrale in absehbarer Zeit in Moresnet ansiedle. Außerdem solle einer der nächsten Kongresse in Kelmis stattfinden.

In Dresden machen Roys Rede und das Manifest großen Eindruck. Er spricht mehr als eine Stunde über sein Vorhaben und schafft es, den Saal zu überzeugen. Hundertvierzig Leute in Moresnet können bereits Esperanto, das sind drei bis vier Prozent der Bevölkerung, weiß er zu berichten. Kein anderes Land könne einen so hohen Prozentsatz vorweisen. Einige Läden in Kelmis hätten bereits Schilder in Esperanto ausgehängt. Es gebe keinen besseren Ort für die Zentrale als Moresnet.

Es kommt zu einer Abstimmung, und das Undenkbare geschieht: Die Kongressteilnehmer honorieren die Liebe der Moresnetter zu Esperanto und sprechen sich mit großer Mehrheit für Kelmis als neuen Sitz der Zentrale aus. Im November 1909 wollen die Esperantisten ein Gebäude in der neutralen Zone beziehen. Und außerdem soll der nächste Kongress in Moresnet stattfinden. Die Anhänger der Kunstsprache stehen voll und ganz hinter Roys Ideen.

Triumphierend kehrt der Franzose in das kleine Land am Vaalserberg zurück: ein Berg, der zu Ehren des Kongresses einen »offiziellen« Esperanto-Namen erhalten hat: Kvarŝtonoj. Roys Ankunft bleibt nicht unbemerkt: Mehr oder weniger gleichzeitig mit dem Kongress in Dresden organisiert Schriewers für Esperantisten aus Moresnet und Umgebung ein mehrtägiges kleines Treffen in Kelmis.

Eine ausgezeichnete Gelegenheit zu zeigen, wie groß die Begeisterung für Moresnet als Esperanto-Heimat ist. Und eine gute Generalprobe für den großen Kongress, der 1909, also im Jahr darauf, in Kelmis stattfinden soll. Zu diesem Anlass gründet Schriewer ein »kostenloses internationales Büro für Handelsreisende« im Hotel Bergerhoff. Diese Esperanto-Handelskammer richtet sich hauptsächlich an Geschäftsleute, die dieser Sprache mächtig sind. Eine gut gemeinte Initiative, nur dass es bisher kaum Geschäftsleute gibt, die diese Sprache beherrschen.

Schriewer möchte zweihundert Besucher anlocken, aus Städten wie Brüssel, Lüttich, Aachen und Köln, fünfundvierzig kommen. »Hauptsächlich Frauen«, wie ein Augenzeuge notiert. Und die zählen offensichtlich nicht. Aber das ist schließlich erst der Anfang.

Für den letzten Tag rechnet Schriewer mit mehr Andrang. Er hofft, dass die Franzosen, Spanier, Belgier, Niederländer und möglichst auch Deutschen, die beim Kongress in Dresden waren, auf dem Rückweg in Moresnet vorbeischauen und von ihren Erlebnissen berichten. Schließlich hat er die Organisation des Treffens auf diesen Tag ausgerichtet. Die erschöpften Reisenden können im Hotel Bergerhoff sogar ihr Essen auf Esperanto bestellen: Die Kellner haben die Sprache zu diesem Anlass extra ein wenig gelernt.

Zig Leute haben bereits zugesagt. Einschließlich Roy kommen ... zwölf. Doch das darf die gute Laune nicht beeinträchtigen – der erste Schritt zu einem Esperanto-Staat ist gemacht.

Schriewers Rolle darf dabei nicht unterschätzt werden: Roy mag das Aushängeschild sein, aber für die eigentliche Arbeit ist der junge Kelmisser zuständig. Seit Ausrufen des Esperanto-Staats Amikejo hat er unermüdlich *circulaires* verfasst – heute würden wir Pressemitteilungen dazu sagen. Schriewer trifft genau den richtigen Ton. Zeitungen aus aller Welt greifen die Nachricht vom Esperanto-Staat Moresnet auf.

Erst nur in Deutschland, aber schon bald erfahren Bürger von Boston bis Batavia von Roys Plänen. Manche übrigens erst mehrere Monate später: Die Redaktionen berichten darüber, wenn sie einen unterhaltsamen Artikel einschieben wollen. Mehr als einmal nehmen sie Roy etwas auf die Schippe. Längst nicht jeder nimmt die geniale Idee eines Liliput-Staats ernst.

In einem Interview aus dem Jahr 1908 schätzt Roy, hundertfünfzig Zeitungen hätten die Nachricht gebracht. Die tatsächliche Anzahl dürfte um ein Vielfaches höher sein, da Roy nur die französische und deutsche Presse verfolgt. Auch zig englischsprachige, niederländische, italienische und spanische Zeitungen berichten darüber. Auf einmal ist der Name Moresnet weltweit auf den Titelseiten.

So viel Idealismus in der neutralen Zone macht einige Leute ziemlich nervös. Vor allem in Berlin empfindet man Roys Pläne als Bedrohung. Ein Esperanto-Staat? Das klingt nach einer dauerhaften Lösung, die sich so gar nicht mit ihren Plänen verträgt, die neutrale Zone baldmöglichst abzuschaffen. Das versuchen sie zwar bereits seit Jahrzehnten, aber erst in letzter Zeit scheinen sie ihrem Ziel näher zu kommen. Doch dank Schriewers Rundbriefen schaut jetzt die ganze Welt auf das verdammte »Tortenstück«.

Deutsche Beamte beginnen damit, ein Dossier über die Unabhängigkeitsbestrebungen in Moresnet zusammenzustellen. Sie reisen inkognito nach Kelmis, um die Treffen zu besuchen. Und erstatten dem Außenminister Bericht.

Die »Geheimagenten« vermuten, dass es um viel mehr geht als nur um den naiven Idealismus von ein paar Enthusiasten. Diese Esperanto-Sache könnte eine Art Komplott sein, mit dem einzigen Ziel, das Steuerparadies zu erhalten.

Und welche Rolle spielt dabei eigentlich der neue Direktor von Vieille Montagne, Charles Timmerhans? Dass das Unternehmen die steuerfreie Enklave nicht aufgeben möchte, ist schließlich kein Geheimnis. Esperanto ist wahrscheinlich nur ein Trick, um das zu erreichen. Vermutlich in Zusammenarbeit mit der belgischen Regierung, die unter dem Einfluss der Zinkhütten-Aktionäre steht.

Eine Vermutung, die auf Tatsachen zu beruhen scheint, denn Belgien führt bereits seit Jahren den reinsten Eiertanz auf, wenn es um Moresnet geht. Der Sohn des belgischen Verwaltungskommissars Fernand Bleyfuesz ist gerade erst in den Dienst der Zinkhütte getreten, die Kontakte zu Brüssel sind also äußerst eng. Und hat beim Ausrufen von Amikejo nicht die Kapelle von Vieille Montagne gespielt?

Drei Monate nach dem Esperanto-Kongress erinnern die Deutschen Belgien brieflich erneut an den Vertrag über die Aufteilung von Moresnet, den beide Länder 1906 erarbeitet, aber nie unterzeichnet haben. Wann können die Grenzpfosten endlich eingeschlagen werden?

Wieder einmal lassen die Belgier nichts von sich hören. Das bestätigt den Verdacht Berlins, dass sie nicht das Geringste ändern und die neutrale Zone bis zum Nimmerleinstag beibehalten möchten. Egal, ob Brüssel von Timmerhans und seiner Vieille Montagne zu dieser Funkstille gedrängt wird oder nicht – sie kommt bei den Deutschen gar nicht gut an. Die Zeit des Wartens ist vorbei, jetzt muss zu härteren Maßnahmen gegriffen werden, wenn das Gebiet endlich ein für alle Mal von der Landkarte getilgt werden soll.

Aber das Wichtigste sei, dass Deutsche die Mehrheit in Moresnet stellen, schreiben Beamte dem Innenminister. Sie wollen, dass der Staat Deutsche ermutigt, sich dort niederzulassen. Denn mit einer deutschen Bevölkerungsmehrheit dürfte es einfacher sein, die dortige Stimmung zu beeinflussen. In den darauffolgenden Jahren ziehen tatsächlich immer mehr Deutsche nach Moresnet, doch ob der Staat Anreize geschaffen hat, lässt sich heute nicht mehr nachvollziehen.

Währenddessen sucht Berlin händeringend nach einem Vorwand, um endlich ernst machen zu können. Nach irgendetwas, das den Belgiern zeigt, dass Deutschland keinen Spaß mehr versteht, wenn es um Moresnet geht.

Und findet ... eine Telefonleitung.

Zwei Mitarbeiter des belgischen Telegrafie- und Telefonieunternehmens haben sich einen schönen Tag für ihre Arbeit ausgesucht. Es ist der 5. Oktober 1910, und sie sollen eine Telefonleitung zu einem Haus in Kelmis verlegen. Die Masten wurden bereits in die Erde gerammt, jetzt müssen sie nur noch den Kupferdraht spannen – und zwar von belgischem Boden bis zum Haus des Kunden, das wenige Hundert Meter weiter in der neutralen Zone liegt.

Das sollte eigentlich kein Problem sein, denn schon seit Jahren werden Leitungen quer über die Grenze gespannt. Seit der Jahrhundertwende gibt es in Moresnet mehrere Telefone. Eine offizielle Vereinbarung zwischen Deutschland und Belgien in puncto Strom und Telefon besteht nicht. Die Einwohner können den Anschluss in beiden Ländern beantragen. Wer nah an Belgien wohnt oder Belgier ist, fragt dort an. Wer ein Haus an der deutschen Grenze hat, macht Geschäfte mit dem deutschen Telefonieunternehmen.

Das im Zentrum gelegene Hotel Bergerhoff ist beispielsweise ans deutsche Netz angeschlossen. Die Leitung führt einfach über die Straße und damit über die Grenze nach Preußisch-Moresnet, wo sich ein Verbindungsknoten zum übrigen deutschen Netz befindet. Die Einwohner von Neutral-Moresnet benutzen sie gern, wenn sie Verwandte in der »Heimat« anrufen.

Das belgische Telefonieunternehmen hat den deutschen Staat im Vorfeld um Erlaubnis gebeten, die Leitung über die

Grenze hinweg spannen zu dürfen – wie übrigens schon öfter. Da die Deutschen in den zwei Wochen, die seither vergangen sind, nichts von sich hören haben lassen, gehen die Belgier davon aus, dass alles in Ordnung ist. Keine Reaktion galt in der Vergangenheit stets als Zustimmung.

Die belgischen Techniker spannen gerade den Draht, als sie sehen, wie zwei Männer wild mit den Armen fuchtelnd auf sie zueilen. Wollen die beiden sie etwa an ihrer Arbeit hindern? In diesem Moment erkennen sie in einem der Männer Schmetz, den Bürgermeister von Moresnet. Er hat einen deutschen Gendarmen dabei.

Der Bürgermeister verlangt, dass die beiden Techniker sofort von ihren Masten herunterklettern und verschwinden. Wissen sie denn nicht, dass sie gegen die Neutralität verstoßen? Die Techniker zeigen auf andere Telefondrähte, die quer über die Grenze gespannt sind. Wenn die erlaubt sind, warum dann diese Leitung nicht?

Der Bürgermeister lässt sich nicht umstimmen und droht den Männern, sie vom Gendarmen verhaften zu lassen. Die haben keine Lust, die Nacht in einer deutschen Zelle zu verbringen, und kehren auf belgischen Boden zurück.

Einige Wochen später reist ein Mitarbeiter des belgischen Telefonieunternehmens nach Kelmis, um das Problem aus der Welt zu schaffen. Es kann sich nur um ein Missverständnis handeln. Er will den Bürgermeister aufsuchen, um sich mit ihm auszusprechen, damit die Leitung so schnell wie möglich gespannt werden kann.

»Ich weigere mich, das Verlegen einer Leitung in diesem Teil des Dorfes zu genehmigen, weil ich nicht möchte, dass Moresnet über einen Telefondraht mit Belgien verbunden ist. Zumal dieser Teil [von Kelmis] bei einer etwaigen Aufteilung höchstwahrscheinlich deutsch wird«, so der Bürgermeister Hubert Schmetz. Der Belgier fragt erstaunt, ob er das schriftlich haben kann, doch der Bürgermeister weigert sich. Da bleibt dem Mann vom belgischen Telefonieunternehmen nichts anderes übrig, als unverrichteter Dinge abzuziehen. Der Kunde in Moresnet kann warten, bis er schwarz wird: Er wird so schnell keinen Telefonanschluss bekommen.

Schmetz' unnachgiebige Haltung erstaunt, schließlich hat er sich in den Jahren zuvor stets für strikte Neutralität eingesetzt, ja, er schien sogar für mehr Unabhängigkeit zu sein.

»Wir haben das Glück, eigentlich gar nicht regiert zu werden. Ich hoffe im Interesse der Bürger, dass dieser Zustand erhalten bleibt«, schrieb er noch 1890 in einem Brief.

Aber seit die Verhandlungen zwischen Berlin und Brüssel 1906 im Sand verlaufen sind, korrespondiert er auf einmal auffallend viel mit dem deutschen Staat und berichtet detailliert über die Stimmungslage in der neutralen Zone. Er scheint sich auf die Seite Berlins geschlagen zu haben, was bei einem deutschen Beamten, der er offiziell ist, natürlich nicht weiter verwundert. Spürt er, dass das Ende des neutralen Territoriums kurz bevorsteht, und will sich deshalb nicht mit den Autoritäten anlegen? Es sieht ganz danach aus.

Der Telefonvorfall sorgt für erhebliche diplomatische Verstimmungen. Auf einmal reagieren die Belgier sehr wohl – genau das, was die Deutschen erreichen wollten. Die Verwaltungskommissare befassen sich mit dem Problem. »Ein Telefonanschluss begründet keinerlei zukünftige Ansprüche und spielt für die endgültige Aufteilung des Gebiets nicht die geringste Rolle. Beide Länder erhalten volle Souveränität über das ihnen zugewiesene Gebiet, völlig unabhängig davon, wo Telefonleitungen verlegt wurden«, schreibt der belgische Kommissar Bleyfuesz an seinen deutschen Kollegen.

Eine Antwort darauf erhält er nicht. Dafür schicken die Deutschen über ihren Botschafter in Brüssel eine Geheimdepesche an die belgische Regierung. Können beide Länder die Moresnet-Frage nun endlich klären? Ein auffällig undiplomatischer und leicht zu durchschauender Schritt: Mit der Verhinderung des Telefonanschlusses haben die Deutschen deutlich gemacht, dass sie das Warten leid sind und erwarten, dass die Belgier endlich handeln – ansonsten wird man noch härtere Maßnahmen ergreifen müssen. Berlin lässt die Muskeln spielen.

Der Umgangston hat sich eindeutig verschärft. Der Abgeordnete Albert Hackenberg hält im deutschen Parlament eine flammende Rede über Moresnet: Dieses monströse Gebilde sei weder ein eigenständiger Staat noch eine Republik noch sonst irgendetwas. Es sei nur insofern neutral, als es ein Zwittergebilde sei: »Was man nicht deklinieren kann, das sieht man als ein Neutrum an!« Nach dieser vernichtenden Kritik bricht das Parlament in Hohngelächter aus. Endlich jemand, der sagt, was Sache ist – zumindest aus deutscher Sicht.

Doch Hackenberg ist noch nicht fertig. Der Nationalist begeht regelrechten Rufmord an dem kleinen Land: Moresnet sei ein gelobtes Land für Minderbemittelte: für Landstreicher, Quacksalber, Spekulanten und allerlei fahrende Gesellen. Die Bevölkerung sei verbittert, und der Bürgermeister halte sie hin, indem er immer wieder die bereits zehn Jahre andauernden Verhandlungen anführe. Es reiche, und zwar endgültig. Was plane die Regierung dagegen zu unternehmen?

Frenetischer Applaus brandet auf, viele Parlamentarier scheinen seine Meinung zu teilen. Die Zeit ist reif, Moresnet zu Grabe zu tragen.

Die Bevölkerung in der neutralen Zone bekommt es mit der Angst: Bei dieser Brandrede schwang durchaus die Drohung mit, Deutschland könnte sich das Gebiet gewaltsam aneignen. Hackenberg hat politisch nicht viel zu sagen, sprach aber wohl genau das aus, was die deutsche Herrscherelite denkt, sonst hätte er sich nie so weit aus dem Fenster gelehnt. Der zuständige Minister antwortet dem Abgeordneten, die Verhandlungen seien noch nicht abgeschlossen, was die Gemüter nicht gerade beruhigt.

Eine Delegation aus Moresnet erbittet eine Audienz beim belgischen König sowie beim deutschen Kaiser. Es ist ein bunter Haufen, bestehend unter anderem aus einem Kaufmann, einem leitenden Angestellten der Vieille Montagne und einem Schnapsbrenner, die sich an höchster Stelle Gehör verschaffen möchten. Moresnet muss bleiben! König Leopold II. empfängt die Abgesandten der neutralen Zone, doch Kaiser Wilhelm II. lässt nichts von sich hören. Beweist das nicht, dass die Deutschen kurz davorstehen, militärisch einzugreifen?

Das mit der Telefonleitung und der Delegation landet in der europäischen Presse. Auch das dritte Nachbarland von Moresnet ist inzwischen alarmiert. Die niederländische Zeitung *Algemeen Handelsblad* holt bald nach Hackenbergs Provokation ein Stimmungsbild in Moresnet ein und findet eine Bevölkerung vor, die »fest vorhat, sich zu wehren und zu verteidigen«. Die Menschen in Moresnet würden nicht davor zurückschrecken, »den Kampf mit Preußen und Belgien anzunehmen oder (...) Hilfe von außen zu rufen, um einen Anschluss an einen der beiden Staaten zu verhindern«. Meinen sie die Esperantisten, oder hoffen sie auf eine Intervention der Niederlande?

Das Tauziehen um Moresnet werde langsam zu einem

ernsthaften europäischen Problem, schlussfolgert das *Handelsblad*. Vielleicht sei es sinnvoll, eine Friedenskonferenz einzuberufen, um die Spannungen zu lindern? Die Zeitung will nicht ausschließen, dass Moresnet Anlass für einen Krieg zwischen den Nationen am Vierländereck geben könnte.

»Bei den angespannten Beziehungen kann schon der kleinste Funke einen verheerenden Brand entfachen.«

Aus einem »Ort für Freunde« ist auf einmal ein potenzieller Kriegsgrund geworden. Alle Hoffnungen ruhen nun mehr denn je auf der Esperanto-Bewegung. Hat sich deren Zentrale erst einmal in Kelmis niedergelassen, kann Deutschland das Land nicht mehr so leicht besetzen. Das würde zu einem Schrei der Empörung in den Hauptstädten Europas führen, vielleicht sogar in Deutschland selbst. Alle warten auf die Umzugswagen aus Genf.

Doch die bleiben aus.

Die Begeisterung vom August 1908 hat sich nach einem Jahr bereits gehörig abgekühlt. Vielleicht dämmert den Esperantisten inzwischen, dass sie mit einem Umzug in ein politisches Wespennest stechen. Gut möglich auch, dass die deutsche Regierung Druck auf Landsleute in der Bewegung ausgeübt hat. Fest steht nur, dass der für 1909 geplante Umzug nicht stattfindet und die Esperanto-Zentrale weiterhin in Genf bleibt. Auch der Kongress wird in einer anderen Stadt ausgerichtet.

Neutral-Moresnet muss also selbst schauen, wie es klarkommt, ohne Hilfe einer internationalen Gemeinschaft aus Gleichgesinnten. Ein politischer Vorreiter? Das neutrale Gebiet kann froh sein, wenn es nächstes Jahr noch existiert!

Die Enttäuschung in Kelmis dürfte riesengroß sein: Statt Mittelpunkt einer weltweiten Bewegung ist es wieder ein unbekanntes Stück Europa, ein Stiefkind der Geschichte. Die Schilder auf Esperanto verschwinden aus den Geschäften, und die Kurse in der Kunstsprache werden weniger. Der Traum von einem ganz neuen Land ist ausgeträumt.

Nach diesem bösen Erwachen verliert auch Gustave Roy das Interesse an diesem Gebiet und geht nach Südfrankreich. Er wird sich nie mehr für die Esperanto-Bewegung engagieren und zeit seines Lebens nicht mehr öffentlich in Erscheinung treten. 1944 soll er bei einem Badeunfall in Südfrankreich ums Leben gekommen sein.

Auch Schriewer dämmert, dass von einer weltweiten Revolution keine Rede mehr sein kann. Was hält ihn also noch in Kelmis? Ein Leben in der Zinkhütte kann er sich nicht vorstellen, dafür ist er viel zu begabt. Kurz nachdem er die schlechte Nachricht erfährt, tritt er in die belgische Armee ein. Aus dem Konsul wird ein Leutnant. 1909 kommt er auf eine Militärbasis in Lüttich. Wie sich Verbandsmitteilungen entnehmen lässt, unterrichtet er auch dort Esperanto. Im Gegensatz zu Roy scheint er von der Kunstsprache noch nicht die Nase voll zu haben.

Anscheinend hat Schriewer das Bedürfnis, mehr von der Welt zu sehen, denn er meldet sich freiwillig zum Dienst in den belgischen Kolonien. Das Verteidigungsministerium schickt ihn in die belgische Konzession Tientsin, ein kleiner kolonialer Außenposten in China, das heutige Tianjin. Mit seinen fünfundvierzig Hektar ist Tientsin sogar noch kleiner als Moresnet. Auch Österreich-Ungarn, Italien und einige andere Länder besitzen winzige Kolonien in der chinesischen Hafenstadt, die häufig kaum größer sind als ein Häuserblock. Hier herrscht die reinste Kakophonie von Sprachen und Kulturen, sodass sich Schriewer dort bestimmt wohlfühlt.

Doch der Bürojob in China ist ihm nicht abenteuerlich

genug. Schriewer meldet sich freiwillig für Belgisch-Kongo und darf sich nach Afrika einschiffen. Vermutlich ist der ehemalige Konsul der einzige Einwohner von Neutral-Moresnet, der gleich zwei fremde Kontinente bereist. Seine Ideale – ein typischer Fall von jugendlicher Naivität – dürften unter der Tropensonne bald dahingeschmolzen sein. Schon bald wird die Welt in Flammen stehen – auch Esperanto hat das nicht verhindern können.

Schriewer wird den Kvarŝtonoj nie mehr wiedersehen. Die Sprache, die er mit entwickelt hat, besitzt heute weltweit gerade einmal zwei Millionen Sprecher.

11
Warum einfach, wenn es auch kompliziert geht?

Im Büro des Regierungspräsidenten,
Theaterplatz Aachen, am 10. Dezember 1913

Max von Sandt ist der Inbegriff eines strengen preußischen Verwaltungsbeamten: voller Pflichteifer und bereit, alles fürs Vaterland zu geben. Wegen seines Militärhaarschnitts und der tiefen Augenringe erinnert er an einen alten Wachhund, dessen Zähne allerdings immer noch scharf sind. Mit seinem bohrenden Blick schaut er durch sein Gegenüber hindurch.

»Was führt Sie zu mir?«, bellt er auf Hochdeutsch.

»Ich komme wegen der Teilung von Neutral-Moresnet«, sagt Charles Timmerhans, der belgische Direktor der Zinkhütte Vieille Montagne. Im Gegensatz zu von Sandt hat er ein offenes, freundliches Gesicht und eine entfernte Ähnlichkeit mit Albert Einstein. Der Belgier ist auf gut Glück nach Aachen gereist, um bei von Sandt vorzusprechen. Der deutsche Regierungspräsident des Bezirks Aachen wundert sich nicht über den Besuch. Natürlich kommt Timmerhans kleinlaut angekrochen, nachdem von Sandt vor zwei Tagen sämtliche Strom- und Telefonleitungen von Deutschland nach Neutral-Moresnet hat kappen lassen.

Das ist ordinäre Erpressung: Ohne Strom und Telefon wird das kleine Land in die Steinzeit zurückgeworfen, und das weiß von Sandt ganz genau. Erst wenn das Gebiet zwischen Belgien und Deutschland aufgeteilt sei, fließe wieder Strom, erklärt er Timmerhans.

»Die preußische Regierung wünscht, dem Kondominat Neutral-Moresnet ein Ende zu machen. Die dortigen Zustände erweisen sich mehr und mehr als unhaltbar«, rechtfertigt er das Durchtrennen der Leitungen.

»Das Vorhandensein von Missständen gebe ich zu«, lenkt Timmerhans ein, dessen Unternehmen den Strom dringend braucht. »Die Frage der Teilung oder Nichtteilung des neutralen Gebiets wird aber von mir in meiner Gesellschaft in keiner Weise beeinflusst. Weshalb muss sie daher unter den Maßnahmen leiden, die zu einer Teilung führen sollen?«

Genau das kann von Sandt nicht ausstehen, nämlich dass Timmerhans das Unschuldslamm spielt: Dabei liegt doch klar auf der Hand, dass Vieille Montagne die Verhandlungen zwischen Belgien und Deutschland wiederholt sabotiert hat. Ist ein Direktionsmitglied der Zinkhütte, Jean Harms, nicht Mitbegründer und Vorstand des Komitees zum Erhalt der neutralen Zone? Dieses Komitee tut alles, um die Aufteilung zu verhindern, es erbittet Audienzen bei belgischen Volksvertretern, ja sogar beim König!

Timmerhans ist selbst antideutsch eingestellt, das weiß von Sandt aus Geheimrapporten über Moresnet. Deshalb weigert er sich zum Beispiel, die Kapelle von Vieille Montagne an Feiertagen spielen zu lassen, die deutscher Siege über Frankreich gedenken. Beim Ausrufen der Esperanto-Republik hat sie allerdings sehr wohl die neue »Nationalhymne« gespielt!

»Sie und Ihre Gesellschaft bestimmen die öffentliche Meinung in Neutral-Moresnet«, brummt von Sandt, »schon wegen der wirtschaftlichen Abhängigkeit der Gemeinde und zahlreicher Ortseingesessenen von der Gesellschaft. Es ist bei Ihren persönlichen und geschäftlichen Beziehungen zu maßgebenden Kreisen Belgiens auch wohl anzunehmen, dass Sie auch in dieser Richtung hin Ihren Einfluss ausüben oder doch, wenn Sie wollten, ausüben könnten.«

Timmerhans dämmert, dass seine Mission zum Scheitern verurteilt ist, und er kann es von Sandt nicht einmal verübeln: Die Deutschen drängen bereits seit Jahren auf eine Aufteilung, aber die belgische Regierung zieht die Sache endlos in die Länge, und Vieille Montagne hat das tatsächlich stets begrüßt. Trotzdem versucht er es noch einmal auf die diplomatische Tour und sagt, selbst wenn er und seine Firma Einfluss geltend machten, um die öffentliche Meinung zu lenken, ändere das nicht das Geringste, weil die Lebenshaltungskosten in Moresnet nun mal sehr niedrig seien. Sollte die Grenze zwischen Belgien und Deutschland endgültig gezogen werden, werde das Leben für Moresnetter teurer, und das wüssten sie genau. Timmerhans versucht, von Sandt klarzumachen, dass es vor allem die Moresnetter sind, die sich gegen eine Aufteilung sträuben.

Die Meinung von irgendwelchen Bürgern ist dem Deutschen herzlich egal. Der Schandfleck muss endlich von der Landkarte verschwinden. Belgien ist damit angeblich einverstanden – nur, warum passiert dann nichts? Der Aachener Regierungspräsident verdächtigt Timmerhans und einige andere Herren in Brüssel, die Einwohner aufzuhetzen. Jetzt wendet er sich bewusst an den Geschäftsmann Timmerhans und sagt, er wisse nicht, wie dieser darauf komme, dass eine Aufteilung des Gebiets nachteilig für Belgien sei. Ihn interessiere auch nicht, wo die Grenze genau verlaufen werde. Es seien bereits unterschiedliche Grenzziehungen diskutiert worden, wobei man stets versucht habe, die Anzahl der Einwohner von Moresnet und damit auch die der Steuerzahler gerecht aufzuteilen. Aber die Belgier reagierten einfach nicht.

Deutschland habe keinen Gegenvorschlag erhalten, sodass es auch keine Möglichkeit gebe, eventuelle negative Folgen der Aufteilung für seine Gesellschaft zu kompensieren oder aus dem Weg zu räumen.

Timmerhans kann diesen Kampf nicht gewinnen. Er kann nur versuchen, Zeit zu schinden, bis eine eigene Stromversorgung in Moresnet steht. Dann wäre Vieille Montagne energietechnisch auf einen Schlag unabhängig von Deutschen und Belgiern.

Er macht folgenden Vorschlag: Was, wenn er mit der belgischen Regierung spricht? Wäre von Sandt dann bereit, wieder Strom fließen zu lassen?

Der Aachener Regierungspräsident ist das Herumeiern des Belgiers leid. Das Gespräch hat lange genug gedauert: Timmerhans wisse, was er zu tun habe, wenn er wieder Strom wolle. In Berlin und Brüssel liege bereits seit 1906 ein Grenzvertrag in der Schublade. Der müsse endlich unterzeichnet werden. Sobald das geschehen sei, werde er den Stromhahn sofort wieder aufdrehen.

Aber vorher zieht er die Daumenschrauben noch etwas fester an und droht mit weiteren Maßnahmen, die sehr unangenehm für Timmerhans und die Einwohner von Moresnet werden könnten. Der habe bisher immer bewiesen, dass seine Geschäftsinteressen oberste Priorität hätten. Die Entscheidung, ob die Neutralität diese Maßnahmen wirklich wert sei, liege ganz bei ihm.

Welche unangenehmen Maßnahmen das sind, sagt er nicht. Kurz darauf steht Timmerhans wieder draußen auf dem Flur. Seine Mission, die neutrale Zone erneut ans Stromnetz anschließen zu lassen, ist gescheitert. Die Deutschen lassen nicht mehr mit sich reden, und die Zukunft sieht mehr als düster aus.

Die sture Haltung von Sandts ist damals normal: 1913 scheint die Zeit des Redens einfach vorbei zu sein. Schon seit Jahren zeichnet sich ein neuer Krieg auf dem Kontinent ab. Aber keiner, der sich auf Scharmützel an den Rändern Europas beschränkt, denn die Großmächte Deutschland und Frankreich scheinen es offensichtlich auf eine deutliche Neuziehung der Grenzen von 1815 ankommen zu lassen.

Die Niederlande, die als kleines Land besonders verletzlich sind, spüren die bedrohliche Atmosphäre. Daher organisieren sie schon 1899 eine Friedenskonferenz. Delegationen der wichtigsten europäischen Länder kommen zu Abrüstungsgesprächen nach Den Haag. So weit die Theorie.

Doch der deutsche Abgesandte gibt den Ton vor, indem er in seiner Eröffnungsrede damit prahlt, sein Land könne sich so viele Waffen leisten, wie es wolle. Auch das Volk sei bereit für einen Krieg. Jeder deutsche Mann betrachte den Wehrdienst »als eine heilige und patriotische Pflicht, deren Erfüllung er seine Existenz, seinen Wohlstand und seine Zukunft verdankt«.

Der belgische Abgesandte, der sich als direkter Nachbar von dieser Haltung eingeschüchtert fühlt, erwidert darauf, dass seine Regierung ebenfalls nicht vorhabe abzurüsten.

Andere Länder reagieren genauso, alle investieren vor allem in Waffen statt in Verhandlungen. Das beste Ergebnis der Konferenz ist die Gründung eines internationalen Schiedsgerichtshofs in Den Haag: Dort können Länder ihre Grenzstreitigkeiten einem darauf spezialisierten Richter vorlegen. Die Vereinigten Staaten und Mexiko haben in Den Haag bereits einen Prozess über die finanziellen Folgen der Teilung Kaliforniens angestrengt.

Ließe sich die Moresnet-Frage nicht auch so lösen? Dann könnte man sich das Säbelrasseln sparen. Die Deutschen überlegen, sich an den Internationalen Gerichtshof zu wenden, halten das aber geheim.

Berlin möchte erst einmal vorfühlen, ob es in Den Haag überhaupt eine Chance hätte. Die Regierung schickt einen erfahrenen Fachmann nach Österreich. Er soll sich in die Akten des Wiener Kongresses vertiefen und herausfinden, wie der Vertragstext von 1815 eigentlich zustande gekommen ist. Die Richter in Den Haag werden auch nichts anderes tun. Aus deutscher Sicht hat das Elend mit diesem Vertrag überhaupt erst begonnen. Vielleicht finden sich in den vergilbten Dokumenten ja irgendwelche Anhaltspunkte, mit denen sich der Fall gewinnen lässt.

Zwei Wochen später berichtet Archivar Huber, dass er in Wien eine unglaubliche Schlamperei vorgefunden hat. Es sei ein Wunder, dass der löchrige Vertrag nicht noch zu viel mehr Konflikten geführt habe! Es ist ihm gelungen, die Spur bis zu der Karte zurückzuverfolgen, in der die neuen Grenzen mit einem viel zu dicken Stift skizziert wurden – der Grund für alle Probleme. Doch die Karte selbst ist verschwunden, vermutlich wurde sie noch auf dem Kongress weggeworfen. Schade, denn sie hätte den Fall deutlich beschleunigen können!

Anhand der noch vorhandenen Dokumente gelangt Huber zu dem Schluss, dass Preußen (jetzt das deutsche Kaiserreich) ein etwas größeres Anrecht auf die Gemeinde Moresnet gehabt hätte als die Niederlande. Aber das heiße noch lange nicht, dass die Richter das genauso sehen.

Deshalb fahren die Deutschen mit ihren Einschüchterungen und Drohungen fort. Sollte das nichts nutzen, können sie immer noch nach Den Haag gehen. Sie erhöhen den Druck sogar noch weiter: »Die Teilung des Gebiets wird deshalb mit allen Mitteln zu erstreben und äußerstenfalls die Entscheidung des Haager Schiedsgerichts anzurufen sein«, schreibt ein Spitzenbeamter Ende 1913 in einer Notiz an von Sandt.

Der lässt sich das nicht zweimal sagen. Die gekappten Stromleitungen sind erst der Anfang: Briefe und Telegramme aus Deutschland, die an Kelmis adressiert sind, werden zurückgeschickt. Die Deutschen streichen ihren Beitrag zur Armenkasse, was für die mittellosen Einwohner von Moresnet eine echte Katastrophe ist.

Und das ist längst nicht alles: Die Grenzkontrollen auf deutscher Seite werden stets intensiver und einschüchternder. Die Zollbeamten sind größtenteils durch Soldaten ersetzt worden, die an den Gebietsgrenzen mit Gewehren patrouillieren. Wo man früher einfach durchmarschieren konnte, muss man sich jetzt ausweisen.

Diese Maßnahmen sind sehr personal- und geldintensiv, aber das ist den Deutschen egal. Der Zweck heiligt die Mittel. Insgeheim überlegt man sogar, die deutsche Grenze zu Moresnet zu schließen: Das sind die »drastischen Maßnahmen«, mit denen von Sandt Timmerhans gedroht hat.

Eine geschlossene Grenze wäre eine echte Katastrophe für die 600 Einwohner der neutralen Zone, die in Aachen und Umgebung arbeiten. Sie müssten dann einen anderthalbstündigen Umweg über das niederländische Vaals oder das belgische Welkenraedt in Kauf nehmen. Noch schlimmer wäre es für die 494 Neutralen, denn die Nachkommen der Menschen, die bereits in Kelmis lebten, als die neutrale Zone entstand, sind staatenlos. Sie könnten dann gar nicht mehr nach Deutschland einreisen, schließlich besitzen sie keinen Pass.

Doch die Moresnetter lassen sich nicht unterkriegen. Je brutaler die Maßnahmen der Deutschen werden, desto mehr sind sie entschlossen, ihr kurioses Land zu verteidigen. Auf einmal haben sie einen gemeinsamen Feind. Jede Maßnahme aus Berlin erhöht den Widerstand der Menschen in Moresnet – auch der meisten deutschen Einwohner. Es kommt kein Strom mehr aus Deutschland? Na gut, dann holen wir ihn uns eben aus Belgien. Dieses Land hat schließlich auch schon diverse Leitungen gespannt. Deren Leistung ist zwar deutlich geringer, doch fürs Erste genügt sie vollauf.

Jeder fragt sich, wie weit die Deutschen noch gehen wollen. Werden sie militärisch eingreifen? Natürlich haben die Bewohner von Moresnet keinerlei Chance gegen die gut ausgebildeten Truppen aus dem Nachbarland. Deshalb müssen sie den Deutschen zuvorkommen, sich eigene Provokationen ausdenken: Denn solange Moresnet in den Nachrichten bleibt, können die Deutschen das Land nicht einfach so annektieren, diese Lektion haben sie aus dem Esperanto-Abenteuer gelernt.

1916 wird Neutral-Moresnet sein hundertjähriges Bestehen feiern – ein wunderbarer Anlass, Entschlossenheit zu demonstrieren. Im Sommer 1914 gründen die Einwohner ein Festkomitee, das entsprechende Feierlichkeiten vorbereiten soll ... und lachen dem östlichen Nachbarn dreist ins Gesicht.

Bis zur ersten Reaktion vergehen keine zwei Wochen: Eine französische Zeitung bekommt Wind vom bevorstehenden Jubiläum und erkundigt sich bei Bürgermeister Schmetz, was genau geplant sei. Früher hätte der Bürgermeister eine solche Frage persönlich beantwortet, aber seit einigen Jahren ist er eindeutig ein Sprachrohr Berlins. Deshalb leitet er den Brief der Franzosen sofort an den deutschen Verwaltungskommissar weiter. So langsam ist alles politisch, sogar ein Fest.

Der deutsche Kommissar schreibt ein paar knappe Zeilen

mit dem Tenor, dass es aus seiner Sicht nichts zu feiern gäbe: »Ich bin kein großer Anhänger solcher Festivitäten.«

Schmetz hat verstanden und befolgt seine Anweisungen. Vor dem Gemeinderat sagt er am 20. Juli, dass es aus seiner Sicht kein Jubiläum geben müsse. »Meines Erachtens dürfte wirklich keine Veranlassung vorliegen, das hundertjährige Bestehen eines solch bedauerlichen Zustandes, wie das neutrale Gebiet ihn infolge der alten französischen Gesetzgebung heute noch darstellt, festlich zu begehen.«

Damit bezieht der Bürgermeister eindeutig Position gegen die neutrale Zone. Von Schmetz können sich die Einwohner also keinerlei Unterstützung bei ihrem Kampf um Unabhängigkeit erhoffen. Zum ersten Mal bekommen die Bürger von Moresnet zu spüren, dass sie kein gewähltes, sondern ein ihnen oktroyiertes Oberhaupt haben: jemand, der nicht auf sein Volk hört, sondern auf seine Befehlshaber in Berlin und Aachen.

Doch all das ist harmlos im Vergleich zu anderen Zwischenfällen in Europa: Am 28. Juni 1914 ermordet ein serbischer Nationalist Erzherzog Franz Ferdinand, den Thronfolger Österreich-Ungarns. Einen Monat später marschiert dessen Armee in Serbien ein. Während man in Moresnet über ein Fest streitet, fallen in wenigen Hundert Kilometern Entfernung die ersten Toten eines Kriegs, der sich zu einem noch nie da gewesenen Gemetzel steigern wird.

Das deutsche Kaiserreich sagt Österreich-Ungarn seine Unterstützung zu. Die Russen erklären sich solidarisch mit Serbien. Frankreich und Großbritannien wiederum haben bereits 1907 eine Militärallianz mit dem russischen Reich geschlossen. Damit zerfällt Europa in zwei feindliche Blöcke, und es bahnt sich genau das an, was bereits seit Beginn des

Jahrhunderts alle befürchtet haben, nämlich ein großer kontinentaler Krieg – der Erste Weltkrieg.

In Moresnet ist von alledem relativ wenig zu merken. Es gibt keine Berichte über politische Auseinandersetzungen zwischen den dortigen Deutschen, Belgiern und Niederländern. Doch die lassen bestimmt nicht mehr lange auf sich warten: Nationalismus war nie ein Tabu in der neutralen Zone. Stolz aufs Herkunftsland ist für viele positiv belegt. Sie sind zuallererst Belgier oder Niederländer und erst dann Moresnetter. Deshalb schwenken die Einwohner dieses Territoriums an ihren jeweiligen Nationalfeiertagen auch die Nationalflagge. Bei Veteranentreffen tragen die Männer von Kelmis stolz ihre alte Uniform – ohne dass das bisher zu Problemen geführt hätte.

Aber jetzt, wo die Spannungen auf dem europäischen Parkett so zunehmen, dürften sich die Einwohner der neutralen Zone deutlich argwöhnischer beäugen. Kann ein Belgier einem Deutschen überhaupt noch trauen? Einige Leute aus Moresnet tun ihre patriotische Pflicht und gehen in Deutschland, Belgien oder den Niederlanden zur Armee.

Die beiden zuletzt genannten Länder haben sich neutral erklärt und hoffen, sich so aus dem Krieg heraushalten zu können – so wie schon im Deutsch-Französischen Krieg von 1870/1871. Das würde bedeuten, dass auch Moresnet, das an beide neutrale Länder grenzt und selbst seit fast einem Jahrhundert neutral ist, nichts zu befürchten hat. Deutschland, so hofft man, wird seine Neutralität respektieren. Doch eine Garantie dafür gibt es nicht.

Der 3. August 1914 ist ein wunderschöner Abend im Vierländereck. Vielleicht erklimmen gerade ein paar Spaziergänger auf dem Viergrenzenweg die höchste Erhebung der Niederlande. Das Wetter wäre ideal dafür, denn es ist warm, und am klaren Himmel steht ein fast voller Mond.

Beim Grenzübergang ist alles ruhig. Dort, wo die vier Länder aufeinandertreffen, dürften nur ein paar Grenzwachen stehen, um zu verhindern, dass Schmuggler unbemerkt von einem Land ins andere schlüpfen. In der Ferne ist der Schein der Straßenlaternen von Lüttich, Spa und Aachen zu sehen.

Es sind die letzten friedlichen Stunden in dieser Region: Um zwanzig nach elf nach niederländischer Zeit ertönt auf der deutschen Seite der Grenze Kanonendonner. Um Mitternacht deutscher Zeit (sie ist der niederländischen vierzig Minuten und der belgischen eine Stunde voraus) setzt die deutsche Heeresleitung die Durchführung des Schlieffen-Plans in Gang und versucht, so schnell wie möglich über Belgien in Frankreich einzumarschieren. Zu diesem Zweck beginnt sie mit einem Artilleriebeschuss der belgischen Stellungen.

Der nach seinem Erfinder Generalfeldmarschall Alfred von Schlieffen benannte Plan liegt bereits seit 1905 in der Schublade: So lange lechzen die Deutschen bereits nach einem Krieg im Westen. Dass sich Belgien für neutral erklärt hat, kümmert die Deutschen wenig. Das Land bietet ihnen eine perfekte Marschroute nach Paris. Werden die Belgier rasch geschlagen, ist der Weg in die französische Hauptstadt frei. Die Franzosen haben ihre Truppen hauptsächlich an der Grenze zu Deutschland stationiert ... und das deutsche Heer auf einmal im Rücken. Das trifft sie völlig unerwartet.

Die Einwohner von Vaals und Umgebung bekommen den Krieg in erster Linie zu hören. Auf den Kanonendonner im Osten folgen Granateneinschläge im Westen. Dort treffen die Geschosse unter anderem die Forts, die Belgien als Verteidigungswall um Lüttich gebaut hat. Am deutlichsten hören sie die Explosionen in Herve, am nordöstlichsten Punkt der belgischen Verteidigungslinie. Der Ort ist gerade einmal zwanzig Kilometer Luftlinie vom Vierländereck entfernt, liegt also ganz in der Nähe von Moresnet.

Wird Vaals ebenfalls in die Kämpfe verwickelt werden? Die Niederlande sind neutral, aber das war Belgien auch. Die Möglichkeit besteht also durchaus. Die Deutschen sind schließlich noch ein wenig schneller in Paris, wenn sie die Abkürzung über Limburg nehmen. Niemand weiß, was ihr nächster Schritt ist.

Ein paar ganz besonders Mutige, darunter ein Korrespondent der *Nieuwe Rotterdamsche Courant,* erklimmen nach Sonnenaufgang den Vaalserberg, um sich einen Überblick zu verschaffen. Auf dem Gipfel fehlen der deutsche und der belgische Grenzwächter, trotzdem ist dort mehr los denn je: Der Korrespondent, der sich bis zum eigentlichen Vierländereck vorwagt, sieht keine hundert Meter weiter deutsche Soldaten, die durch den Zipfel von Moresnet nach Westen marschieren. Sie wollen ins nahe gelegene belgische Gemmerich, das innerhalb einer Stunde fällt. Die Deutschen umgehen also die Niederlande und respektieren die von Den Haag erklärte Neutralität.

Die deutschen Soldaten haben eine Proklamation im Gepäck, die sie überall verteilen, so der Korrespondent der *Nieuwe Rotterdamsche Courant.* Darin steht, dass sie Belgien nicht etwa angreifen, sondern der Bevölkerung des Landes »zu Hilfe eilen«. Im Osten Belgiens lebt genau wie in Moresnet eine deutschsprachige Minderheit, die anscheinend von diesen Soldaten beschützt werden muss.

Ein mehr als durchsichtiger Vorwand für eine riesige Invasion. Die Einheiten, die am Vierländereck vorbeikommen, sind nur ein winziger Teil der Truppen, die die Deutschen in den Kampf schicken: Anderthalb Millionen Soldaten ziehen innerhalb kürzester Zeit nach Westen. In nur zweiundvierzig Tagen wollen sie Belgien und Frankreich besiegen und so die Vorherrschaft über Europa erlangen.

Jeder Tag mehr, den sie brauchen, um Paris zu erreichen, schmälert die Chance auf einen deutschen Sieg, so ihr Vordenker von Schlieffen. Ein längerer Krieg erfordert nämlich zuverlässige Nachschubrouten, und die können die Deutschen bei einem mehr als sechs Wochen dauernden Einmarsch nicht gewährleisten. Sie haben es also eilig.

Neutral-Moresnet bietet ihnen jedenfalls keinen Widerstand. In unmittelbarer Umgebung fällt nicht ein einziger Schuss. Aber Moresnet hat auch kein Heer, das besiegt werden müsste, und damit Glück im Unglück: Ein britischer Kriegsberichterstatter bezeichnet Moresnet zu Beginn des Kriegs als »Oase in einer Wüste der Zerstörung«. Kelmis und Umgebung erleiden nur geringe Schäden.

Außerdem geht es den deutschen Truppen natürlich gar nicht um die neutrale Zone, sie haben etwas deutlich Attraktiveres im Blick: Lüttich. Das ist die Stadt, die die Truppen, die am Vierländereck vorbei- und quer durch Kelmis marschieren, einnehmen wollen. Und kurz nachdem der Einmarsch des deutschen Heers begonnen hat, kommen sie auch dort an.

Die Belgier verteidigen Lüttich mit Klauen und Zähnen. Die Angreifer müssen die Stadt elf Tage lang belagern, bis ihr Widerstand gebrochen ist. Bei heftigen Gefechten werden sämtliche Unterlagen von Jean-Jacques Dony vernichtet. Das kostbare Archiv des Mannes, dessen innovative Zinköfen Neutral-Moresnet überhaupt erst geschaffen haben, ist damit für immer verloren.

Die Belagerung Lüttichs bedeutet für die Deutschen eine erhebliche Verzögerung. Es ist längst nicht mehr gesagt, dass sie ihr Ziel, Paris innerhalb von zweiundvierzig Tagen einzunehmen, erreichen werden. Deshalb erhöhen sie das Tempo und rasen regelrecht durch Belgien: Erst fällt Namur, anderthalb Wochen später die Hauptstadt Brüssel.

Doch es nützt alles nichts: Die Belgier wehren sich heftiger als gedacht. Damit ist der rasche Einmarsch in Paris gescheitert, die Deutschen werden die französische Hauptstadt nicht einnehmen. Bald kommt es zu einem elenden Stellungskrieg an der belgisch-französischen Grenze, zweihundert Kilometer südlich von Moresnet.

Die deutsche 6. Armee nimmt Moresnet am 4. August in einer halben Stunde ein. Aber die gut ausgebildeten Soldaten bleiben nicht lange, sie müssen weiter nach Lüttich und Brüssel. Damit ist die Besatzung allerdings nicht zu Ende, denn nach einigen Tagen kommt eine Landsturmkompanie nach Moresnet. Dabei handelt es sich um ältere Soldaten, um Reservisten, mit denen die Deutschen die besetzten Gebiete kontrollieren wollen.

Außerdem bekommt Moresnet wenige Tage nach Kriegsbeginn einen neuen Gendarmen, und diesmal ist es ein Soldat. Er patrouilliert in Uniform und mit Pickelhaube. Die Bewohner sehen, wie er durch Kelmis marschiert, das Gewehr über die Schulter gelegt.

Und merken schnell, dass mit diesem Ordnungshüter nicht zu spaßen ist. Wer Ärger macht, kommt nach Aachen ins Gefängnis. Deutschland hat in diesem Gebiet jetzt eindeutig das Sagen.

Trotzdem behandeln die Deutschen Moresnet anders als das besetzte Belgien. Über Letzteres herrscht Max von Sandt, der berüchtigte Telefondrahtkapper aus Aachen. Er wurde zu Beginn des Kriegs zum Generalgouverneur der eroberten Gebiete im Westen befördert und berichtet inzwischen direkt an die kaiserliche Regierung in Berlin.

Doch in Moresnet hat er ironischerweise nichts zu sagen. Es sind nach wie vor die Kommissare, die die neutrale Zone verwalten. Selbst nach ihrem Einmarsch respektieren die Deutschen den Sonderstatus des neutralen Gebiets – vorläufig. Etwas hat sich allerdings geändert: Weil Belgien aufgrund des Kriegs keinen Kommissar stellen kann (oder will), ist der deutsche ganz auf sich allein gestellt.

Walter The Losen, im normalen Leben Landrat der Grenzgemeinde Eupen, ist seit 1909 deutscher Verwaltungskommissar für Neutral-Moresnet, und er nimmt diese Nebentätigkeit sehr ernst – auch jetzt, wo Krieg herrscht. Nach einer Woche dreht er den Stromhahn wieder auf. Kelmis bekommt sogar Straßenlaternen – so, als hätten die Deutschen etwas wiedergutzumachen.

Die nächste wichtige Frage, die The Losen klären muss, ist, welchen Status das Gebiet hat – jetzt, wo es von den Deutschen besetzt wurde. Ist es dadurch ein Teil von Deutschland geworden? Oder gilt es als besetztes Gebiet wie Belgien? Gibt es die Grenzen in Kelmis überhaupt noch? Welche Nationalität haben die Einwohner, sind es Feinde? Fragen über Fragen, die Juristen jahrelang beschäftigen können.

Es dauert eine Weile, aber dann hat The Losen eine Lösung gefunden. Die ist äußerst komplex und mehr als fragwürdig – doch wie sollte es bei Moresnet auch anders sein? Zunächst die gute Nachricht: Moresnet bleibt offiziell bestehen. Laut The Losen kann das Gebiet nur von den »befugten Machthabern« – also von den Regierungen in Brüssel und Berlin – mithilfe eines Vertrags aufgehoben werden. Und solange das nicht geschieht, bleibt der kuriose Status der neutralen Zone erhalten.

The Losen schickt den Generälen, die Belgien besetzt haben, eine Notiz. Darin bemüht sich der Jurist zu erklären: »(Mit der Besatzung) ist aber der Charakter des Gebietes als eines neutralen nicht verändert worden; die bisher geltenden Gesetze haben auch weiterhin bis zu einer endgültigen Regelung Anwendung zu finden. (...) Bis dahin können mithin die deutschen Kriegsgesetze auf Neutral-Moresnet keine Anwendung finden.«

Das bedeutet, dass die Einwohner dieses Gebiets nicht erschossen werden können, was im wenige Meter entfernten Belgien immer wieder vorkommt. Dort gilt das Kriegsrecht, nach dem bereits kleinste Vergehen oder (angebliche) Widerstandsakte zur Todesstrafe führen können. Mit seiner Gewissenhaftigkeit rettet The Losen so das Leben von Moresnettern, die sonst vor ein Erschießungskommando gekommen wären. Jetzt müssen sie schlimmstenfalls ins Gefängnis.

Aber Moresnet wäre nicht Moresnet, wenn es dabei bliebe: Obwohl das Gebiet (noch) nicht deutsch ist, gelten sämtliche Bürger von Neutral-Moresnet seit dem 4. August 1914 als Deutsche. Auch die Niederländisch- und Französischsprachigen. Und zwar wegen der Ansprüche, die Deutschland seit 1815 auf dieses Gebiet erhebt und auf die es jetzt, wo Moresnet tatsächlich unter deutscher Herrschaft steht, erst recht pocht. Sogar Einwohner, die zuvor staatenlos waren, können nun einen deutschen Pass beantragen und damit nach Deutschland einreisen, in ein Land, das sie vor dem 4. August 1914 nicht haben wollte.

Was die Landesgrenzen anbelangt, gelingt The Losen ein Riesencoup: Sie bleiben bestehen, bekommen aber einen anderen Status. Die Grenze zwischen Moresnet und Belgien ist seit der deutschen Besatzung eine »harte« Grenze. Man darf sie nur passieren, nachdem man von dort stationierten Soldaten gründlich kontrolliert worden ist.

Die Grenze zu Deutschland ist dagegen eine »weiche« – eine gestrichelte Linie auf der Landkarte. Die Kontrollen, die dort wegen von Sandt bis Kriegsbeginn ganz besonders streng waren, werden mehr oder weniger ersatzlos gestrichen. In diesem Gebiet leben schließlich Deutsche. Gleichzeitig bleibt die Steuerfreiheit in Moresnet bestehen, sodass es für die Bewohner der deutschen Grenzregion wieder attraktiv wird, in Kelmis Schnaps zu kaufen.

Nichts an Moresnet war je einfach oder logisch nachvollziehbar. Nicht einmal The Losens Aufgabengebiet. Juristisch ist es natürlich unhaltbar, dass er allein über dieses Gebiet entscheidet. Alle Vereinbarungen, die darüber getroffen worden sind, sprechen eindeutig von zwei Kommissaren, von einem deutschen und einem belgischen. Daher greifen die Deutschen zu einem Trick, um die Sache juristisch wasserdicht zu machen.

1915 ernennt Berlin einen belgischen Kommissar. Nur dass es kein echter Belgier ist – natürlich nicht, denn das könnte zu Problemen führen. Der Jurist Konstantin von Bayer-Ehrenberg darf für die Belgier in Moresnet sprechen. Für die deutschen Besatzer ist er der Zivilverwalter des wallonischen Städtchens Verviers. Es gibt keinerlei Hinweise darauf, dass er sich tatsächlich jemals mit der Verwaltung von Moresnet beschäftigt hätte.

Verwirrend? Das finden die Deutschen auch. Schon nach wenigen Monaten bereiten sie dem Pfuschwerk aus zwei Kommissaren, von denen einer ein sich als Belgier ausgebender Deutscher ist, ein Ende. Ende 1915 wird Moresnet vom deutschen Kaiserreich komplett annektiert. Seitdem gehört das neutrale Gebiet zur Rheinprovinz. The Losen ist entsetzt. Für ihn ist dieser Beschluss nicht rechtsgültig, da er nicht durch einen Vertrag zustande gekommen ist.

Im selben Jahr geht Bürgermeister Hubert Schmetz im Alter von siebzig Jahren in Pension. Drei Jahrzehnte lang hat er Moresnet regiert, oft unter widrigen Umständen. Einst hat er sich für mehr Unabhängigkeit ausgesprochen, aber gegen Ende seiner Laufbahn trägt er dazu bei, das neutrale Territorium Deutschland einzuverleiben. Sein Nachfolger, Wilhelm Kyll, ist Sohn eines Eisenbahnunternehmers, Nationalist und Jurist. Noch bis vor Kurzem war er Gemeindesekretär der deutschen Grenzstadt Eupen.

Das Einzige, was in Moresnet unverändert bleibt, ist die Rolle des Großkapitals. Krieg hin oder her, Vieille Montagne bleibt die größte Macht in der Region – vom deutschen Heer einmal abgesehen. Das Unternehmen möchte weiter wachsen, und der Krieg bietet neue Chancen. Dank des neuen Status von Moresnet hat es auf einmal freien Zugang zum deutschen Zinkmarkt. Hat das neutrale Gebiet nicht eine »weiche« Grenze zu diesem Land? Dann müssen auch keine Ein- und Ausfuhrzölle mehr gezahlt werden.

Doch der Krieg hat auch negative Folgen für die Zinkhütte. Am 19. September 1914 schreibt Timmerhans dem deutschen Wirtschaftsminister, er sei vollständig vom Kohlenachschub abgeschnitten, der jedoch für die Aufrechterhaltung seines Betriebs unverzichtbar sei. Der müsse gewährleistet sein, sonst hätten die Beschäftigten von Vieille Montagne (oder »Altenberge«, wie Timmerhans plötzlich opportunistisch schreibt) keine Arbeit mehr.

Aber auch den Deutschen ist Opportunismus nicht fremd. So feindlich sie Vieille Montagne einst gegenüberstanden, so diensteifrig handeln sie jetzt: Obwohl Brennstoff im Krieg knapp ist, wird sofort für Kohlenachschub gesorgt. Er wird sogar noch erhöht, denn die Zinkproduktion ist viel zu wichtig für die Kriegsmaschinerie, um brachzuliegen.

Aus den einstigen Feinden Vieille Montagne und Deutsches Kaiserreich sind auf einmal Freunde geworden. Die Schlote der Zinkhütte qualmen weiter, als wäre nichts geschehen.

Moresnet, das neue Stück Deutschland, entwickelt sich schon bald zu einem wichtigen Rüstungsstandort.

Transporte aus dem stark industrialisierten Ruhrgebiet an die Front müssen die niederländische Provinz Limburg umfahren, weil sie neutral ist. Die nächstmögliche Passage liegt südlich von Vaals. Deshalb beschließt Berlin, eine neue Bahnverbindung zwischen Aachen und Belgien zu bauen, damit Truppen und Material schneller an die Front kommen.

Einen Monat, nachdem Moresnet besetzt worden ist, beginnen die Arbeiten an der neuen Bahntrasse: eine anspruchsvolle Ingenieurleistung, da sie mehr oder weniger durch einen Tunnel durch den Vaalserberg führt und dann über einen Viadukt, der das Göhltal überspannt.

Russische Kriegsgefangene werden zu der gefährlichen Arbeit abkommandiert, aber auch Einwohner von Kelmis wirken am Bau des achtundfünfzig Meter hohen Viadukts mit – unter erbärmlichen Umständen.

Am 28. November 1917 ist die neue Bahnverbindung fertig. Kaum ein Bauwerk dieser Größenordnung ist je so schnell fertiggestellt worden. Der Viadukt wirft zwar dunkle Schatten auf das schöne Schloss Alensberg, in dem einst Arnold de Lasaulx, erster Bürgermeister des neutralen Gebiets, geboren wurde, aber das ist eben der Preis des Fortschritts.

Trotzdem kommt die Bahnverbindung zu spät, um den

Kriegsverlauf noch entscheidend beeinflussen zu können. Der tobt schon seit Jahren an den immer gleichen Frontlinien, und keine Partei scheint nur einen Meter vorwärtszukommen. Wenige Monate vor Fertigstellung der Eisenbahnverbindung erklären die Amerikaner den Deutschen den Krieg. Unter anderem wegen der U-Boote, die auch amerikanische Gewässer unsicher machen.

Bei einem letzten Versuch, Paris einzunehmen, bevor die amerikanischen Truppen eintreffen, gelingt es den Deutschen fast, die Stadt des Lichts zu erobern: Deutsche Truppen nähern sich den Außenbezirken bis auf hundertzwanzig Kilometer. Doch aufgrund der langen Nachschubwege sind alle Gebietsgewinne umsonst, da die Vorräte aus Deutschland die Truppen an der Front nicht rechtzeitig erreichen. Die Infrastruktur Nordfrankreichs ist während der Kriegsjahre vollkommen zerstört worden, da nützt auch der mächtige Viadukt von Moresnet nichts.

Schon bald müssen sich die kaiserlichen Truppen hinter die nordfranzösische Marne zurückziehen. Damit stecken wieder alle in den elenden Schützengräben fest, derentwegen sich der Krieg bereits seit Jahren hinzieht. So viele Tote, und das alles umsonst!

In deutschen Städten rebellieren die Bürger. Kaiser Wilhelm II. habe das einst so reiche Land ins Unglück gestürzt, so die Meinung vieler. Außerdem kann Deutschland den Krieg gar nicht mehr gewinnen, wie inzwischen auch viele Generäle einsehen. Bevor die Alliierten die deutschen Stellungen erreichen, zieht sich die kaiserliche Armee zurück.

Am 11. November 1918 unterzeichnen Deutschland und die Alliierten knapp hundert Kilometer nördlich von Paris einen Waffenstillstand. Der Kaiser flieht in die Niederlande, obwohl er noch kurz zuvor verkündet hat, zusammen mit seinen Truppen sterben zu wollen. Der Erste Weltkrieg ist vorbei, hundertsiebenundvierzig Moresnetter sind ihm zum Opfer gefallen.

Das Waffenstillstandsabkommen sieht vor, dass sich die deutschen Truppen hinter ihre einstigen Grenzen zurückziehen. Für den überwiegenden Teil Deutschlands ist das eine mehr als eindeutige Aussage. Aber was ist eigentlich mit Moresnet, das durch eine Annektierung Teil des Kaiserreichs geworden ist?

Die Antwort auf diese Frage lässt nicht lange auf sich warten: Großbritannien, Frankreich und Belgien bedingen sich aus, dass sie das deutsche Rheinland besetzen dürfen, die stark industrialisierte Region zwischen Saarbrücken im Süden und Dortmund im Norden. Dort dürfen sich keine deutschen Truppen mehr aufhalten. Das bedeutet, dass sich die Deutschen auch aus dem angrenzenden Moresnet zurückziehen müssen, um den Alliierten Platz zu machen.

Zwei Tage vor Weihnachten 1918 kommt die erste Brigade der belgischen Kavallerie nach Moresnet und erobert das neutrale Gebiet. Auch auf Verwaltungsebene ändert sich so einiges: The Losen verschwindet, und der letzte belgische Kommissar von vor dem Krieg, Fernand Bleyfuesz, kehrt zurück, um das Gebiet fürs Erste zu verwalten. Während der Besatzung konnte er sein Amt nicht mehr ausüben – jetzt ist er Alleinherrscher. Ein deutscher Kommissar wird nicht ernannt. Das Lütticher Gemeinderatsglied Pierre Grignard wird vorübergehend Bürgermeister, nachdem der deutsche Nationalist Kyll abgesetzt wurde.

Rein juristisch handelt es sich dabei um eine illegale Besatzung, denn im Aachener Grenztraktat von 1816 steht, dass kein Land Truppen im »Tortenstück« stationieren darf. Aber wie bereits die Deutschen vor ihnen scheren sich auch die Belgier nicht weiter um Absprachen, die hundert Jahre zuvor in Wien und Aachen getroffen wurden.

Die Tage des geografischen Kuriosums sind eindeutig gezählt.

12
Requiem für ein kleines Land

Im französischen Außenministerium
am Quai d'Orsay, Paris, am 18. Januar 1919

Einer nach dem anderen betritt die *salle d'horloge*. Es ist ein prächtiger Saal mit Kronleuchtern und Kassettendecke. Über die gesamte Länge wurden Stühle und Tische in U-Form aufgestellt. Hier verhandeln die Sieger des Ersten Weltkriegs die Neugestaltung Europas, die schließlich im Vertrag von Versailles mündet.

Großbritannien, die Vereinigten Staaten, Frankreich, Italien und Japan haben je zwei Unterhändler entsandt, die alle einen eigenen Mitarbeiterstab dabeihaben. Dementsprechend voll ist es im Saal – aber auch auf den Fluren davor. Nervös warten dort Boten, Chauffeure und Sekretäre, bis sie gerufen werden.

Die Konferenz erinnert gleich in mehrfacher Hinsicht an die in Wien vor über hundert Jahren. Nur dass jetzt nicht Frankreich, sondern Deutschland für einen aggressiven Angriffskrieg bestraft wird. Dass das Land in die Knie gezwungen werden muss, steht für die Unterhändler eindeutig fest. Es wird Reparationszahlungen leisten und neue Grenzen akzeptieren müssen.

Der vier Jahre dauernde Erste Weltkrieg hat sich an der Westfront zu einem Großteil auf belgischem Boden abgespielt. Enorme Verwüstungen wurden angerichtet, und Zehntausende Soldaten haben ihr Leben in einem grausamen Stellungskrieg verloren. Bei deutschen Kriegsverbrechen, die als »Schändung Belgiens« in die Geschichte eingegangen sind, sind unschuldige Zivilisten hingerichtet und historische Bauwerke zerstört worden.

Darüber hinaus haben die Deutschen auch einen Wirtschaftskrieg geführt, Industrieanlagen in Frankreich und Belgien demontiert und in die Heimat gebracht. Kohleminen wurden gesprengt, sodass es lange dauern wird, bis diese wieder nutzbar sind.

Brüssel und Paris verlangen Genugtuung.

Belgien hat als kleines Land nichts mitzureden. Wie die Niederlande hundert Jahre zuvor kann es nur Forderungen bei den Großmächten anmelden, die zudem gut begründet sein müssen. Am 11. Februar 1919 betreten drei belgische Diplomaten den Konferenzsaal und legen ihren Fall dar. Sie pokern hoch: Zuallererst soll Deutschland Reparationszahlungen leisten, um den Schaden wiedergutzumachen. Darüber hinaus beansprucht Belgien deutsche Gebiete – sowohl in Europa als auch in den Kolonien.

Es fordert einen Großteil des linken Rheinufers. In einem Teil dieses Gebiets hat es ohnehin schon Truppen stationiert, denn das war eine der Bedingungen für das Waffenstillstandsabkommen vom 11. November 1918. Würde man die Grenze tatsächlich so weit verschieben, würde sogar eine Stadt wie Koblenz belgisch – etwas, das einst schon König Wilhelm I. für die Niederlande angestrebt hat. Auch darin gleichen diese Verhandlungen denen in Wien: Die Weinanbaugebiete an der Mosel sind nach wie vor schwer begehrt.

Die Belgier verabschieden sich jedoch rasch von einer Grenzkorrektur in diesem Maßstab, als ihnen klar wird, dass das doch etwas zu invasiv, zu größenwahnsinnig ist, um von den anderen Siegermächten mitgetragen zu werden. Belgien würde sich dadurch fast verdoppeln und bekäme eine riesige deutsche Bevölkerungsgruppe dazu. Ein viel zu absurder Vorschlag, um ihn ernsthaft in Erwägung zu ziehen.

Ein bisschen deutschen Grund und Boden wollen sich die Belgier aber sehr wohl einverleiben, und sei es nur, um ein Exempel zu statuieren. Das Land des Kaisers, des Aggressors, soll bluten. Deshalb präsentiert Brüssel einen neuen, bescheideneren Vorschlag, der vorsieht, dass die Deutschen nur wenige Grenzgebiete verlieren. Die Belgier haben nun die Region rund um Eupen, Malmedy und Sankt Vith direkt an der deutschen Grenze ins Auge gefasst. Außerdem fordern sie das Territorium von Neutral-Moresnet.

Malmedy ist nachvollziehbar, dort gibt es große französischsprachige Bevölkerungsgruppen, genau wie in Wallonien. Eupen steht auf einem anderen Blatt: Dort leben eigentlich nur deutschsprachige Bürger. Was die Belgier verschweigen, ist, dass Vieille Montagne der Grund dafür ist, dass sie Eupen haben wollen. Die Gemeinde grenzt an Moresnet, das voraussichtlich belgisch werden wird, und es befinden sich dort ein paar kleinere Zinkgruben. Gelingt es ihnen, sich dieses Gebiets zu bemächtigen, hat die Zinkhütte ein deutlich größeres Arbeitsgebiet.

Direktor Timmerhans orientiert sich daher wieder an Belgien. Er schreibt der belgischen Delegation, dass diese unbedingt auf Eupen bestehen soll: Das sei von größter Wichtigkeit für die belgische Industrie. Und wird anscheinend erhört.

Doch damit diese Gebietserweiterung eine realistische Chance hat, müssen die Belgier bessere Gründe anführen als bloße »Genugtuung« oder »ein belgischer Konzern will das so«. Zumindest auf den ersten Blick muss es so aussehen, als würde ein historischer Irrtum korrigiert. Das Problem dabei ist die deutschsprachige Bevölkerungsmehrheit. Warum sollte man aus ihr Belgier machen? Ganz einfach: Weil der deutsche Dialekt in Eupen und Umgebung entfernt flämisch klingt – nach *patois Mosan* oder »Maasschem Platt«, wie es die Belgier nennen. Die Eupener sind also im Grunde halbe Flamen, daher ist es nur logisch, dass sie eingemeindet werden.

Darüber hinaus wird der Expansionsdrang historisch-kulturell verbrämt: Sogar aufs Mittelalter greift man zurück, um zu beweisen, dass einige Dörfer auf deutscher Seite einst »belgisch« waren und es nach vielen Jahrhunderten wieder werden müssen.

Auch dieser deutlich bescheidenere Plan stößt auf Widerstand, vor allem im zu annektierenden Gebiet selbst. Zwar gibt es einige Pragmatiker, die (zu Recht) davon ausgehen, dass Deutschland aufgrund der verheerenden Kriegsfolgen in eine jahrelange Wirtschaftskrise rutschen wird, und die daher in der belgischen Staatsbürgerschaft eine finanzielle Überlebenschance sehen. Aber mehrheitlich hat die lokale Bevölkerung kein Interesse daran, belgisch zu werden. Man hat doch nicht jahrelang im Schützengraben gelegen, um auf einmal Belgier zu werden!

Bürgermeister mobilisieren ihre Einwohner: Sie sollen die Alliierten davon überzeugen, dass dieses Gebiet zu Deutschland gehört. Die Bevölkerung unterschreibt eine Petition nach der anderen, um die Unterhändler in Paris davon zu überzeugen, dass ein Anschluss an Belgien ein Irrtum ist. Tausende Unterschriften werden nach Frankreich geschickt.

Die Bewohner des Grenzgebiets können vor allem auf britische Unterstützung zählen: Was will Belgien mit den paar Quadratkilometern? Als Puffer gegen den nächsten deutschen Angriff (noch so ein Argument der Belgier) sind es eindeutig zu wenig.

Es nützt alles nichts: Die Bewohner der deutschen Grenzregion geraten zwischen die Mühlen. In Paris steht noch Wichtigeres auf dem Programm. Irgendetwas muss Belgien kriegen, und dieses Gebiet ist bescheiden genug, eignet sich also hervorragend als symbolischer Akt. Zunächst einmal versprechen die Unterhändler, dass Moresnet belgisch wird. Haben die Einwohner des Territoriums nicht selbst gesagt, dass sie am liebsten Belgier werden wollen, wenn die Neutralität eines Tages endet?

Jetzt, wo die Belgier ohnehin Grenzen verschieben, möchten sie auch ein paar alte Rechnungen mit den Niederländern begleichen. Sie hätten gern noch Seeländisch-Flandern und Limburg mit dazu. Beide Gebiete gehörten historisch, linguistisch und kulturell zu Flandern, argumentieren sie. Niederländisch seien sie nur, da zum Zeitpunkt der Belgischen Revolution dort gerade niederländische Truppen stationiert gewesen seien: ein historischer Irrtum.

Die Belgier wissen natürlich ganz genau, dass die Niederlande diese Gebiete nicht einfach so hergeben werden. Das Land war im Ersten Weltkrieg neutral und kann jetzt keine Grenzkorrekturen auferlegt bekommen wie die Deutschen. Daher greift Brüssel zu einem Trick, um die Grenze zu den Niederlanden korrigieren zu können: Das besiegte Deutschland soll die Niederlande entschädigen.

Die Belgier schlagen einen Kunstgriff vor, der in seiner Komplexität historisch ohnegleichen ist. Schritt eins: Belgien bekommt die Gebiete Seeländisch-Flandern und Limburg. Deren Einwohner werden zu Flamen. Schritt zwei: Als Entschädigung erhalten die Niederlande das deutsche Ost-Friesland (knapp hinter der Grenze zu Groningen) sowie deutsche Teile des alten Herzogtums Geldern (einschließlich der Städte Kleve, Geldern und Wesel). Dieses Gebiet wird mit der niederländischen Provinz Gelderland wiedervereint.

Das ist weitaus mehr als eine rigorose Neuaufteilung: Bei diesem Vorschlag würden die Niederlande fast an Skandinavien grenzen und ihre südlichsten Gebiete verlieren. Warum sollten die Alliierten diesen verrückten Vorschlag auch nur ansatzweise in Erwägung ziehen? Die Belgier argumentieren damit, dass ein »Verschieben der Niederlande« gut in den paneuropäischen Kontext passe.

Wieder verweisen sie auf eine kulturelle, historische und linguistische Nähe, dieses Mal zwischen den Niederlanden und den Gebieten im Osten, die diese annektieren sollen. Bei Eupen hat das schließlich auch geklappt!

Aus belgischer Sicht können die Ostfriesen heilfroh sein, wenn sie den Niederlanden zugeschlagen werden: Dieses Volk, das nun ein elendes Dasein im hintersten Winkel Deutschlands friste, werde dann mit den Westfriesen verschmolzen, mit denen es eine Sprache und eine stolze Kultur teile. Dasselbe gelte für Preußisch-Gelderland, so die Belgier. Auf dem platten Land werde nach wie vor ein Dialekt gesprochen, der sehr niederländisch klinge. Deshalb würden sich die Einwohner bestimmt liebend gern dem Königreich der Niederlande anschließen. Das historische Gelderland, es lebe hoch!

Doch diese Argumente sind alles andere als stichhaltig. Wenn Sprache so wichtig für die Identität eines Volkes ist, warum kommt das niederländischsprachige Flandern dann nicht komplett zu den Niederlanden? Und warum wollen die Belgier dann deutsche Untertanen importieren? Hätte ein Land wie Belgien mit einer niederländisch- und französischsprachigen Bevölkerung dann überhaupt noch ein Existenzrecht? Und was wird aus den »echten« Deutschen (wie sie im belgischen Vorschlag heißen) aus anderen Gebieten, die schon länger in Gelderland oder Ost-Friesland leben? Sollen die dann umziehen, oder werden sie ebenfalls zu Niederländern?

Vor allem die Briten geben rasch zu verstehen, dass sie diesen Vorschlag absurd finden. Nichts spreche dafür, die Niederlande mit einer derartigen nationalen Neuaufteilung zu »strafen«. Außerdem werde die Bevölkerung der deutschen Gebiete bestimmt gegen den erzwungenen Anschluss an die Niederlande rebellieren. Familien würden auseinandergerissen und Firmen ihre Absatzmärkte plötzlich hinter Grenzen verschwinden sehen. Brüssel schiebt daraufhin einen noch seltsameren Vorschlag nach, bei dem die Erfahrungen mit Moresnet keine unwichtige Rolle spielen.

Sollten die Menschen in Ost-Friesland und Gelderland ihrem neuen Vaterland tatsächlich skeptisch gegenüberstehen, könnten diese Gebiete zu einer »neutralen Zone« erklärt werden, so der Vorschlag der Belgier. Sie bekäme eine eigene Verwaltung, sodass die Bürger anfangs weder deutsch noch niederländisch wären. Damit würde daraus eine staatenlose Zone, die jeweils von einem Repräsentanten der Deutschen und der Niederländer regiert würde, so wie Moresnet bis 1914.

Irgendwann könnte diese Zone dann mithilfe von Unterricht, Sprachpolitik und entsprechender Propaganda niederländisch werden – so, wie die Einwohner von Kelmis und

Umgebung letztlich zu Belgiern geworden sind. Dass eben diese Bürger vehement für ihre Unabhängigkeit gekämpft haben, wird natürlich verschwiegen.

Bei Moresnet habe der Übergang von einer neutralen Zone zu einem Teil von Belgien ein ganzes Jahrhundert gedauert. Damit könnten Gelderland und Ost-Friesland 2019 endgültig niederländisch sein und annektiert werden – so, wie Belgien es jetzt mit Moresnet macht.

Ein wirklich unglaublicher Vorschlag nach all dem Gezänk um Moresnet! Wollen die Belgier die leidvollen Erfahrungen mit einem neutralen Gebiet tatsächlich wiederholen?

Davon abgesehen, ließe sich der Plan Belgiens leicht in die Tat umsetzen, denn die Belgier haben ja bereits einen Großteil des linken Rheinufers besetzt. Fehlt nur noch die Unterstützung vonseiten der anderen Alliierten. Und die der Niederlande natürlich, die Gebiete abtreten und nach Deutschland expandieren müssten, um neue Gebiete mit beitrittsunwilligen Bürgern zu annektieren.

Fast alle Alliierten sprechen sich gegen den Plan aus. Nur die Briten versprechen, ihn in Erwägung zu ziehen – und sei es nur, um nichts zu übersehen. Die britische Delegation berät sich mit einigen Historikern und Sprachforschern, um die belgischen Behauptungen über die niederländischsprachigen Deutschen zu überprüfen.

Die Experten helfen der Delegation rasch aus der Klemme. Ihnen zufolge gibt es keinerlei Beweis dafür, dass die Menschen in Ost-Friesland klassisches Friesisch sprechen. »Es ist vor allem Plattdeutsch«, bemerkt der Verhandlungsführer der Briten knapp, nachdem er einen wissenschaftlichen Aufsatz über den Dialekt dieses Gebiets gelesen hat. Der inständige Wunsch der Einwohner von Kleve und Umgebung, Niederländer zu werden, scheint nach näheren Nachforschungen ebenfalls unhaltbar zu sein.

Die Belgier lassen sich von solchen Rückschlägen nicht entmutigen. Vor allem der britische Außenminister wird von ihnen ständig mit neuen, bescheideneren Versionen ihres Plans für die Niederlande bombardiert. Ihm ist nämlich bei einer Besprechung die Formulierung entwischt, dass er ihre Forderung, Limburg und Seeländisch-Flandern zu annektieren, »vernünftig« findet. Dass er den Plan gleichzeitig »unmöglich« genannt hat, vergessen die Belgier gern.

All das erinnert sehr an von Gagerns Taktik in Wien, denjenigen, der sich am entgegenkommendsten zeigt, endlos zu beschwatzen, bis man ein Ergebnis erhält, so bescheiden es auch ausfallen mag. Vielleicht sollte man nur Maastricht und Umgebung Belgien zuschlagen? Oder den Seehafen und den Kanal von Terneuzen? Im Gegenzug könnten die Niederlande eine deutsche Küstenenklave mit der Hafenstadt Emden bekommen. Wenn das zu kompliziert ist, vielleicht die Wattenmeerinsel Borkum, die ohnehin vor der Groninger Küste liegt?

Ein Stück von Limburg hier und ein paar deutsche Weiden dort?

Es hilft alles nichts, die neutralen Niederlande bekommen keine größeren Grenzkorrekturen aufgezwungen. Bereits nach zwei Wochen fegen die Unterhändler den ganzen Vorschlag komplett vom Tisch: Die viertausend Einwohner Borkums bleiben deutsch und die von Maastricht niederländisch.

Aber die Einwohner von Moresnet werden zu Belgiern. Offiziell ist es am 10. Januar 1920 so weit, etwas mehr als ein Jahrhundert nach seiner Entstehung. Am selben Tag tritt der Versailler Vertrag in Kraft. Darin wird die Abtretung der deutschen Gebiete an Belgien geregelt und verfügt, dass Deutschland offiziell von seinen Ansprüchen auf Neutral-Moresnet zurücktritt – die Niederlande übrigens nicht.

Niemand fragt, was die Einwohner selbst wollen. Aber das hat bereits seit 1816 Tradition – eine, die von den neuen belgischen Machthabern einfach fortgeführt wird. Wilhelm Molly, der einstige stellvertretende Bürgermeister und Vorkämpfer für mehr Unabhängigkeit, stirbt ausgerechnet an dem Tag, an dem die Unterhändler in Paris beschließen, Moresnet Belgien zuzuschlagen.

Alle Einwohner des Gebiets erhalten automatisch die belgische Staatsbürgerschaft – so, wie sie fünf Jahre zuvor ohne jedes Mitspracherecht Deutsche geworden sind. Wer mag, darf Deutscher bleiben, muss dann aber innerhalb von zwei Jahren das Königreich Belgien verlassen. Eine andere Nationalität behalten und trotzdem in Moresnet wohnen bleiben ist nicht erlaubt. Entweder – oder!

Kelmis und Umgebung werden der Provinz Lüttich zugeschlagen. Die Verwaltungssprache wird sofort von Deutsch zu Französisch geändert, das Dorf heißt auf einmal La Calamine, obwohl die Franzosen dort bei Weitem in der Minderheit sind. Alles, was daran erinnert, dass das Land jemals eigenständig war, verschwindet. Gemeindearbeiter buddeln noch im selben Jahr mehrere Grenzsteine aus, vor allem unweit des ehemaligen Vierländerecks. So, als dürfe niemand wissen, dass deutsche Bürger am Vaalserberg je ein paar Hektar eigenen Grund und Boden besessen haben.

Die Moresnet-Frage wird Beamte noch jahrzehntelang beschäftigen. Die Abwicklung des winzigen Landes scheint beinahe so kompliziert zu sein wie die immer wieder ins Stocken geratenen Verhandlungen über seine Aufhebung im 19. Jahrhundert.

Der erste Stolperstein ist die Nationalität seiner Bewohner. Gleich nachdem die Belgier Moresnet annektiert haben, entbrennt ein großer Streit darüber. Einige Einwohner der einst neutralen Zone strengen deswegen sogar einen Gerichtsprozess an.

Am 22. Mai 1925 fällt der belgische Kassationshof ein wichtiges Urteil: Die Einwohner von Moresnet sind nicht erst jetzt Belgier, sondern bereits seit 1816. Rückwirkend bekommen Hunderte von Menschen, die gar nicht mehr leben, eine neue Identität. Den Richtern zufolge war Moresnet also schon belgisch, als es Belgien noch gar nicht gab. Eine interessante Einschätzung!

Unter den Einwohnern des Gebiets befinden sich aber auch Italiener, Deutsche, Schweizer, ein Russe und 575 Niederländer. Und von einigen ist nicht einmal klar, welche Nationalität sie überhaupt besitzen. Doch das spielt alles keine Rolle: Durch die Unterschrift des belgischen Königs sind sie auf einmal ausnahmslos zu Landsleuten geworden.

Und was passiert mit Menschen aus Moresnet, deren Eltern unterschiedliche Nationalitäten haben? Haben sie ein Recht auf zwei Pässe? Müssen sie aus Belgien fortziehen? Und was ist mit denjenigen, die in Moresnet geboren, aber in die Heimat ihrer Eltern zurückgekehrt sind? Sind das Auslandsbelgier?

Das größte Problem in der ehemals neutralen Zone sind die Niederländer. Wegen ihrer neuen Nationalität müssen sie jetzt in Belgien Wehrdienst leisten. Sollte es zum Krieg mit den Niederlanden kommen – was in den 1920er-Jahren nicht ausgeschlossen ist, wie neuere Geschichtsforschungen gezeigt haben –, müssten sie auf Landsleute schießen.

Aus einer Untersuchung des Außenministeriums in Den Haag aus dem Jahr 1934 geht hervor, dass nicht weniger als vierundachtzig niederländische Moresnetter in naher Zukunft für Belgien fallen könnten.

Das geht der niederländischen Regierung eindeutig zu weit. Erst recht, als in Deutschland Hitler an die Macht kommt und die Spannungen in Europa zunehmen. Die niederländische Regierung fordert, dass alle ehemaligen Moresnetter, von denen man berechtigterweise annehmen kann, dass sie Niederländer sind, von der Wehrpflicht befreit werden.

Die Regierungen in Brüssel und Den Haag korrespondieren jahrelang darüber. Das Problem ist nur, dass die niederländische und die belgische Gesetzgebung nicht übereinstimmen und keine von beiden Parteien gegen eigene Verordnungen verstoßen will. Wieder werden die Einwohner von Moresnet zum Spielball zweier Mächte, die keine Kompromisse eingehen wollen.

Erst 1938 findet sich für die dort ansässigen Niederländer eine Lösung: Nach einem endlosen Briefwechsel zimmern die beiden Regierungen eine Verordnung zusammen, wie sie sich wirklich nur Beamte ausdenken können, und zwar unter Ausnutzung von Gesetzeslücken der jeweiligen Gegenpartei.

Die niederländischen Einwohner des ehemals neutralen Gebiets und ihre etwaigen Nachkommen werden auf dem Papier tatsächlich zunächst zu Belgiern, dürfen dann aber sofort gratis (die Belgier kennen ihre nördlichen Nachbarn!) zu Niederländern »renaturalisiert« werden. Dadurch verfällt die belgische Staatsbürgerschaft automatisch. Nur Niederländer, die ihre ursprüngliche Nationalität schon vorher verloren haben, bleiben Belgier, und das betrifft nur wenige Männer.

Die Verordnung wird gerade noch rechtzeitig vor dem Zweiten Weltkrieg getroffen. Wieder einmal zerreißt ein grausamer Konflikt Europa und große Teile der übrigen Welt. 1940 marschieren deutsche Truppen in Belgien und den Niederlanden ein und stellen die Grenzen von vor 1914 wieder her. Das bedeutet, dass belgische Orte wie Eupen und Malmedy erneut deutsch werden.

Und Moresnet? Auch das gehört sofort zum Tausendjährigen Reich. Hitler kündigt den Friedensvertrag von Versailles auf. Damit treten die Ansprüche Preußens von 1815 erneut in Kraft, sodass Moresnet aus Sicht Berlins deutsch ist – und zwar schon seit 1815.

Jetzt beginnt Belgien wieder an der Westflanke der Gemeinde, was für die Bewohner im Alltag zu zahlreichen Problemen führt: Sie müssen von nun an strenge Kontrollen passieren, wenn sie von Kelmis nach Verviers oder Lüttich wollen, beispielsweise um dort zu arbeiten.

1944 kommt es bei Moresnet zwischen Alliierten und Deutschen zu schweren Gefechten. Als sich Erstere zurückziehen, sprengen die Deutschen den Göhltalviadukt knapp außerhalb des ehemals neutralen Gebiets in die Luft. Damit richten sie verheerende Zerstörungen an Schloss Alensberg an, von dem nur ein kleiner Teil stehen bleibt.

Im Winter 1944/1945 ist das gesamte ehemals neutrale Gebiet befreit. Belgien annektiert es ein zweites Mal. Wieder ist Kelmis eine Grenzstadt, nur dass das Ausland jetzt *im Osten* der Gemeinde beginnt. Dort befindet sich die Zollstation Tülje, der Grenzübergang zu Deutschland.

Die Einwohner von Kelmis merken schnell, dass sie an dieser Grenze wie einst viel Geld mit Schmuggel verdienen können. Vor allem Kaffee geht in großen Mengen illegal ins

Ausland. Der ist in Deutschland schwer zu bekommen, während es in Belgien rasch wieder Nachschub gibt.

Das erinnert an die Blütezeit der ehemaligen neutralen Zone. Das organisierte Verbrechen erhebt erneut sein Haupt – diesmal noch dreister als zu Beginn des Jahrhunderts. Die Einwohner bilden sogenannte Rabatzkolonnen, die laut der belgischen Polizei »militärisch durchorganisiert« sind.

Sogar der Schmuggelvorfall mit dem Automobil aus dem Jahr 1903 wiederholt sich – nur deutlich krimineller: Eine Bande stiehlt einen belgischen Panzer, mit dem sie Kaffee über die Grenze bringt. Alles scheint wieder beim Alten zu sein.

Doch die Situation in Deutschland stabilisiert sich innerhalb weniger Jahre. Der Schwarzhandel lässt nach, und Kelmis wird zu einem ganz normalen Städtchen. Die Grenze zwischen Belgien, den Niederlanden und Deutschland wird immer durchlässiger, bis sie 1985 komplett verschwindet, als die drei Länder das Schengener Abkommen unterzeichnen. Das garantiert freien Personen- und Warenverkehr.

Von Neutral-Moresnet ist zu diesem Zeitpunkt kaum mehr etwas übrig geblieben. In Kelmis erinnert nur ein winziges Museum an seine spezielle Vergangenheit. Am nunmehrigen *Drei*ländereck steht ein kleines Denkmal. Auch die 1920 verschwundenen Grenzsteine befinden sich wieder im Boden. Die Gemeinde Kelmis hat sie im Lauf der Jahre wieder eingesetzt oder durch neue Exemplare ersetzt. So haben Spaziergänger die Möglichkeit, dem alten Grenzverlauf zu folgen.

Den besten Beweis für die einstige Existenz des kleinen Landes Moresnet findet man kurioserweise, wenn man aus dem Flugzeug schaut: Da ab 1822 die Bäume entlang der niederländischen und der preußischen Grenze gefällt wurden, ist bei klarem Wetter aus zehntausend Metern Höhe der einstige Grenzverlauf gut zu sehen. Mitten in der Landschaft liegt ein Dreieck, das einen etwas anderen Grünton aufweist als seine Umgebung.

Aber man muss den richtigen Moment für den Blick nach unten erwischen, denn das einstige Neutral-Moresnet ist so klein, dass es schon wenige Sekunden, nachdem man es entdeckt hat, am Horizont verschwindet.

Moresnet – ein Einzelfall?

Erstaunlicherweise ist Moresnet bei Weitem nicht das einzige Land, das zu keinem Staat gehört. Im Lauf der Weltgeschichte kam es häufiger zu Fehlern bei der Grenzziehung.

Das berüchtigtste Beispiel dafür ist **Couto Misto.** Als im 12. Jahrhundert eine neue Grenze zwischen Spanien und Portugal gezogen wird, »vergessen« die Unterhändler, den Status dieses Bezirks in ihrem Vertrag zu regeln. So kommt es, dass drei Dörfer innerhalb von siebenundzwanzig Quadratkilometern weder zu Spanien noch zu Portugal gehören – ein Zustand, der bis 1864 anhält. Dann bekommt Spanien die Dörfer, während Portugal einen Teil ihrer Umgebung erhält.

1440 verkauft Papst Eugen IV. einen Teil seines römischen Staates an die Republik Florenz. Der Vertragstext, der regelt, welches Gebiet genau veräußert wird, enthält jedoch einen Fehler. Infolge dieser Schlamperei gehört das Dorf **Cospaia** auf einmal zu keinem Staat mehr. Die Einwohner erklären sich prompt für unabhängig von Toskana und Kirchenstaat und halten das jahrhundertelang durch. Handel (und Schmuggel) gedeihen prächtig in diesem fast anarchistischen Staat, bis die Toskana ihn 1826 schluckt. Als Entschädigung erhalten sämtliche Einwohner vom neuen Vaterland eine Silbermünze.

Italien hat besonders viele kuriose Mikrostaaten aufzuweisen. Der schönste ist das wirklich winzige Königreich

Tavolara, eine Insel nordöstlich von Sardinien, die sich bereits seit Jahrhunderten im Besitz der Familie Bertoleoni befindet. Um ihre Eigentumsrechte zu unterstreichen, ruft diese einfach die Unabhängigkeit aus, die zu ihrem eigenen Erstaunen vom König von Sardinien anerkannt wird. Seitdem herrschen viele verschiedene Mitglieder der Bertoleoni-Familie über die Insel, auf der sonst so gut wie niemand lebt. Mit dem Tod des letzten Königs im Jahr 1962 endet die Unabhängigkeit.

Auch neutrale Zonen wie Moresnet hat es öfter gegeben: 1922 wird mitten in der Wüste ein rautenförmiges Gebiet zwischen das Königreich Nadschd (heute Saudi-Arabien) und den Irak geschoben. Die **Neutrale Zone** endet offiziell 1981, als beide Länder eine Grenze festlegen. Doch anders, als viele denken, war diese Zone durchaus bewohnt. Die Siedlung Āqar al Julaydah hat mehrere Hundert Einwohner. Aber das ist nicht der einzige Ort auf der Arabischen Halbinsel, wo es seltsame Grenzen gibt. Noch heute ist nicht eindeutig geklärt, wo der Jemen aufhört und Saudi-Arabien beginnt.

Wer sich so etwas wie Moresnet mit eigenen Augen ansehen will, muss ebenfalls in die Wüste reisen. Das Gebiet **Bir Tawil** gilt auf den meisten Karten als Teil Ägyptens. Aber dieses Land will nichts von dem Stück Wüste wissen, weil es eine andere Grenze anerkennt. Das südliche Nachbarland Sudan möchte den *wadi* ebenfalls nicht, womit rund zweitausend Quadratkilometer keinem Staat angehören. Dort wohnt allerdings niemand, auch wenn manchmal Beduinen hindurchziehen.

Auch die Dreiecksform von Moresnet ist kein Einzelfall: Österreich besitzt eine Enklave, die mehr oder weniger dieselbe Form aufweist. Das Gemeindegebiet des Dorfs **Jung-**

holz ist ringsum von Deutschland umgeben, nur ein Punkt verbindet es mit dem übrigen Österreich: dieselbe Situation gab es bis 1920 in Vaals.

Mit dem Ende von Moresnet war auch Schluss mit dem **Vierländereck** bei Vaals. Der einzige andere vergleichbare Punkt auf der Welt befindet sich im Süden Afrikas, wo Sambia, Botswana, Namibia und Simbabwe aufeinanderstoßen.

Danksagung

Mein Dank gilt den Mitarbeitern des Belgischen Staatsarchivs in Brüssel, Lüttich und Eupen, des Staats- und Nationalarchivs der Niederlande in Den Haag, der Archives nationales und der Fondation Napoléon in Paris, des Landesarchivs Nordrhein-Westfalen in Duisburg, der Staatsbibliothek zu Berlin, des National Archive und der British Library in London, des Göhltalmuseums in Kelmis/La Calamine, der Maison de la Métallurgie in Lüttich, des Römisch-Germanischen Museums in Köln, der Académie royale de Sciences des Lettres et de Beaux-arts, des Office Généalogique et Héraldique de Belgique in Brüssel und der Autonomen Hochschule in der DG in Eupen. Darüber hinaus danke ich François Hick, Herbert Ruland, Sylvie Fabeck, Tom Pfeil, Jeroen Koch, Renson van Tilborg, Erwin Damhuis und wie immer Mirjam van Immerzeel.

Die Machthaber von
Neutral-Moresnet

Niederländische Verwaltungskommissare
1817–1823   Werner Jacob
1823–1830   Joseph Brandès

Belgische Verwaltungskommissare
1835–1840   Lambert Ernst
1840–1889   Mathieu Cremer
1889–1915   Fernand Bleyfuesz
1915–1915   Konstantin von Bayer-Ehrenberg
1915–1918   niemand
1918–1920   Fernand Bleyfuesz

Preußische Verwaltungskommissare
1817–1819   Wilhelm Hardt
1819–1835   Johann Mayer
1836–1853   Heinrich Martins
1853–1866   Peter von Harenne
1866–1867   August Freiherr von der Heydt
1868–1870   Edwin Gülcher
1871–1893   Theodor Alfred Sternickel
1893–1909   Alfred Gülcher
1909–1915   Walter The Losen
1918–1920   niemand

Bürgermeister

1817–1859	Arnold de Lasaulx
1859–1859	Adolf van Scherpenzeel-Thim
1859–1882	Joseph Kohl
1882–1885	Oskar Bilharz
1885–1915	Hubert Schmetz
1915–1918	Wilhelm Kyll
1918–1920	Pierre Grignard

Anmerkungen

1 Einige Quellen nennen das Jahr 1811, aber angesichts der finanziellen Situation Donys ist das nicht sehr wahrscheinlich.

2 Weder im Hauptarchiv der Niederlande noch in Deutschlands Bundesarchiv ist dieser Vorschlag zu finden. Nur im belgischen Staatsarchiv in Eupen gibt es Dokumente, die sich darauf beziehen.

3 Die Einwohner, die 1816, als das neutrale Territorium entstand, schon dort lebten, und deren Nachkommen.

4 Andorra wird erst 1993 ein souveräner Staat werden.

5 So wird Moresnet oft bezeichnet, wenn auch zu Unrecht. Monaco ist damals noch kleiner, hat mit etwa 12 000 Monegassen allerdings deutlich mehr Einwohner. In San Marino leben zur selben Zeit 8000 Menschen.

6 Anfang des 20. Jahrhunderts gibt die Republik Sonora Briefmarken aus, um zu zeigen, dass sich das Land von Mexiko abgespalten hat. Das von keinem anderen Staat anerkannte Somaliland ist ein neueres Beispiel. Eine andere Kategorie von Briefmarken zeigt ein bestimmtes Land mit den von ihm gewünschten Grenzen wie zum Beispiel Argentinien einschließlich der Falklandinseln.

7 So ihr heutiger Name, damals hatte die Straße noch keinen Namen.

8 Diese Konzession kann allerdings reiner Bluff oder Betrug gewesen sein. In den Gemeindearchiven von Moresnet gibt es nämlich keinerlei Hinweise auf Somers oder sein Wettbüro.

9 Je nach Quelle wird sein Name anders geschrieben: Karl, Charl, Karel, Charles; Schriewer, Schrieuwer, Schriever. In einem von ihm selbst verfassten Text findet sich diese Schreibweise.

10 Eine Anspielung auf den steinreichen Franzosen Jacques Lebaudy, der 1903 in die Sahara aufbricht, um dort mithilfe von Fremdenlegionären ein neues Kaiserreich zu gründen. Das Abenteuer misslingt. Daraufhin wandert er in die Vereinigten Staaten aus, wo er eine illustre Figur der Gesellschaft wird, bis seine Frau ihn 1919 ermordet.

Quellennachweis

Im Quellennachweis verwendete Abkürzungen:
Dienststelle des Belgischen Staatsarchivs Brüssel (ARA BB)
Dienststelle des Belgischen Staatsarchivs Eupen (ARA BE)
Dienststelle des Belgischen Staatsarchivs Lüttich (ARA BL)
Nationalarchiv, Den Haag (ARA NL)
Archives nationales, Paris (ANF)
Landesarchiv Nordrhein-Westfalen, Duisburg (LAV NRW)
The National Archive, London (TNA)

Badengehen mit Napoleon
Informationen über Napoleons Baderitual und die Bäder von
Schloss Fontainebleau s. *Fondation Napoléon* und *Kemble*
(1960).

Details über die Wanne und die Geschichte des Badens
seit Napoleon s. *Maison de la Métallurgie* in Lüttich. Dort ist
die Wanne Teil der ständigen Ausstellung.

Bericht des französischen Bergamts: ANF Procés-verbaux
Conseil général des Mins (F/14/17944) Vieille Montagne et
autres. Wunderbare Abbildungen von Architektur in Kelmis
s. AFN CP/O/2/1374/liege, O/2/1374.

Zahlreiche Fakten über Leben und Tod von Jean-Jacques
Dony s. *Bulletin de la Classe des Lettres et des Sciences Morales
et Politiques,* Reihe 5, Band 25 und *Dony* (1919).

Donys Konzession s. fr.wikipedia.org/wiki/Jean-Jacques_
Dony.

Wirtschaftliche Aspekte von Donys Leben: Inventaire des papiers de Charles Rogier/R. Boumans (ARA BB), Dossier Dony (ARA BL) und Société libre d'Emulation, Lüttich.

Biografie von François-Dominique Mosselman: *D'Anethan* (1998); Inventaire des archives du comte Charles Le Hon/M. D'Hoore, C. Bourmanne en Archives diplomatiques du royaume des Pays-Bas (1815–1828), Aktenverzeichnis 5 (Korrespondenz) (ARA BB); *Vieille Montagne* (1937); Materialien des Office Généalogique et Héraldique de Belgique.

Grenzen vom Reißbrett
De Wiener Episode wird von Beatrice de Graaf wunderbar im *Historisch Nieuwsblad* (9/2013) beschrieben; zahlreiche weitere Informationen darüber finden sich in *Gagern* (1833) und *Rössler* (1958). Weitere Fakten aus dem ARA NL 2.05.10.10, 52, Legatie Oostenrijk. Der Rundgang durch das Haus in der Unteren Bräunerstraße wurde leicht dramatisiert, beruht aber auf *Gagern* (1833).

Weitere Informationen zu den Verhandlungen s. LAV NRW BR 0005 13 337. Ist der Fehler bei der Grenzziehung Absicht oder Zufall? S. auch folgendes Dossier: »Die Differenz, welche gerade an dieser Stelle zwischen beiden Traktaten stattfindet, ist allerdings nicht absichtlich, sondern beruht blosz auf einem Versehen der Redaktion.« (So der preußische Unterhändler Karl von Hardenberg, Hardenberg am 21. Mai 1816).

Die vollständigen Dossiers der Verhandlungen in Aachen mit Maximiliaan de Man befinden sich im ARA NL, 2.05.32.2311, Commissie Grensscheidingen Nederland-Pruisen-Hannover; die Karten der Kommission finden sich ebenfalls im ARA NL unter BUZA 4.

Biografische Fakten zu de Man: Militaire Spectator (1838). Korrespondenz mit den Unterhändlern im ARA NL 2.04.26.02, 21, Ministerie van Binnenlandse Zaken, Kabinet.

Ein Land wider Willen

Der Fall René Pelsser und seine Versuche, zu heiraten, stammen aus den Dossiers Bürgermeisterei Neutral-Moresnet (Kelmis) ARA BE X97 [4]. Der Spaziergang Pelssers und sein Treffen mit dem Bürgermeister wurden leicht dramatisiert, beruhen aber auf dem Dokument im ARA BE.

Für die niederländische Beamtenkorrespondenz zu Moresnet s. ARA NL 2.05.01 719, Stukken en correspondentie betreffende Moresnet (1821–1830).

Diese Passagen zeigen sehr gut, wie sich Beamte und Politiker mit dem monströsen Gebilde am Vaalserberg herumquälen, das sie selbst geschaffen haben. Selbst das Lösen winzigster Probleme dauert Jahre – allein sechs Jahre, was die Frage nach der Gesetzgebung betrifft.

»Dass das französische Zivil- und Strafrecht die Grundlage der Rechtsprechung im ungeteilten Gebiet der Gemeinde Moresnet ist.« (28. Februar 1822)

ARA BE enthält Verweise auf einen Plan, Moresnet von Anfang an mehr Unabhängigkeit zu gewähren (X97).

Der Staatsstreich

Der Besuch Fanny Mosselmans in Düren wird in Briefen Le Hons, Mosselmans und des niederländischen Innenministeriums beschrieben, s. ARA NL 2.04.26.02, Binnenlandse Zaken. Die Begegnung wurde leicht dramatisiert, das Gespräch ist an Briefe von Charles Le Hon angelehnt.

Interessant ist, wie Fanny Mosselman über ihren Mann Briefe (oder zumindest Teile davon) schreibt. Am 4. Juni

1827 schickt Le Hon beispielsweise dem niederländischen Innenminister einen Brief, der komplett von ihr diktiert wurde.

Beschreibungen der Schönheit Fanny Mosselmans s. u. a. in *Bronne* (1952).

Sämtliche Korrespondenz zur Übernahme der Grube durch das Amortisationssyndikat: ARA BB Syndicat d'Amortissement d'Amsterdam (BE-A0510/I 344).

Fakten zum Prozess Mosselman gegen Preußen/die Niederlande: ARA BL 3608.

Zur belgischen Revolution in Moresnet: *Scharte* (2010): »Ein Trupp Revolutionäre zog von Kirchrath oder Heerlen kommend, durch Gemmenich und Moresnet die ganze Landstraße nach Henri-Chapelle herauf, respektierte aber überall das preußische Gebiet.«

Wilder Westen an der Göhl

Die Beschreibung des Verbrechers Moury findet sich im ARA BE, X97 4 *(Polizei)*. Mourys Gedanken sind frei erfunden, ausgehend von einer Fahndungsmeldung:

»Er nennt sich Georges Sonnex, aber sein richtiger Name lautet Jean-Louis Moury (genannt Adolph). Obwohl er ausgebildeter Ingenieur ist, betätigt er sich als Schwindler und Dieb. In Frankreich wird er u. a. wegen Pferdediebstahls in großem Stil gesucht. Personenbeschreibung: 1,72 m, rote lange Haare und Vollbart. Lange Nase. Im Oberkiefer fehlen drei Zähne.« Die Wildwestszenarios wurden vor allem von den Preußen/Deutschen gut dokumentiert. LAV NRW Dossier BR 0005 18484 enthält das »Schwarzbuch«, das sämtliche Missstände in Moresnet an den Pranger stellt. ARA BE X 97 3 schildert die Probleme, die durch das starke Bevölkerungswachstum entstehen.

In einem Brief des Verwaltungskommissars Cremer vom 23. Dezember 1847 an den belgischen Innenminister heißt es: »Die Bevölkerung der neutralen Zone hat sich in den letzten fünf Jahren verdoppelt. Den Zahlen nach gab es 1841 maximal 512 Einwohner. Laut der letzten Volkszählung vom Januar sind es inzwischen mehr als 900 Einwohner, Arbeiter, die noch keinen festen Wohnsitz haben, nicht miteingerechnet. Dieser beträchtliche Zuzug ist der florierenden Zinkspatmine zu verdanken, die immer weiter wächst. Die Mine beschäftigt derzeit 490 Menschen in verschiedenen Tätigkeitsbereichen.«

Sowohl Belgien als auch Preußen/Deutschland haben mehrfach versucht, die Wehrpflichtgesetze zu verschärfen. Auch wenn man so den einen oder anderen rekrutieren konnte, ignorieren die meisten jungen Männer diese Gesetze.

Vieille Montagne (1937) enthält zahlreiche Informationen zur Gründung der gleichnamigen Aktiengesellschaft im Jahr 1837 sowie zur weiteren Geschichte des Unternehmens. Zusätzliche Informationen über die Firma finden sich in verschiedenen Dossiers in den Archiven ARA BE, ARA BB und LAV NRW.

Was die Korrespondenz zur etwaigen Aufteilung von Moresnet nach Ausbeutung der Grube um 1880 betrifft, s. ARA BE X168–6 (Sammlung Neutral-Moresnet).

Der große Briefmarkenkrieg

Die Anekdote von Mahé und Moens findet sich in *Philatelie* (1973), *Timbre-Poste* (1867), *Le Timbrophile* (1867) und *Leclercq* (1981). Mahés und Moens Gedanken sind reine Spekulation, angelehnt an die Quellen.

Was Charles Rogiers Aufruf, Moresnet zu befreien, anbelangt, s. ARA BB, Inventaire des papiers de Charles Rogier/R. Boumans.

Zu den vermoderten Grenzpfählen s. ARA BE X97–1. Die vorgeschlagene Gebietsaufteilung wird in verschiedenen Zeitungen ausführlich beschrieben, u. a. in *Het nieuws van den dag* (1872) und im *Sheffield Daily Telegraph* (1889).

Zur Verwaltung von Moresnet s. ARA BE, X97 Allgemeine Verwaltung.

Der Gemeinderat von Neutral-Moresnet zählt anfangs zehn Mitglieder. Der erste Rat besteht aus: Henri Gouder de Beauregard (Vorarbeiter), Guillaume Schillings (Züchter), Edmond Scharis (Züchter), Jean Schijns (Bäcker), Nicolas Hermens (Züchter), Pierre Walraff (Züchter), Theodore Thimister (Bäcker), Mathieu Reip (Unternehmer), François Schoenauen (Steinmetz) und Jos Schrijnemeter (Züchter).

Zu den neuen Steuern: ARA BE, X97, 58, Gemeinde Kelmis (Neutral-Moresnet), 1816–1942, Steuer. Die Hundesteuer beträgt acht Francs im Jahr. Davon ausgenommen sind Blinden-, Jagd- und Wachhunde. Letztere müssen allerdings ständig an der Kette liegen.

Was die Forschungsliteratur zwischen 1860 und 1910 über Moresnet anbelangt, s. Literaturverzeichnis. Presseartikel finden sich u. a. in: *Pall Mall Gazette* (1880), *De Maasgouw, Leeds Mercury* (1886) und *Studiën* (1916).

Informationen zu Wilhelm Molly: ARA BE, Sammlung Monika Reuter, X168–79, vor allem Aktenverzeichnis 15, biografische Angaben zu Wilhelm Heinrich Friedrich Molly.

Was den Amateurhistoriker betrifft: Mollys Name findet sich auch in den Jahrbüchern des Vereins für Altertumsfreunde im Rheinlande.

Was Mollys Haltung zur Unabhängigkeit von Moresnet

angeht, s. LAV NRW BR 0005 13 und *Im Göhltal* 18. Februar, 1975.

Mehr zur Verkehrs-Anstalt und den Briefmarken findet sich im: ARA BE X168–6, *Monographie historique, politique et juridique concernant le territoire neutre de Moresnet,* und in X97, 3, Korrespondenz zwischen Bürgermeister Schmetz und beiden Verwaltungskommissaren.

Allgemeiner Briefmarken Anzeiger, 15. Dezember 1886: »[Der Anlass unseres Artikels im Oktober waren die] in letzter Zeit von französischen, belgischen und deutschen Zeitungen gebrachten, von Unrichtigkeit strotzenden und sogar mitunter gehässigen und beleidigenden Artikel über das neutrale Gebiet von Moresnet [...]«.

Direktor einer Wunde

Zu Vieille Montagne und der Unternehmensleitung s. u. a. *Allgemeines Organ für Handel und Gewerbe* (1848), *Vieille Montagne* (1937), *Desoer* (1848) und verschiedene Abbildungen von diesem Gebiet, die zwischen 1848 und 1908 entstanden sind.

Zur Natur: *Natuurhistorisch Maandblad* (1957). Die Geologie des Gebiets wird in verschiedenen Fachzeitschriften beschrieben, u. a. in *Zeitschrift der Deutschen Geologischen Gesellschaft* (1898) und *Der Ingenieur* (1936).

Plinius s. *De Seyn* (1952), weitere historische Informationen zur Umgebung s. *Browne.*

Korrespondenz zur Konzession an die Vieille Montagne: ARA BE, X97 91-a Gesellschaft »Vieille Montagne«. Berichte über die Bergwerke, 1822–1917 und ARA BB, T 262 273 sowie: Inventaire des archives de l'Administration des Mines.

Zusätzliche Informationen finden sich bei *Pauquet* (1960).

Klein-Monaco

Der gesamte Dialog zwischen Laurie und dem Richter steht in der *Morning Post* vom 28. September 1895.

Die Geschichte des Glücksspiels findet sich u. a. bei *Munting* (1996). Für den Bankrott Liebmans s. u. a. *The Times* (1893) und *The Financial Times* (1905). Gründung und Schließung des Casinos von Moresnet wurden in deutschen, belgischen, niederländischen, britischen, amerikanischen und französischen Zeitungen ausführlich beschrieben. Genauere Angaben finden sich im Zeitschriftenverzeichnis.

Einige Details über die Casinogeschäftsführung finden sich in *Lamberts Hurrelbrinck* (1904) und *Im Göhltal*, Ausgabe 33, August 1983, und in Ausgabe 44, Februar 1989.

Schwarzbuch Moresnet

Ein Großteil der Informationen für dieses Kapitel stammt aus dem LAV NRW, BR 0005, 13 und 65. In letztem Aktenverzeichnis wird u. a. der Handel mit Waisenkindern erwähnt: »Die in Neutral-Moresnet wie ein Gewerbe betriebene Annahme von Ziehkindern macht eine Aufsicht und geordnete Säuglingspflege zur dringenden Notwendigkeit. (Kommissarische Beratung über die Fortsetzung der Verhandlungen mit Belgien wegen Neutral-Moresnet).«

Der belgische Ahnenforscher François Hick machte mich auf die überproportionale Häufung des Nachnamens Ahn in Moresnet und Umgebung sowie auf das Institut Ahn aufmerksam.

Auch *Im Göhltal*, Ausgabe 44 vom Februar 1989, enthält eine Meldung über diskrete Entbindungen bei (unverheirateten?) niederländischen Frauen mithilfe von Hebammen in Kelmis. Laut dem Verfasser, einem hochbetagten Einwohner von Kelmis, wurden die Babys anschließend zur Adoption freigegeben.

Die Geschichte von den Geldfälschern aus Moresnet steht in der *Aachener Zeitung,* Ausgabe 253 vom 28. Februar 1914. Weitere Berichte über drakonische Strafen finden sich u. a. in der *Deutschen Juristen-Zeitung* (1900). Was das Zustandekommen einer Einigung über die Aufteilung von Moresnet betrifft (1903 und 1906), s. TNA FO 371/10, Ambassadeur Arthur Hardinge to Sir Edward Grey, 8. Mai 1906.

Der Konsul van Kvarŝtonoj

Die Biografie Karl Schriewers lässt sich dem LAV NRW BR 0005 6487 entnehmen. Dieses Dossier enthält auch viele interessante Details über deutsche »Spionage« in Moresnet, die anscheinend größtenteils von Bürgermeister Schmetz betrieben wurde. Dasselbe Dossier wird auch in der zweiten Hälfte dieses Kapitels erwähnt.

Ausführlich dokumentiert wird die Entstehung des Esperanto-Staats und die Rolle, die Schriewer, Molly und Roy dabei spielen, in *Jungbluth* (2012), *Meulenkamp* (1996), *Roy* (1908) und *Im Göhltal,* Ausgabe 18, im Februar 1975.

Artikel über den Esperanto-Staat in der internationalen Presse gibt es viele. Nach vorsichtiger Schätzung dürften mehr als 400 Zeitungen darüber berichtet haben.

Mehr über die Aktivitäten Schriewers findet man u. a. in der Vereinszeitschrift *Belga Esperantisto,* Jahrgänge 1908 bis einschließlich 1911.

Die Telefonleitung und alle damit zusammenhängenden Auseinandersetzungen sind im LAV NRW BR 0005 256 dokumentiert. Der Vorfall wird auch in der *Aachener Allgemeinen Zeitung,* 6. 10. 1910, und im *Journal de Liège* vom 10. 10. 1910 beschrieben.

Warum einfach, wenn es auch kompliziert geht?

Der vollständige Dialog zwischen Timmerhans und von Sandt wurde von Letzterem protokolliert. Man findet das Gespräch im LAV NRW unter der Signatur BR 0005 13, 398.

In diesem Dossier finden sich auch weitere Passagen zu den wachsenden Spannungen zwischen Belgien und Deutschland wegen der bevorstehenden Einhundertjahrfeier von Moresnet (1916). Es geht um »einseitige Maßnahmen des Reichs und Preußens, um die Einwohner von Neutral-Moresnet von der Unhaltbarkeit der gegenwärtigen Zustände zu überzeugen«.

Pauquet (1960) beschreibt diese Episode ebenfalls ausführlich.

Die Reise Hubers nach Wien findet sich unter BR 0005 13, 337. Der Erste Weltkrieg in Moresnet wird bei *Meulenkamp* (1996) beschrieben, die Verwalterwechsel während des Kriegs bei *Romeyk* (1994), *Scharte* (2010) und im LAV NRW BR 0005 13, 398.

Die Verhandlungen zwischen den Belgiern und den Alliierten über die Annektierung finden sich detailliert in TNA FO 608/5 und FO 925/30310. Dort kann man auch sämtliche Vorschläge, die Niederlande »zu verschieben«, nachlesen. Eindrucksvolle Karten zeigen, wie das ausgesehen hätte (s. TNA MP II 1/32/4.) Timmerhans' Brief an die belgischen Unterhändler befindet sich im Archiv des belgischen Außenministeriums, und zwar unter der Signatur 10.997. Hintergrundinformationen finden sich bei *Marks* (1991) und *MacMillan* (2003).

Um die Frage, welche Nationalität die Niederländer in Moresnet haben, geht es im Aktenverzeichnis 2.05.43 im ARA NL sowie in den Dossiers 563 »Stukken betreffende de nationaliteit van de inwoners van neutraal Moresnet (La

Calamine)« und 945 »Correspondentie met het Ministerie te 's-Gravenhage betreffende het grensgeschil tussen België en Pruisen ten aanzien van de streek Moresnet«.

Am besten sieht man Moresnet aus der Luft auf Flügen von Düsseldorf nach Süden. Einfacher geht das mithilfe von Google Earth.

Literaturverzeichnis

Bücher

Anderson, Benedict, Die Erfindung der Nation. Zur Karriere eines folgenreichen Konzepts, 2005

Archiv für das Zivil- und Kriminalrecht der Königlich-Preußischen Rheinprovinzen, Band 74, Neutrales Gebiet Moresnet. Preußische und Deutsche Gesetze, 1884

Baedeker, Karl, The Rhine: Including the Black Forest & the Vosges; handbook for travelers, 1911

Baker, Randall & Mallion, Roger, Moresnet. The Curious Complexities of a Neutral Zone, 2010

Barjot, Dominique et al., Morny et l'invention de Deauville, 2010

Bertrand, Florence, Zur Geschichte von Neutral Moresnet. 1816–1919, o. J.

Blank, Detlev, Internationale Plansprachen. Eine Einführung, 1985

Bronne, Carlo, La comtesse Le Hon et la première ambassade de Belgique à Paris, 1952

Browne, Edward & Dirkx, Jacob Leeuw, Naukeurige en gedenkwaardige reysen van Edward Brown, 1682

Burg, David, Almanac of World War I, 2010

Cameron, Rondo, France and the Economic Development of Europe, 1800–1914, 1975

Chatfield, C. & van den Dungen, P., Peace Movements and Political Cultures, 1988

Colle-Michel, M., Les archives de la Société des mines et fonderies de zinc de la Vieille-Montagne, 1966

Collinet, Roger, L'annexion d'Eupen et Malmedy à la Belgique en 1920, 1986

D'Anethan, Baron Roland & De Jonghe d'Ardoye, vicomte, Les Mosselman à Bruxelles, Bruxelles, 1998

Day, Lance & McNeil, Ian, Biographical Dictionary of the History of Technology, 1998

Delebecque, A., Pasinomie: collection complète des lois, décrets, arrétés et réglements généraux, 1852

Desjardins, Thierry, La fabuleuse imposture du comte de Belfort, 2010

Desoer, J., Statuts de la Société des Mines et Fonderies de Zinc de la Vieille-Montagne, 1848

Dony, Arthur, Contributions à l'histoire industrielle de la Belgique, 1939

Dujardin, Vincent et al., Léopold III, 2001

Fain, Agathon-Jean-François, baron, Journal des séjours de l'Empereur pendant ses voyages et ses campagnes, 1823

Folli, Andrea & Merello, Gisella, The Splendour of the Garnier Rooms at the Monte Carlo Casino in Bonillo et al., 2004

Gagern, Hans, Mein Antheil an Der Politik, 1833

Ganiere, Paul, Napoléon à Sainte-Hélène, 2015

Helmolt, Hans, Der Weltkrieg in Bildern und Dokumenten nebst einem Kriegstagebuch, 1914

Hirschfeld, Gerhard et al., Enzyklopädie Erster Weltkrieg, 2003

Hoch, Charles, The neutral territory of Moresnet, 1882

Hon, Compte Charles le, La meilleure des professions de foi, ou Extraits des antécédents, 1843

Institute Royale Coloniale Belge, Biographie Coloniale Belge, 1958

Jaybert, Léon, Les trois petites républiques: Saint-Marin – Andorre – Moresnet, 1873

Jongen, R., Phonologie der Moresneter Mundart, 1972

Jungbluth, Iwan, Der Bärrech, die Neutralität, der Schmuggel, 2012

Kemble, James, Napoleon immortal: The Medical History and Private Life of Napoleon Bonaparte, 1960

Klingenberg, E., Die Entstehung der deutsch-niederländischen Grenze im Zusammenhang mit der Neuordnung des niederländisch-niederrheinischen Raumes, 1813–1815, 1940

Kossmann, E., The Low Countries, 1978

Kriescher, Josef, Moresnet. Eine geschichtliche und politische Darstellung, 1941

Lamberts Hurrelbrinck, L. H. J., Een republiek bij vergissing, Ontstaan van Moresnet, 1904, als Manuskript

Laureyssens, Julienne, Industriële naamloze vennootschappen in België, 1819–1857, 1975

Leichsenring, Max, Neutral-Moresnet, seine Entstehung und völkerrechtliche Natur, 1911

Leclercq, A. & Waroquiers, G., Jean-Baptiste Moens 1833–1908, Père de la Philatelie, 1981

Le Roux, Thomas & Letté, Michel, Débordements industriels, environnement, territoire et conflit, 2013

Lewe, Agnes, Invoer te lande verboden: een verkenning van de handel over landwegen tussen Nederland en de Pruisische provincies Rheinland en Westfalen, 1836–1857, 1995

Loliée, Frédéric, Die Frauen des zweiten Kaiserreiches. Intime Briefe berühmter Frauen der französischen Aristokratie, 2013

Luke, Sir Harry, In the margin of history 1884–1969, 1933

MacMillan, Margaret, Paris 1919, 2003

MacMillan, Margaret, Peacemakers, 2001

Marks, Sally, Innocent Abroad: Belgium at the Paris Peace Conference of 1919, 1991

Meulenkamp, Wim, Verloren land, 1996

Meuwissen, Éric, Richesse oblige, La belle époque des grandes fortunes, 1999

Mirkes, Dietmar, Die Revolte von Mützenich – als Deutsche Belgier werden wollten, in VHS der Ostkantone, 1986

Morrison, Fred, Condominium and Coimperium, in: Max Planck Encyclopedia of Public International Law, Band 2, 2012

Munting, Roger, An Economic and Social History of Gambling in Britain and the USA, 1996

Musgrave, George, Under Four Flags for France, 1918

Pabst, Klaus, Neutral-Moresnet. Ein Dorf ohne Staatsangehörigkeit, in 150 Jahre Regierung und Regierungsbezirk Aachen, 1967

Pauquet, Firmin, Le territoire contesté de Moresnet, dit Moresnet neutre, Notes historiques sur son statut, sa législation et son administration, 1960

Pfeil, Tom, Op gelijke voet: de geschiedenis van de Belastingdienst, 2009

Piccioni, Camille, De la Neutralité perpétuelle. Thèse, 1891

Pirlot, Germain, Coup d'œil sur Moresnet Neutre 1816–1919, 1987

Poell, G. M., Beschrijving van het Hertogdom Limburg, 1981

Poellnitz, C. L. Freiherr von, Amusemens des eaux d'Aix-la-chapelle, 1736

Pommée, Ulrike, Die Fliegende Taube. Monographie du premier journal belge de langue allemande, 1985

Poncelet, Edouard, Sceaux des villes, communes échevinages et jurisdictions civiles de la province Liège, 1923

Ponten, Josef, Siebenquellen, 1926

Poplimont, Charles, La Belgique héraldique, 1864

Quix, Christian, Beiträge zu einer historisch-topographischen Beschreibung des Kreises Eupen, 1837

Romeyk, Horst, Die leitenden staatlichen und kommunalen Verwaltungsbeamten der Rheinprovinz 1816–1945, 1994

Rössler, Hellmut, Zwischen Revolution und Reaktion, 1958

Rouart, Jean-Marie, Morny, Un voluptueux au pouvoir, 1995

Roy, Gustave, Kiel Neutra-Moresneto farigis Amikejo, 1908

Ruland, Herbert, Kuriositäten an der deutsch-belgischen Grenze, in: Eifel Jahrbuch, 2005

Rutsch, C., Eupen und Umgegend Eupen, 1879

Scharte, Sebastian, Preußisch – Deutsch – Belgisch, 2010

Schroeder, Ferdinand, Das Grenzstreitige Gebiet von Moresnet, 1902

Seager, Frederic, Reparation in World Politics: France and European Economic Diplomacy, 1916–1923, 1981

Seyn, Eugene de, Geschieden Aardrijkskundig woordenboek Belgische Gemeenten, 1952

Spandau, Fritz, Zur Geschichte von Neutral-Moresnet. Mit besonderer Berücksichtigung des Altenbergs und des Aachener Reichs, 1904

Temperly, H., A History of the Peace Conference of Paris, 1920

Vaillant, H., Annales de la Société géologique de Belgique, 1881

Van der Biest-Andelhof, Amato, Belga Esperantisto Unua Jarkolekt 1908–1909, 1909

Van Wettere-Verhasselt, Yola, Les frontières du nord et de l'est de la Belgique, 1966

Vieille Montagne, Centenaire de la Société des mines et fonderies de zinc de la Vieille-Montagne, Lüttich, 1937

Voerenaar, Van Moelingen tot Moresnet, 1939

Voigt, B., Neuer Nekrolog der Deutschen, 1837

Williams, Roger, Gaslight and Shadow: The World of Napoleon III, 1851–1870, 1977

Witt, Enno De, De Grens, langs de randen van Nederland, 2013
Wright, Constance, Hortense, reine de l'Empire, 1964
Zuckerman, Larry, The Rape of Belgium: The Untold Story of World
  War I, 2004

Online

»1816–1919: Das Vergessene Land von Neutral-Moresnet«, Herbert
  Ruland, www.grenzgeschichte.eu/archiv/1816_-_1919.pdf
»Amikejo: la Esperantolando kiu preskau ekzistis«, http://www.liberafo
  lio.org/2010/amikejo-la-esperanto-lando-kiu-preskau-ekzistis
Bayer-Ehrenberg, Konstantin von, in: Munzinger Internationales Bio-
  graphisches Archiv, www.munzinger.de/document/00000003769
Décret impérial relatif à la concession des mines de calamine dites de la
  Vieille-Montagne, https://fr.wikisource.org/wiki/Décret_impérial_
  relatif_à_la_concession_des_mines_de_calamine_dites_de_la_Vieille-
  Montagne
Kaufkraftrechner des Internationalen Instituts für Sozialgeschichte in
  Amsterdam, http://www.iisg.nl/hpw/calculate.php
Mines et Fonderies de zinc de la Vieille-Montagne, http://cnum.cnam.
  fr/CGI/fpage.cgi?4KY15.4/214/100/326/0/0
Allgemeine Informationen über das neutrale Territorium, Abbildungen:
  www.moresnet.nl
»L'histoire méconnue de l'industrie belge du zinc«, http://culture.ulg.
  ac.be/jcms/prod_1084863/fr/l-histoire-meconnue-de-l-industrie-belge-
  du-zinc
(Stand 20.9.2016)

Zeitschriften

Aachener Nachrichten, Ausg. 27 und 42 von 1949, Ausg. 185 von 1988
Aachener Allgemeine Zeitung vom 6. 10. 1910
Aachener Zeitung vom 28. 2. 1914
Allgemeiner Briefmarken-Anzeiger vom 15. 12. 1886
Allgemeines Organ für Handel und Gewerbe vom 22. 11. 1848, »Zinkhütte
  zu Stolberg und Zinkverbrauch«
Alnwick Mercury am 6. 8. 1881, »A forgotten territory«
Annales de Géographie Année 1919, Volume 28, »La paix de Versailles. Les
  nouvelles frontières de l'Allemagne«

Archives diplomatiques: recueil mensuel de diplomatie, d'histoire et de droit international, Band 1–2 und 33–34, 1890, »Moresnet«

Bataviasche Courant vom 26. 7. 1817, »Akten van het Congres van Wenen«

Belga Esperantisto, November 1908, Februar 1909, April 1911, »Moresnet«

Berg- und Hüttenmännische Zeitung vom 2.1.1860, »Das Altenberger Zinnstockwerk«

Bollettino Della Società Geografica Italiana, 1, 1888, »La repubblica di Moresnet«

Bulletin de la Classe des Lettres et des Sciences Morales et Politiques, Reihe 5, Band 25, »Le créateur de l'industrie du zinc en Belgique, J.-J.-D. Dony«

Bulletin Mensuel des Postes et des Telegraphes, April 1900, »Moresnet«

Bulletin, Band 47, 1960, »Moresnet«

Bury Free Press vom 17. 12. 1892, Anzeige »Henry Denham & Co, Moresnet-Neutre«

Correspondenzblatt des Kreises Eupen, vom 16. und 23. 3. 1904, »Casino Moresnet«

Daily Mail vom 5. 10. 1903, »Tragedy of Gambling«

De Hollandsche revue vom 23. 11. 1918, »Uit de kleine republiek«

De Ingenieur vom 18. 11. 1936, »De Exploratie van ertsafzettingen in Zuid-Limburg«

De Star, Ausg. 11, 1823, Ausg. 11, »Luikse Zinkplaten«

De Tijd vom 19. 1. 1906, »Een les«

De Tijd vom 9. 1. 1907, »Smokkelen«

De toekomst vom 1. 9. 1917, »Emile vander Velde en Marel Sembat aan het woord«

Der Spiegel vom 21. 5. 1952, »Schmuggel, Die Infant'rie, die Infant'rie«

Deutsche Juristen-Zeitung, Jg. 5, 1900, »Ein juristischer Anachronismus«

Die Fliegende Taube vom 10. 1. 1887, 3. 1. 1919, 17. 1. 1919, 6. 6. 1919, 13. 6. 1919, 18. 7. 1919, 20. 2. 1920, 11. 8. 1920, 21. 8. 1920, 25. 8. 1920, 28. 8. 1920, 8. 1. 1921 und 16. 3. 1921

Die Zeit vom 28. 12. 2006, »Fünfzig Häuser ohne Staat«

Dundee Courier vom 28. 8. 1908, »An Esperanto State«

Dundee Evening Post vom 26. 8. 1903, »A new Monte Carlo«

Dundee Evening Post vom 3. 9. 1903, »Gambler's Elysium Closed«

Geographical vom 1. 12. 2003, »There Are Numerous Points Where Three Countries Meet. Are There Any with Four?«

Grenz-Echo, Eupen, vom 22.8.1903, »Casino Moresnet«

Harper's Monthly Magazine vom 1.6.1907, »Country Under Two Kings«

Hertha: Zeitschrift für Erd-, Völker- und Staatenkunde, Ausg. 8, 1826, »Galmei«

Het nieuws van den dag: kleine courant vom 25.5.1872, »Het onzijdige gebied van Moresnet, bij Aken«, Feuilleton

Het Nieuws van den Dag voor Nederlandsch-Indië vom 4.8.1914, »Kroniek van den Oorlog«

Historisch Nieuwsblad 9/2013, »Onze man in Wenen«

Im Göhltal. Zeitschrift der Vereinigung für Kultur, Heimatkunde und Geschichte im Göhltal, Nr. 13, Januar 1973; Nr. 18, Februar 1975; Nr. 21, Februar 1977; Nr. 28., Februar 1980; Nr. 33, August 1983; Nr. 43, August 1988; Nr. 44, Februar 1989

Jahrbuch der Geographischen Gesellschaft Bern, 1880, »Un territoire oublié au centre de l'Europe«

Journal de la Haye vom 2.6.1831, »Project de loi«

Journal de Liège vom 10.10.1910

Journal of Education vom 10.12.1905, »A tiny republic wiped out«

Journal of the Society of Arts vom 19.11.1869, »Production of Zinc«

La Fototeca die Emporium, Bd. X, n. 58, 1899, »Il più piccolo stato d'Europa«

La Propriété industrielle : organe officiel du Bureau international de l'Union pour la protection de la propriété industrielle vom 8.6.1919

Leeds Mercury vom 2.10.1886, »The happy folk of Moresnet«

Le Journal de la jeunesse, 1904, »Le plus petit état de l'Europe«

Les Temps vom 4.2.1897, »Allemagne«

Le Timbrophile: Journal de la collection Timbro-Postale, Sammelband 1864–1871, 1871

Leydse Courant vom 1.9.1815, »Brussel«

Limburgsch dagblad vom 26.11.1994, »Drielandenpunt was lang vierlandenpunt«

L'Intermédiaire des chercheurs et curieux, 1927, Band XC, »Réponses«

De Maasgouw vom 16.10.1886, »Het kleinste land van Europa«

Manchester Courier vom 23.4.1866, »Belgium«

Mason's Coin & Stamp Collectors' Magazine, July 1867, »Newly issued stamps«

Militaire Spectator, 2, 1838, »Necrologie Maximiliaan de Man«

Morning Post vom 13.11.1890, »From our correspondent (Duell)«

Morning Post vom 28.9.1895, »Bankruptcy Court«

Morning Post vom 23.12.1898, »The neutrality of Moresnet«

Morning Post vom 3.9.1860, »Vieille Montagne«

Natuurhistorisch Maandblad, Nummern 5 und 6, 1957, »De Zinkflora«

Nederlandse Staatscourant vom 28.1.1867, »België«

New York Herald Tribune vom 21.3.1936, »Moresnet Stamp Annals«

New York Times vom 19.6.1896, »Smallest state in the world«

New York Times vom 20.9.1903, »Moresnet Republic«

New York Times vom 26.8.1903, »Moresnet sold«

New York Times vom 4.2.1912, »Belgium gets Moresnet«

Nieuwe Rotterdamsche Courant vom 5.8.1914, »De Inval van de Duit-
schers in België«

Nieuwe Tilburgsche Courant vom 2.11.1915, »De opmarsch in België«

Nieuwe Tilburgsche Courant vom 29.1.1904, »Berlijn«

Nieuwsblad van het Noorden vom 10.1.1906, »Smokkelarij in Moresnet«

Northhampton Mercury vom 23.10.1886, »The smallest state in Europe«

Nouveaux rondels païens, 1907–1908, »Petite Republique de Moresnet«

Nouvelle géographie universelle: la terre et les hommes, Band 3 (1878 und
1879)

Ons Blad: katholiek nieuwsblad voor Noord-Holland vom 22.5.1909,
»Onzijdig Moresnet«

Pall Mall Gazette vom 27.9.1880, »The smallest state in Europe«

Philatelie vom 5.11.1973, »J.B. Moens – De vader der filatelie«

Revue belge de philologie et d'histoire, Band 54, 1976

Revue de l'Administration de la Belgique XI, 1864, »Le territoire Neutre de
la Moresnet«

Revue générale de droit international public, Band 26, 1919, »Moresnet; Un
condominium dans l'Europe«

Revue universelle vom 1.1.1904, »Le territoire de Moresnet«

Science vom 11.5.1886, »Zinc«

Sheffield Daily Telegraph vom 19.11.1889, »Division of neutral ground«

Société Belge De Géographie, 5, 1881, »Le territoire neutre de Moresnet«

Staats- und Gelehrte Zeitung vom 16.2.1828, »Aus dem Haag«

Staatscourant vom 3.3.1818, »Brussel«

Studiën; godsdienst, wetenschap en letteren, Ausg. 85, 1916, »Het onzijdige
gebied van Moresnet«

Sunderland Daily Echo vom 27. 8. 1903, »Great influx of players to Moresnet«

The American Philatelist, Band 65, 1951, »Plaudite Cives«

The Economist vom 26. 7. 1919, »Société Anonyme Des Mines Et Fonderies De Zinc De La Vieille-Montagne«

The Financial Times vom 31. 1. 1905, »Police Courts«

The Times vom 29. 12. 1838, »Failure of the Bank of Belgium«

The Times vom 3. 12. 1818, »The Paris papers«

The Times vom 22. 11. 1893, »In re Liebman«

Timbre-Poste vom 1. 4. 1867, »Moresnet libre«

Vers l'Avenir vom 3. 11. 1990, »La baignoire en zinc de Napoléon«

Wiener Zeitung vom 15. 2. 1951, »Die Bräunerstraße und ihre einstigen Bewohner«

Yorkshire Evening Post vom 31. 1. 1908, »To found an Esperanto state«

Zeitschrift der Deutschen Geologischen Gesellschaft, Band 45, 1893

Die Fragen der Menschheit in 15 Begegnungen

Helge Hesse

Mit Platon und Marilyn im Zug

Was uns die Begegnungen berühmter Persönlichkeiten über die großen Fragen des Lebens verraten

Piper, 304 Seiten
€ 20,00 [D], € 20,60 [A]*
ISBN 978-3-492-05751-6

Was verrät uns die Freundschaft zwischen Machiavelli und Leonardo da Vinci über Macht? Was erfahren wir aus der tragischen Liebe zwischen Arthur Miller und Marilyn Monroe über unseren Hang zur Perfektion? Spannend und anschaulich beschreibt Helge Hesse 15 Begegnungen berühmter Persönlichkeiten, die ein Schlaglicht auf jeweils eine große Frage des Lebens werfen.

PIPER

Leseproben, E-Books und mehr unter www.piper.de

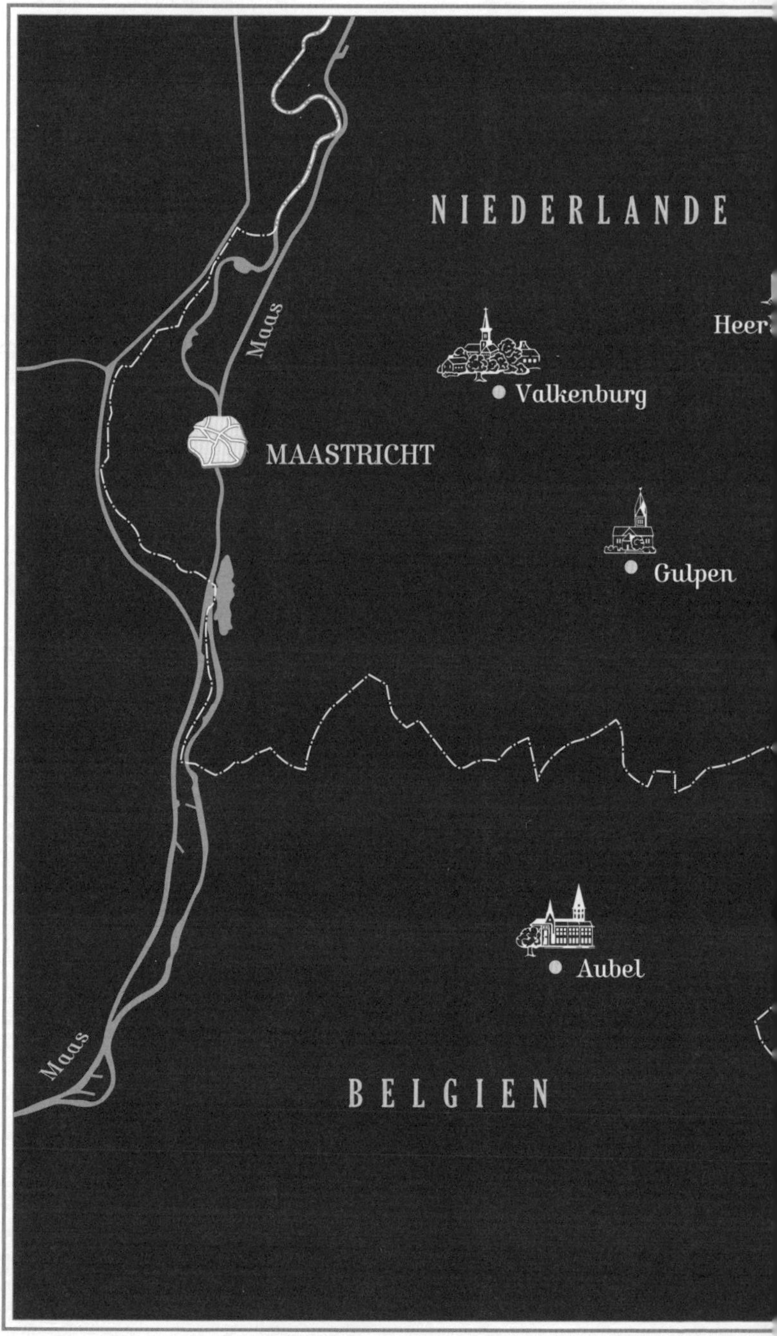
NIEDERLANDE
Heer
Maas
Valkenburg
MAASTRICHT
Gulpen
Aubel
Maas
BELGIEN